职业教育汽车类专业通识教育系列教材

人工智能+汽车基础与应用
（中职汽车类专业通用）

组　编　全国汽车职业教育教学指导委员会
主　编　徐念峰　王士进
副主编　王茂郦　田兴政
参　编　宗昊璇　商杨伟　彭锦振　龙　帆　唐　睿
　　　　张先贞　卢　伟　邵　鹭　王　强　张宏宇
　　　　谭　威　刘娟娟　秦　啸　李　江　陈　巨
　　　　寻桂莲　张江涛

机械工业出版社

本书系统介绍了人工智能在汽车领域的基础知识与实际应用场景。全书共分为五章：第一章解析了"什么是AI"、汽车"感知–决策–执行"技术框架及大模型变革；第二章细致拆解了感知、决策、控制及智能座舱等核心模块；第三章聚焦实战应用，全面覆盖设计（生成式AI）、制造（缺陷检测）、服务（AR维修）等全产业链场景；第四章着眼于职业落地，详细分析了地图标注、自动驾驶算法、驾驶行为分析、车联网安全、智能座舱交互五大新兴岗位技能要求；第五章深入探讨了责任界定、隐私与安全、绿色能源、智慧出行等前沿挑战。

本书可作为中职院校汽车类专业的人工智能通识课教材，也可供技工院校汽车类专业学生、汽车行业技术人员和研发人员，以及对智能汽车与AI应用感兴趣的读者阅读。

图书在版编目（CIP）数据

人工智能+汽车基础与应用：中职汽车类专业通用 / 全国汽车职业教育教学指导委员会组编；徐念峰，王士进主编. -- 北京：机械工业出版社，2025.9. --（职业教育汽车类专业通识教育系列教材）. -- ISBN 978-7-111-79106-5

Ⅰ. U46-39

中国国家版本馆CIP数据核字第2025EU8817号

机械工业出版社（北京市百万庄大街22号　邮政编码100037）
策划编辑：高　星　　　　　　　责任编辑：高　星
责任校对：王小童　李可意　景　飞　封面设计：张　静
责任印制：单爱军
北京瑞禾彩色印刷有限公司印刷
2025年9月第1版第1次印刷
210mm×285mm·12.75印张·288千字
标准书号：ISBN 978-7-111-79106-5
定价：49.90元

电话服务	网络服务
客服电话：010-88361066	机 工 官 网：www.cmpbook.com
010-88379833	机 工 官 博：weibo.com/cmp1952
010-68326294	金　书　网：www.golden-book.com
封底无防伪标均为盗版	机工教育服务网：www.cmpedu.com

前言
Preface

2025年,中共中央、国务院印发《教育强国建设规划纲要（2024—2035年）》,明确将"国家教育数字化战略"列为重点任务,并提出"促进人工智能助力教育变革"。为将顶层设计转化为具体实践,教育部制定了《加快建设教育强国三年行动计划（2025—2027年）》,要求"面向新能源汽车等重点领域开发融合型课程资源,2026年前完成中职课程体系智能化改造"。双重政策为人工智能通识课程建设锚定方向。

我们正站在汽车产业百年变革的浪潮之巅。当汽车的驾驶系统开始自主学习路况,当座舱能听懂方言与你畅谈,当工厂的机器拥有"火眼金睛"……人工智能与汽车的深度融合,已从科幻场景加速驶入现实。本书正是为迎接这一变革而生的导航手册——它不仅是技术的解码器,更是中职院校汽车类专业学子踏上黄金赛道的启航灯。

本书由全国汽车职业教育教学指导委员会联合职业院校教师、行业专家与企业技术骨干共同打造。

为培养具有技术应用能力、数据思维与伦理素养的复合型技能人才,我们深知,面对人工智能这类抽象技术,中职学生亟需一座"认知桥梁"。因此,我们用鲜活的生活案例替代昂贵设备,让晦涩技术变得可触可感,化艰深为具象;覆盖人工智能+汽车全产业链,贯通机械、电子、计算机等领域跨界知识,打破学科壁垒;结合高精度地图标注、车联网攻防、AR维修助手、伦理算法等新兴岗位,开启学生对人工智能+汽车未来职业发展的新视角。

教材五大章节环环相扣:第一章带您初探AI如何赋予汽车"思考力",揭秘大模型背后的超级大脑;第二章深入智能汽车核心模块,解析"感官特工-决策大脑-控制神经-座舱管家"的协同奥秘；第三章展现AI赋能汽车全链路的生动场景——生成式AI设计颠覆草图、AI侦探毫米级"捉虫"、AR助手透视故障；第四章聚焦人才市场，将汽车市场传统职业转向地图标注师、算法工程师、车联网安全专家等新兴岗位；第五章则引领思辨未来，当AI驾驶人"闯祸"谁担责？数据金库如何守护？反重力交通是否天方夜谭？

本书坚持"闭环育人"理念：每章按照"情境激发−知识建构−拓展迁移−能力验证"四阶推进，多种互动栏目，让技术学习与职业素养同频共振。更精心适配中职教学实际：结构化知识拆解降低授课门槛，多维数字资源助力课堂降本增效。教材深度融入国产汽车智驾系统、大模型、芯片等标杆案例，将技术自强、数据安全责任、工匠精神等思政要素贯穿其中，引导学生树立民族自豪感、职业使命感，培养兼具创新自信与伦理底线的智能汽车产业新生力量。

本书在编写过程中，承蒙多位权威专家鼎力相助，包括柯柏文（深圳）科技有限公司卞合善总经理、清华大学曹东璞教授、大连理工大学赵剑院长、天津滨海汽车工程职业学院张鹏副校长、广东科学技术职业学院曾文权院长、南京信息职业技术学院何淼院长、长春汽车职业技术大学李东兵院长。各位专家为本书提供了专业的指导，为本书内容的权威性、前瞻性与实践指导价值奠定了坚实基础。

感谢比亚迪汽车、东风汽车、地平线、天行健、数格致元等企业提供技术支持。

限于编写周期，疏漏之处在所难免，恳请读者批评指正。您的反馈将是再版修订的重要依据。

本书配套X-Pilot助教助学智能体，读者可登录网址http://www.x-pilot.cn/#/EducationChat/Vocational或扫描下方二维码使用。

编者

目 录
Contents

前言

第一章　初探AI世界：从科幻到现实的魔法

第一节　AI是什么？为什么汽车能"思考" ……… 003
　　一、AI是什么 ……… 003
　　二、AI的三大支柱：算法、算力与数据 ……… 004
　　三、慧眼识AI：AI产品的判断标准 ……… 006
　　四、AI进化史：从图灵测试到DeepSeek ……… 008
　　五、汽车会"思考"的秘密：感官、大脑与决策的AI三要素 ……… 010
　　延伸补给包 ……… 013
　　学习评估站 ……… 014

第二节　揭秘AI超级大脑：大模型如何炼成 ……… 015
　　一、AI大模型是什么 ……… 015
　　二、智脑解码：大模型的四大核心特质 ……… 016
　　三、AI天团：大模型家族的"超级学霸"图鉴 ……… 017
　　四、技术解剖：AI大模型的神经元网络与记忆法则 ……… 018
　　五、价值链重构：AI大模型掀起汽车领域的变革 ……… 019
　　六、实践活动：AI大模型"实习生"大比拼 ……… 022
　　延伸补给包 ……… 024
　　学习评估站 ……… 026

第二章　智能汽车大揭秘：从"火眼金睛"到"最强大脑"的科技狂欢派对

第一节　感知觉醒：汽车的"五官"特工集训营 ……… 029
　　一、智能驾驶"千里眼"：汽车摄像头 ……… 029
　　二、全天候"顺风耳"：雷达系统 ……… 032
　　三、近距离"触觉神经"：超声波传感器 ……… 035
　　延伸补给包 ……… 036
　　学习评估站 ……… 037

第二节　决策革命：AI驾驶的"最强大脑"速成班 ·········· 038
一、道德选择题：自动驾驶中的伦理困境与算法决策 ·········· 038
二、预判大师：行人意图预测与行为建模 ·········· 041
三、博弈论战场：多车交互决策与路径规划 ·········· 043
延伸补给包 ·········· 045
学习评估站 ·········· 045

第三节　控制黑科技：钢铁巨兽的"神经反射弧" ·········· 046
一、线控魔法：转向盘到轮胎的"意念传输" ·········· 046
二、PID驯兽师：让汽车学会"走猫步" ·········· 049
三、人机博弈：当AI拒绝交出转向盘 ·········· 050
延伸补给包 ·········· 051
学习评估站 ·········· 052

第四节　智能座舱：为什么汽车能"聊天" ·········· 053
一、方言特工队：语音交互技术三阶段原理 ·········· 053
二、声音魔术师：方言识别的核心技术 ·········· 054
三、智能座舱变形记：从"机械铁盒"到"懂你的AI管家" ·········· 055
延伸补给包 ·········· 058
学习评估站 ·········· 059

第三章　AI汽车变形工坊：从设计台到4S店的超能闯关战

第一节　AI赋能跨界创新：设计师的AI助手 ·········· 063
一、生成式AI：让机器变身"创意魔法师" ·········· 063
二、当AI遇见PS：一键生成概念车 ·········· 065
三、跨学科协作：机械+AI+艺术的碰撞 ·········· 067
延伸补给包 ·········· 069
学习评估站 ·········· 069

第二节　工厂里的AI侦探：火眼金睛找缺陷 ·········· 071
一、机器视觉：摄像头背后的AI福尔摩斯 ·········· 071
二、毫米级"捉虫"大赛：焊缝检测挑战 ·········· 075
三、预测性维护：给机器"把脉"的AI中医 ·········· 077
延伸补给包 ·········· 079
学习评估站 ·········· 080

第三节　4S店AI管家：比你更懂你的车 ·········· 081
一、千人千面服务：AI猜你喜欢 ·········· 081

二、4S店AI管家：汽车服务的"超级大脑" ······ 084
三、维修AR助手：透视眼＋知识库 ······ 085
延伸补给包 ······ 089
学习评估站 ······ 090

第四章　黄金赛道：人工智能＋汽车岗位通关指南

第一节　地图标注师：高精度地图的"数据建筑师" ······ 094
一、高精度地图：自动驾驶的"超级导航仪" ······ 094
二、地图标注师：绘制自动驾驶的数字蓝图 ······ 098
三、车道线刺绣大赛：像素级标注的"数字针线活" ······ 098
四、交通信号灯信号解码：属性选择与几何表达 ······ 102
延伸补给包 ······ 104
学习评估站 ······ 104

第二节　自动驾驶算法工程师：算法江湖的"指挥官" ······ 106
一、算法大脑：自动驾驶的"AI指挥官" ······ 106
二、Linux操作系统：自动驾驶的"开源基石" ······ 106
三、国产鸿蒙系统：自动驾驶的"破局者" ······ 107
四、CNN＋激光雷达：环境感知的"黄金组合" ······ 108
五、伦理算法：自动驾驶的"道德指南针" ······ 109
六、预判轻功训练：用LSTM预测行人走位 ······ 110
延伸补给包 ······ 111
学习评估站 ······ 112

第三节　驾驶行为分析师：驾驶安全的"数据解码师" ······ 113
一、AI微表情追踪：从眼皮跳动预测疲劳驾驶 ······ 113
二、危险驾驶基因库：紧急制动背后的性格密码 ······ 117
三、人机博弈报告：当AI教练遇到赛道竞技高手 ······ 120
延伸补给包 ······ 122
学习评估站 ······ 123

第四节　车联网安全专家：黑客帝国的"防火墙侠客" ······ 124
一、CAN总线攻防战：用树莓派劫持转向盘 ······ 124
二、OTA守护结界：空中升级的防盗锁设计 ······ 127
三、黑客猎人考试：找出自动驾驶的"致命漏洞" ······ 129
延伸补给包 ······ 132
学习评估站 ······ 133

第五节　智能座舱交互设计师：元宇宙的"五感魔法师" ······ 134

一、语音交互设计：让车机听懂方言 ·········· 134
　　二、多模态交互开发：隔空调节空调的AR手势 ·········· 136
　　三、情感化交互研究：根据心跳速率切换车内光影 ·········· 140
　　延伸补给包 ·········· 144
　　学习评估站 ·········· 145

第五章　未来交通局：AI驾驶人的星际文明闯关计划

第一节　当自动驾驶汽车"闯祸"，责任在谁 ·········· 149
　　一、自动驾驶责任解码：技术、法律与伦理的"平衡术" ·········· 149
　　二、实战工坊：从技术缺陷到伦理法律的探索 ·········· 155
　　延伸补给包 ·········· 159
　　学习评估站 ·········· 160

第二节　隐私与安全：数据金库攻防战 ·········· 162
　　一、隐私保护：当汽车成为"数据收集者" ·········· 162
　　二、安全防护：给自动驾驶装上"数字铠甲" ·········· 168
　　三、防御措施：构建"主动防御体系" ·········· 169
　　四、法律法规：给数据收集"划定边界" ·········· 169
　　五、未来挑战：当技术突破"现有防线" ·········· 170
　　延伸补给包 ·········· 171
　　学习评估站 ·········· 172

第三节　绿色革命：从能源捕获到生态共生 ·········· 174
　　一、星际燃料特攻队：能源采集黑科技 ·········· 174
　　二、银河能源调度局：V2G与换电特工行动 ·········· 177
　　三、低碳出行：汽车与碳排放的绿色交响曲 ·········· 178
　　延伸补给包 ·········· 180
　　学习评估站 ·········· 181

第四节　智慧出行：反重力交通指挥部 ·········· 182
　　一、空域争夺战：设计你的飞行汽车航线图 ·········· 182
　　二、变形汽车挑战：把汽车叠成魔方塞进书包 ·········· 188
　　三、虫洞通勤局：量子导航绕开早高峰 ·········· 189
　　延伸补给包 ·········· 192
　　学习评估站 ·········· 193

附录　术语列表 ·········· 194

参考文献 ·········· 196

第一章
初探 AI 世界：
从科幻到现实的魔法

　　人工智能已从科幻步入现实，本章将带领大家共同开启人工智能从科幻概念到现实应用的神奇旅程，通过生活案例来深入了解什么是人工智能，揭示机器如何像人类一样学习和思考，以及人工智能产品的判断依据。

　　从图灵测试到现代深度学习，本章将梳理人工智能发展的关键里程碑，同时通过实践活动让我们亲身体验人工智能技术的魅力。通过汽车智能化的典型案例，展示人工智能如何通过传感器感知环境、神经网络处理信息、决策系统做出判断；通过海量参数、学习能力和实际应用，进一步了解大模型这一"人工智能超级大脑"的工作原理。

学习内容

- 初探AI世界：从科幻到现实的魔法
  - 第一节 AI是什么？为什么汽车能"思考"
    - AI是什么
    - AI的三大支柱：算法、算力与数据
    - 慧眼识AI：AI产品的判断标准
    - AI进化史：从图灵测试到DeepSeek
    - 汽车会"思考"的秘密：感官、大脑与决策的AI三要素
  - 第二节 揭秘AI超级大脑：大模型如何炼成
    - AI大模型是什么
    - 智脑解码：大模型的四大核心特质
    - AI天团：大模型家族的"超级学霸"图鉴
    - 技术解剖：AI大模型的神经元网络与记忆法则
    - 价值链重构：AI大模型掀起汽车领域的变革
    - 实践活动：AI大模型"实习生"大比拼

学习目标

知识目标

1. 理解人工智能与大模型的核心概念，能准确描述人工智能及人工智能大模型的定义。
2. 掌握人工智能产品的判断方法，能运用"四问判断法"区分人工智能与非人工智能产品。
3. 解析汽车智能的技术逻辑，能列举汽车"思考"的三大要素。
4. 能描述常见车用传感器的功能及应用场景。
5. 梳理人工智能发展历程，能叙述人工智能发展史中的关键事件及技术突破。

技能目标

1. 进行人工智能工具操作与交互逻辑体验，能利用人工智能工具完成基础交互任务，并分析其逻辑原理。
2. 能运用不同类型大模型完成汽车岗位职业体验任务，并对比不同大模型在汽车领域的特点。

素养目标

1. 建立伦理与安全意识，建立数据授权与个人隐私保护意识。
2. 通过了解人工智能大模型在汽车领域的应用，思考未来职业发展方向，建立职业规划意识。
3. 激发对AI技术的探索兴趣，培养创新思维。
4. 通过完成大模型职业体验任务，提升信息获取、分析及协作、表达能力。

第一节　AI是什么？为什么汽车能"思考"

智驱引擎舱： 从神话传说到科技传奇

你是否曾幻想过，汽车能像哪吒的风火轮一样智能飞行、自主决策？是否好奇过，那些只在科幻小说中描绘的"未来科技"，如何一步步走进我们的日常生活？从《流浪地球》中的MOSS人工智能，到比亚迪的"DiPilot"智能驾驶系统，再到华为的乾崑智驾，人工智能正以"中国速度"将幻想变为现实。而今天，我们将亲手揭开这层科技魔法的面纱，探索什么是人工智能？人工智能如何让汽车"学会思考"，甚至拥有"超级大脑"？

一、AI是什么

最早提出"人工智能"（Artificial Intelligence，AI）概念的是计算机科学家约翰·麦卡锡（John McCarthy），他在1956年的达特茅斯会议上首次正式使用这一术语，并推动了人工智能作为一个独立研究领域的诞生。"人工智能"由"人工"和"智能"两个词组成的，"人工"即人造的，"智能"意味着有学习和理解的能力。人类是智能的，是因为人类具备理解学习和规划执行的能力。

人类智慧的诞生源于多重因素的协同作用，高度发达的大脑和复杂的神经网络提供了生理基础，进化压力推动认知能力持续升级，语言的诞生不仅实现知识高效传递，更重塑了抽象思维，而好奇心和探索欲则帮助人类形成"实践—思考—验证"的认知闭环，最终通过社会协作与竞争共同构建的文化加速机制，使人类智慧得以持续实现突破性发展。

清华大学的马少平、朱小燕教授在《人工智能》一书中指出："人工智能是研究、开发用于模拟、延伸和扩展人类智能的理论、方法、技术及应用系统的一门技术科学。"人工智能就是教计算机学会像人一样思考、学习和干活的技术。就像我们教汽车自动泊车、自动跟车一样，让机器能自己看路、自己判断、自己操作。简单来说，就是让机器变得更"聪明"，能帮人解决问题。

> **想一想**
>
> 是什么赋予了人类智慧呢？

二、AI的三大支柱：算法、算力与数据

从约翰·麦卡锡的理论奠基到当代学者的系统定义，人工智能的核心目标始终围绕"模拟人类智能"展开。然而，要实现这一目标，离不开构成人工智能系统的关键要素，正如人类智慧依赖大脑结构、语言能力与社会协作，人工智能的运作同样需要三大基础支柱——算法、算力与数据。

（一）算法

中国人工智能学会将"算法"定义为"基于特定计算架构，通过数据驱动或规则驱动实现智能任务求解的可编程逻辑集合"。简单来说，算法就是"一步一步解决问题的步骤"，就像开车时要按照一定的步骤操作一样，算法是计算机完成任务时需要遵循的指令集。

在智能交通体系中，算法的优劣直接影响运行效率和用户体验。下面对比部分应用场景中优劣算法的特点，见表1-1-1。

表1-1-1 优劣算法的特点对比表

应用场景	差算法特点	好算法特点	优劣算法核心差异
交通信号灯控制	1.固定时长切换 2.高峰期通行能力不足 3.平峰期资源浪费	1.实时监测动态调整 2.车流自适应配时 3.提升整体通行效率	静态规则vs动态响应
导航路径规划	1.仅考虑最短距离 2.易导入低效路径 3.无法应对突发状况	1.多维度综合评估 2.实时避堵绕行 3.预测性路线规划	单一指标vs智能决策

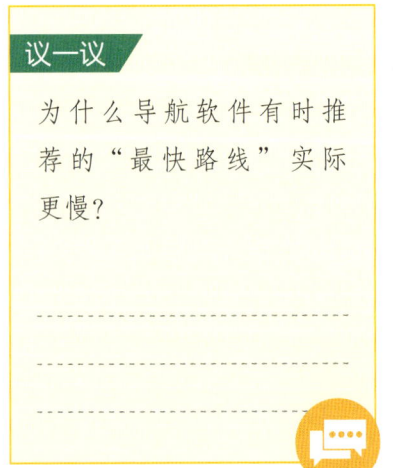

议一议

为什么导航软件有时推荐的"最快路线"实际更慢？

在控制交通信号灯时，固定时长的差算法会导致高峰期拥堵而平峰期空闲等问题，动态调整的好算法能根据实时车流优化通行；在规划导航路径时，仅考虑距离的差算法可能引导车辆进入低效路线，综合多维度的好算法则能智能避开拥堵。以上案例均说明优化算法对提升系统性能至关重要。

通过对比不难看出，算法的本质是人工智能的"决策大脑"，决定了其会不会做，也就是能否按步骤执行，以及它聪不聪明，即能否动态调整以达到最佳效果。算法越厉害，决策水平就越接近专家水准。

（二）算力

中国国家标准化管理委员会将"算力"定义为"计算设备执

行指定算法时表现出的数据处理能力，受处理器架构、并行度、内存带宽等多因素影响"。低算力像小排量摩托车发动机，高算力如V8涡轮增压发动机，算力决定系统能"跑多快、拉多少货"。

以不同算力在汽车自动紧急制动（Autonomous Emergency Braking，AEB）系统中的应用作对比，见表1-1-2。

表1-1-2　不同算力在汽车AEB中的应用对比表

对比维度	低算力（≤10 TOPS）	高算力（≥100 TOPS）
传感器配置	单目摄像头（30fps）+前向雷达（10Hz）	多目摄像头（120fps）+激光雷达（20Hz）+4D毫米波雷达
障碍物识别	仅识别车辆或行人（误检率>5%）	可识别塑料袋、动物、掉落的轮胎（误检率<0.1%）
硬件成本	<500元（MCU芯片）	约1.5万元（地平线征程5芯片+传感器套件）

注：1. TOPS全称为Tera Operation Per Second，即每秒处理的万亿次操作。
　　2. fps全称为Frames Per Second，即每秒传输帧数。

（三）数据

国际标准化组织与国际电工委员会将"数据"定义为"对事实、概念或指令的结构化表示，适用于以人工或自动方式进行通信、解释或处理"。在汽车和交通系统中，数据是指能够被记录、存储和分析的各种信息，这些信息可以来自车辆的传感器、驾驶行为、交通设施等多个方面，它们共同构成了人工智能分析和决策的基础。

以依托不同数据量的学生乘车出行体验作对比，见表1-1-3。

表1-1-3　依托不同数据量的学生乘车出行体验对比表

体验环节	小数据量场景（传统出租车）	大数据量场景（网约车平台）	学生可感知的差异
叫车方式	路边招手等待，空车随机经过	网约车平台实时显示3km内所有空车位置	过去下雨天半小时打不到车；现在看着手机地图上的车越来越近，2min就能上车

趣味阅读

在我国智能汽车飞速发展的今天，国产芯片正发挥着越来越重要的作用。地平线征程5芯片就是其中的佼佼者，这款算力高达128 TOPS的"中国芯"已经量产搭载于理想L系列车型上，并创造了三大突破：

首先，它采用独特的16核大脑处理单元（Brain Processing Unit，BPU）架构，能够同时处理8路高清视频，反应速度快至60ms；其次，它专门针对我国复杂的交通环境进行了优化，不仅能识别常规车辆，还能准确判断突然加塞的三轮车、电动自行车等特色场景；最后，它的价格比国外同类产品低40%，真正实现了高性能与低成本的完美结合。至2023年9月，这款芯片出货量已突破20万片，是我国实现大规模量产的高算力车规级芯片之一。

查一查

结合以上趣味阅读材料，了解"MCU芯片""128TOPS""16核BPU"是什么意思。

（续）

体验环节	小数据量场景（传统出租车）	大数据量场景（网约车平台）	学生可感知的差异
路线选择	驾驶人凭经验选择路线（可能绕路）	导航系统综合实时路况+历史数据规划最优线	过去常遇到"师傅走错路多收费"；现在网约车平台自动计算最短路线和预估车费
安全监控	仅靠驾驶人个人素质，无行程记录	全程定位追踪 一键报警 驾驶人人脸识别验证	过去晚上打车要记车牌号；现在父母手机能实时查看行车轨迹，系统自动检测紧急制动或偏航

> **说一说**
>
> 使用网约车软件时，通常会显示接单车辆到达乘客等待位置的"预计到达时间"，说一说你觉得该功能背后可能用到了哪些数据？
>
> _____
> _____
> _____

大数据改善出行体验的核心在于多维度数据的协同应用：车辆与驾驶人数据，如位置、车速、发动机状态，实现精准派单，减少等待；路况与历史交通数据，如拥堵记录、红绿灯时序，帮助规划最优路线，节省时间和费用；除表中所列对比项，还有用户行为数据，如常用地址、支付习惯，可以为乘客提供诸如自动推荐目的地、支付方式选择等个性化服务。

数据通过实时分析和智能决策，将传统随机、低效的出行转变为高效、透明、安全的乘车体验，如同为汽车装上"智慧大脑"，让每次出行都更省时、省心、省钱。

人工智能不是魔法，而是将数学、计算机、工程等多学科知识组合在一起，造出来的"会自己动脑子的机器"。算法设计其思考方式，决定了怎么做；算力提供执行能力，决定了做多快；数据积累知识，指导凭什么做，三者协同才能实现真正的智能。人工智能每个智慧行为背后，都是人类将自己的认知模式"翻译"成代码的过程。

三、慧眼识AI：AI产品的判断标准

人工智能产品与非人工智能产品的本质差异体现在自主进化能力，具体可通过能力维度、技术架构、交互逻辑等三个方面进行区分。

（一）能力维度：会"成长"vs仅"执行"

人工智能产品与非人工智能产品在能力维度上的差异见表1-1-4。

表1-1-4　人工智能产品与非人工智能产品的能力维度对比表

能力维度	人工智能产品	非人工智能产品
学习能力	通过数据自主优化（如推荐算法越用越准）	功能固定，无法自我改进
环境适应能力	动态调整行为（如自动驾驶应对突发路况）	仅按预设规则响应（如电梯按钮触发）
决策复杂度	多因素推理（权衡安全、效率、伦理等）	单一条件触发（温度达标即停机的空调）

> **TIPS 小贴士**
>
> 神经网络模型就像一群分工协作的"数字神经元"，通过不断试错调整连接强度，最终成为从输入数据中提取特征，并做出预测的智能系统。

（二）技术架构："神经网络" vs "电路板"

人工智能产品与非人工智能产品在技术架构上的差异见表1-1-5。

表1-1-5　人工智能产品与非人工智能产品的技术架构对比表

技术架构	人工智能产品	非人工智能产品
核心组件	神经网络模型+算力芯片（如图形处理器）	微控制器+固化程序（如单片机）
数据处理	实时分析非结构化数据（图像、语音等）	处理结构化输入（开关信号、数值）
升级方式	在线更新算法（如手机系统升级）	需硬件改造或更换程序（如遥控器）

想一想

根据人工智能的能力维度来判断以下产品是否属于人工智能产品（AI划"√"，非AI划"×"）。

1. A门锁支持动态人脸识别与行为分析，遇陌生人开门将发出预警，能自主优化识别精度，实现无感通行，适应复杂光照条件，安全等级随使用时长提升。（　　）

2. B门锁可通过预设密码或IC卡验证，采用固定逻辑控制开闭，安全性完全取决于密码复杂度，需物理凭证操作，不能自主升级防御机制。（　　）

根据人工智能产品的技术架构，判断以下产品是否属于人工智能产品（AI划"√"，非AI划"×"）。

1. B款电动玩具车，采用预设程序的单片机控制，能通过遥控器接收固定指令（如前进、转向），无法自主学习用户操作习惯，升级需拆机重写芯片程序。（　　）

2. A款音箱产品，搭载神经网络模型和图形处理器芯片，支持语音交互、音乐播放和家居控制。它能实时处理非结构化语音数据，通过在线升级算法，并学习用户习惯以提供个性化服务，如时钟设定、天气提醒、日程管理等。

想一想

根据人工智能产品的交互逻辑，判断以下产品是否属于人工智能产品（AI 划"√"，非 AI 划"×"）。

1. A款英语复读机通过物理按键实现 AB 段循环、变速播放等基础功能，无须依赖网络，操作简单可靠。（　　）
2. B款学习机基于云端语义理解，可实时回答英语问题、纠正发音并推荐动态学习内容（如新闻或影视片段），支持多模态反馈（语音+屏幕图文），适配多元口语学习场景。（　　）

（三）交互逻辑：理解意图 vs 响应指令

人工智能产品与非人工智能产品在交互逻辑上的差异见表 1-1-6。

表 1-1-6　人工智能产品与非人工智能产品的交互逻辑对比表

交互方式	人工智能产品	非人工智能产品
输入理解	解析模糊需求（如"播放适合学习的音乐"）	需精确指令（如"播放第3首歌"）
输出反馈	多模态响应（语音+动作+表情）	单一反馈（灯亮/灭）
场景扩展	主动建议新功能（如"检测到您常健身，开启健康提醒"）	功能边界固定（如微波炉预设加热模式）

常用的人工智能产品快速鉴别法，可依据感知、学习、规划、交互四个方面来进行判断，又称"四问判断法"，如图 1-1-1 所示。

图 1-1-1　"四问判断法"

人工智能产品的本质是"动态智能"，它具有学习与适应功能，通过分析大量数据，如用户语音、行为记录等自动优化模型，无须人工干预。人工智能产品像"会成长的助手"，越用越懂你。而非人工智能产品是"静态执行"，是程序预设和固定功能的呈现，功能完全由程序员提前编写固定，无法自主变化。它就像"机械工具"，用十年也不会变聪明。

四、AI 进化史：从图灵测试到 DeepSeek

1931 年，在剑桥大学，19 岁的阿兰·图灵（Alan Turing）在晨跑时脑中闪过一道"惊雷"：如果机器能像人类一样"思考"，该用什么标准判断其思考力？这个疑问在 19 年后化作划时代的论文——《计算机器与智能》（Computing Machinery and Intelligence），点燃了人工智能的火种。

从图灵测试到 DeepSeek，人工智能如同跌撞成长的硅基生命，经历了"婴儿期"理论奠基至"壮年期"生态重塑的进化历程。

（一）婴儿期（1940—1950年代）：理论奠基

人工智能的理论基础在这一时期初步形成。

1943年，麦卡洛克（McCulloch）和皮茨（Pitts）提出了人工神经元模型，为神经网络的发展奠定了基础。1950年，阿兰·图灵（Alan Turing）发表了具有里程碑意义的论文《计算机器与智能》，提出了著名的"图灵测试"，探讨机器是否能够思考。

1956年，达特茅斯会议召开，约翰·麦卡锡（John McCarthy）首次提出"人工智能"这一术语，标志着人工智能领域的正式诞生。

> **TIPS 小贴士**
>
> 人工神经元模型是模拟生物神经元基本功能的数学模型，从图像识别到自动驾驶，均依赖神经元模型的变体。它就像汽车电子控制单元（Electronic Control Unit，ECU）里的"微型决策芯片"，把多个传感器信号（如加速踏板信号、水温信号）加权计算后，决定要不要让某个零件干活（如喷油嘴多喷油、风扇开始转）。

（二）童年期（1950—1960年代）：探索爆发

在这一阶段，人工智能探索研究取得了一系列早期突破。

1956年，艾伦·纽厄尔（Allen Newell）和赫伯特·西蒙（Herbert Simon）开发了"逻辑理论家"（Logic Theorist），这是首个能够模拟人类推理的程序。1959年，阿瑟·萨缪尔（Arthur Samuel）提出了"机器学习"的概念，并开发了首个能够自学的跳棋程序。1966年，约瑟夫·魏岑鲍姆（Joseph Weizenbaum）开发了聊天机器人"ELIZA"，能够模拟心理治疗师的对话。

这一时期，科学家对人工智能的发展充满乐观，认为AI将在20年内达到人类水平，但由于计算能力和数据的限制，实际进展较为缓慢。

（三）青春期（1970年代）：叛逆与复苏

由于早期人工智能技术在复杂问题（如机器翻译）上的失败，以及计算能力的不足，政府和企业的资助大幅减少，人工智能在这一阶段也遭遇了"身份认同危机"，研究进入低谷。不过，仍有一些突破性进展，例如，1972年，斯坦福大学开发的专家系统——DENDRAL，该系统能够进行化学分析，展示了人工智能在特定领域的应用潜力。

（四）大学期（1980—1990年代）：算法觉醒

20世纪80年代，"大学时期"的人工智能开始"专精学业"，基于规则的专家系统（如医疗诊断系统MYCIN）在特定领域取得成功，推动了人工智能的商业化应用。同时，机器学习技术也在不断发展，1986年，反向传播算法（Backpropagation）的改进促进了神经网络的复兴。1997年，IBM的"深蓝"（Deep Blue）计算机击

> **试一试**
>
> 向DeepSeek提问至少1个关于汽车使用与保养的相关问题，看看它能否解答，并记下它给出的方案。

败国际象棋世界冠军卡斯帕罗夫，成为人工智能发展史上的重要里程碑。然而，由于专家系统维护成本高昂，90年代末，人工智能再次遭遇质疑，进入第二次寒冬。

（五）职场期（2010年代）：跨界颠覆

进入21世纪，人工智能迎来新一轮的发展浪潮，在各行各业崭露头角，主要得益于三个关键因素：大数据的积累、计算能力的提升以及深度学习算法的突破。2011年，IBM的Watson在《危险边缘》问答比赛中战胜人类冠军；2012年，AlexNet在ImageNet竞赛中夺冠，标志着深度学习技术的崛起；2016年，AlphaGo击败围棋世界冠军李世石，展现了强化学习的强大潜力。

（六）壮年期（2020年至今）：生态重塑

当前，人工智能已迈入技术成熟的"壮年期"，正以前所未有的速度重塑产业生态与社会形态。以2022年发布的ChatGPT为代表的生成式AI，实现了人类水平的自然对话。多模态大模型（如Sora）已能创造出逼真的视频内容。我国的DeepSeek则在数学推理、代码生成等专业领域取得了突破性进展，与百度文心、阿里通义等共同推动AI向工业、金融等垂直行业深度渗透。

五、汽车会"思考"的秘密：感官、大脑与决策的AI三要素

当汽车不再只是钢铁与橡胶的组合，而是学会用激光"观察"弯道、用算法"思考"风险、用数据"记忆"路况，这场静默的智能革命便悄然降临。如同人类依赖五官感知世界、大脑解析信息、肢体执行动作，人工智能赋能的汽车正构建起自己的"感官-神经-决策"体系，摄像头是它的视网膜，芯片组成电子脑沟，控制算法化身数字脊髓，如图1-1-2所示。当这三个要素完美协作，车辆将不再仅仅是人类的工具，而是能聊天、会学习的智能伙伴。

（一）感官系统：汽车的"眼睛"与"耳朵"

传感器就是汽车的"感觉器官"，它们像人的眼睛、耳朵一样，能使车"看到"路况、"听到"声音、"感觉到"温度，然后把这些信息传给汽车的大脑——电子控制单元，让车辆做出反应。

不同传感器肩负着不同的信号采集任务，应用于不同的场景，当它们出现问题，也会导致车辆表现出不同的故障。自动驾驶汽车

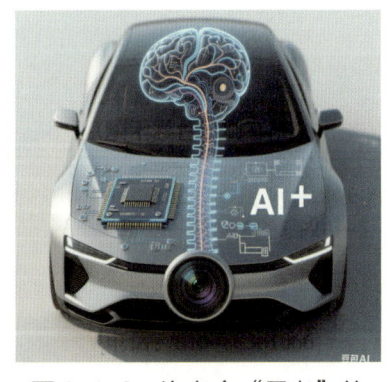

图1-1-2 汽车会"思考"的结构示意图

部分传感器的应用场景见表 1-1-7。

表 1-1-7 自动驾驶汽车部分传感器的应用场景

传感器类型	像什么	收集的信号类型	应用场景	典型故障表现
摄像头	眼睛	颜色、形状、文字（如红绿灯、路牌）	车道保持、交通标志识别	镜头脏污导致误判行人
毫米波雷达	测距仪	物体距离、相对速度	自适应巡航、自动紧急制动	雨雪天误报前方障碍
激光雷达	3D扫描仪	高精度3D环境模型（如坑洼、矮桩）	无人出租车环境建模	镜面反射物体（如玻璃）漏检
超声波传感器	盲杖	近距离障碍物（0.1~5m）	自动泊车、低速防碰撞	潮湿地面测距不准
惯性测量单元	前庭	车辆加速度、倾斜角度	弯道辅助、防侧翻	颠簸路面误触发稳定系统
红外传感器	夜视仪	夜间行人/动物热成像	夜间自动驾驶辅助	高温天气误检发热物体

自动驾驶汽车通常配备多个传感器，所有传感器数据汇入中央计算平台，通过多传感器融合算法让车辆实现"眼观六路、耳听八方"的智能驾驶能力，同时确保任一传感器失效时仍能安全降级运行。

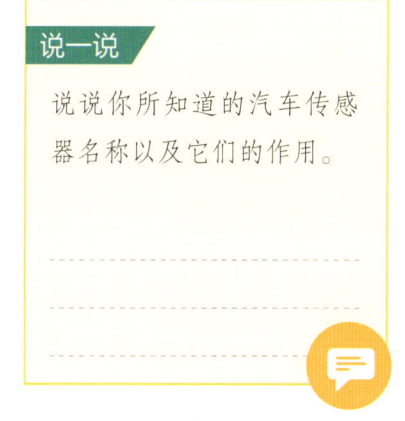

说一说

说说你所知道的汽车传感器名称以及它们的作用。

（二）人工智能大脑：从数据到理解的"神经网络"

现代智能汽车的核心是模仿人类大脑的神经网络系统。就像新手驾驶人需要通过反复练习来掌握驾驶技能一样，汽车的人工智能系统也需要经过大量"训练"才能安全上路。在城市道路的复杂驾驶场景中，汽车神经网络系统展现了其强大的环境感知和决策能力。

以搭载华为ADS 3.0系统的问界M7为例，如图1-1-3所示，当车辆在雨天早高峰行驶时，面对风窗玻璃上的水珠、模糊的红色制动灯、突然变道的电动自行车以及右侧施工围栏等多重挑战，神经网络系统会启动完整的工作流程。

首先，各类传感器同步采集环境数据。摄像头捕捉模糊的红色光斑和移动物体轮廓，激光雷达精确测量前车距离变化，毫米波雷达监测侧向移动物体，超声波传感器探测右侧障碍物距离。这些原始数据输入神经网络后，系统会进行分层处理：基础特征层首先

图1-1-3 车辆行驶复杂场景图

> **说一说**
>
> 通过问界M7工作场景案例，说说你对汽车神经网络系统的理解。
>
>

区分雨水噪点和真实物体；中级识别层确认车辆类型和运动特征；高级场景重建层则综合历史数据和实时信息，构建完整的道路状况认知。

基于这些分析，系统会做出一系列决策。计算最佳制动力度以实施线性制动，微调转向盘保持安全距离，同时通过抬头显示和语音提示驾驶人注意特殊路况。整个过程展现了神经网络系统的三大核心能力：①抗干扰处理能力，补偿雨水造成的传感器误差；②行为预测能力，预判电动自行车轨迹；③安全冗余设计能力，低置信度时要求人工接管。

为了在恶劣的天气条件、特殊的路况时系统能做出正确的决策，需要通过大量的数据训练来进行持续改进。汽车制造商正在通过收集更多特殊场景数据，不断优化神经网络的适应能力。

（三）决策系统：汽车的"行动规划"与"指令输出"

现代智能汽车的决策系统如同一个经验丰富的"电子驾驶人"，能够快速分析路况并做出最佳行驶判断。汽车自动决策场景如图1-1-4所示。

图1-1-4　汽车自动决策场景

以华为ADS 3.0系统为例，当车辆在雨天行驶时，若侦测到左侧有车辆突然变道逼近，系统会在极短时间内完成一系列智能决策。首先通过摄像头、激光雷达等多重传感器实时采集周边环境数据，包括邻车距离、速度等信息；随后基于安全优先原则，系统会从多个备选方案中自动选择最优解，比如采取适度减速并配合方向微调的方式避让；最后将具体指令精准传送至制动、转向等执行机构，整个过程仅需0.3s，大约比人类驾驶人的反应速度快3倍。

这套决策系统的核心优势在于其分层次的处理架构。感知层负责收集原始数据，决策层进行风险评估和方案优化，执行层则确保控制指令的准确实施。同时系统还具备完善的人机协同机制，在遇到超出处理能力的复杂场景时，会提前通过声光提示要求驾驶人接管。

值得注意的是，这类智能系统在日常工作中会产生详细的运行日志，包括每次决策的依据和执行效果，这为后续的故障诊断和维护提供了重要依据。

想一想

结合以上内容，对比人类决策与汽车智能决策系统的差异，完成下表填写。

对比维度	华为 ADS 3.0 系统	人类驾驶人
反应时间		
数据采集方式		
环境适应性		

延伸补给包

比亚迪璇玑——以国产算力算法点亮AI+汽车的"北斗星"

2024年初，全球汽车行业正深陷一场没有硝烟的战争——智能驾驶的"灵魂"究竟该由谁掌控？国际巨头特斯拉凭借完全自动驾驶算法和超算中心，牢牢占据技术高地；而我国车企还有相当一部分依赖海外芯片和算法，核心命脉受制于人。

就在这时，比亚迪突然放出消息：将发布一项"彻底改变游戏规则"的技术。行业议论纷纷，有人期待，也有人质疑："中国车企真能突破算法、算力、数据的三重壁垒吗？"

2024年1月16日，深圳比亚迪总部灯光璀璨。大屏幕上，"璇玑"两个篆体字缓缓浮现。董事长王传福站在台上，揭开了这项历时5年研发的"整车智能"解决方案——它不是单纯的硬件堆砌，而是一套从算法到数据的完整生态。

比亚迪某工程师解释道"特斯拉用摄像头'看'世界，我们用'中国式思维'理解世界。"比亚迪的BEV+Occupancy算法像一位经验丰富的"老司机"，能通过多传感器融合，精准预判"加塞"、电动自行车乱窜等典型路况。2024年，世界智能驾驶挑战赛上，这套算法以"鬼探头"场景的识别率达到98%而一战成名。

更令人振奋的是璇玑架构的"心脏"——搭载国产地平线征程5芯片的域控制器。此前，全球高端智驾芯片市场被英伟达垄断。如今，比亚迪将算力利用率优化至90%，比国际竞品高出20%，用更低的成本跑出了更流畅的体验。

深夜的比亚迪数据中心，闪烁的服务器像一片星海。这里存储着300万辆新能源汽车实时回传的数据——从吐鲁番的烈日到漠河的极寒，从上海的高架到重庆的8D魔幻立交。

2023年，《汽车数据安全管理规定》出台后，比亚迪率先通过国家认证，所有数据存储于贵州、京津冀等地的国产化服务器中。王传福说："用户轨迹、道路信息，这些'数字国土'一寸都不能丢。"

2024年3月，工业和信息化部L3级自动驾驶准入试点名单公布，"璇玑"成为首个上榜的国产系统。德国媒体评价称："中国人开始制定智能驾驶规则。"璇玑的命名源自北斗七星第二星"主智慧"，这喻示着我国智驾技术正从跟随转向引领。

学习评估站

一、基础测试题

（一）选择题

1. 以下哪项不属于人工智能产品的特征？（　　）
   A. 通过数据自主优化　　　　　　　　B. 功能固定不变
   C. 动态调整行为　　　　　　　　　　D. 多因素推理

2. 以下哪种传感器最适合用于夜间行人检测？（　　）
   A. 摄像头　　　　　　　　　　　　　B. 毫米波雷达
   C. 红外传感器　　　　　　　　　　　D. 超声波传感器

（二）判断题

1. 人工智能的核心目标是让机器完全取代人类智能。（　　）
2. 算法、算力和数据是人工智能的三大支柱。（　　）
3. 人工智能产品的关键差异之一在于自主进化能力的实现程度，这决定了其适应性和长期竞争力。（　　）

（三）填空题

1. 1956年，_____会议首次正式提出"人工智能"这一术语。
2. 汽车"思考"的三大要素是_____、_____和_____。
3. 人工智能产品的"四问判断法"包括：能感知环境变化、能_____、能自主规划行动、能_____。

二、创新拓展题

1. 根据本书内容，用图文形式绘制人工智能发展的六个阶段（"婴儿期"至"壮年期"）思维导图，并为每个阶段标注1个代表性事件。
2. 绘制"四问判断法"速查表，判断智能车机系统、传统收音机、自适应巡航系统、定速巡航、智能泊车系统、倒车雷达中哪些属于人工智能产品。

第二节　揭秘 AI 超级大脑：大模型如何炼成

智驱引擎舱：当AI化身"公路MOSS"的觉醒

亲爱的同学们，你是否想象过，汽车能像《流浪地球》中的MOSS一样拥有全知视角？从电影里掌控全局的超级AI到比亚迪的"天神之眼"，AI大模型正将科幻变成现实。

当搭载ADS 3.0的问界汽车在重庆螺旋立交上自主穿行时，它正在经历与我们相同的"学习三部曲"：通过激光雷达"感知"道路特征，用神经网络"决策"交通信号，最终在复杂场景中"执行"出最优路线。就像班里的学霸既擅长公式推导又能活学活用，而让汽车拥有"举一反三"智慧的正是AI大模型。

请系紧好奇心的安全带，让我们一起驶入AI大模型的"思维实验室"，探索大模型的奥秘！

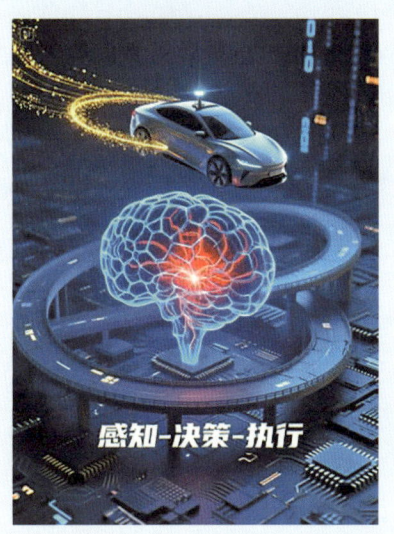

一、AI大模型是什么

（一）案例阅读：水土不服的"FSD留学生"

2025年2月，某国外车企的智驾系统以"智能辅助驾驶"名义正式进入我国市场。如图1-2-1所示，这位北美道路的智驾"优等生"刚一上路就频繁违章，误判交通信号灯、驶入公交车道、压实线变道等，有车主吐槽说上午才接到完全自动驾驶（Full Self-Driving，FSD）的推送，下午就把驾驶证的分扣完了。

让这位"留学生"表现不佳的主要原因之一是它所采用的纯视觉方案与我国复杂的道路状况适配性不足，其二是FSD的底层模型主要是基于北美道路数据进行训练，缺乏足够的我国道路场景数据。相比华为ADS、小鹏XNGP等本土智驾系统每天超千万千米的本土数据"喂养"，FSD只能依赖互联网公开视频模拟训练，因此对我国复杂的交通场景和驾驶习惯等都准备不足。

图1-2-1　水土不服的"FSD留学生"

想一想

是什么造成这位"FSD留学生"水土不服？

_____

_____

_____

说一说

你都知道哪些AI大模型？

_____

_____

_____

查一查

DeepSeek有哪些版本？参数数量分别是多少？

_____

_____

_____

计算机的最小存储单位为字节（Byte），存储容量由小到大依次有B、KB、MB、GB、TB、PB等，比如手机的存储容量往往有256GB、512GB和1TB。请查一查：

1TB=（　　）GB

计算机最大的标准数据存储单位是：_____

（二）大模型——会学习的"超级大脑"

大模型（Large Model）是"大数据+大算力+强算法"结合的产物，它基于人工神经网络构建，通过超大规模参数、海量数据和强大的计算资源进行训练，具备强大的表征学习能力和泛化能力，能够处理复杂任务（如自然语言处理、图像生成、多模态推理等）。

就像你身边有一个"超级学霸"，它学习了海量的书籍、图片、对话等，学会了写作、画画甚至陪你聊天等许多技能，当你问它问题的时候，它就会从它的"超级大脑"里找出答案，然后告诉你。

二、智脑解码：大模型的四大核心特质

（一）参数宇宙

大模型的"脑容量"极其庞大，可以有几百亿甚至上万亿个"知识点"（参数）。以目前"满血版"的DeepSeek为例，其V3版本模型参数数量达到了惊人的6710亿个，是普通AI模型的几百倍，是接近人脑神经元的数量级。

（二）海量学习

大模型需要TB级甚至PB级的文本、图像或多模态数据进行训练，覆盖广泛领域和语言。比如汽车领域的大模型，它像一块超级海绵，吸收了互联网和其他媒介中海量的汽车维修手册、车辆数据、诊断报告、路况视频甚至人类的聊天记录等，知识面极广。

（三）计算资源密集

大模型依赖高性能计算集群，训练耗时可达数周甚至数月，相当于上千台顶级计算机同时工作几个月，所耗电量堪比一个小型城市，费电又"烧钱"，学习成本超高。

（四）涌现能力

当模型规模达到临界点后，它就可能展现出小模型不具备的能力，如上下文学习、复杂推理等，就像人类学习时的"举一反三"。比如：没专门教过它，它就能写诗、编代码、解数学题；和你对话时，它能根据上下文调整回答，比如你开玩笑，它也懂幽默；它创作的画作甚至能在艺术比赛中获大奖。如图1-2-2a所示，一幅名为《太空歌剧院》的作品于2022年获得美国科罗拉多州博览会艺术比赛数字艺术作品类第一名。如图1-2-2b所示，2023年，

又有一幅名为《电工》的作品登上索尼世界摄影颁奖晚会的舞台，而这两幅作品都是由AI创作的。

a)《太空歌剧院》　　　　b)《电工》

图1-2-2　AI创作的作品

> **说一说**
>
> 如果你的身边有这样一位"超级学霸"，你想让它为你做什么？

三、AI天团：大模型家族的"超级学霸"图鉴

就像你身边的学霸不止一位，在大模型世界里，也有许多"超级学霸"。文心一言、通义千问、DeepSeek、GPT-4等，这些人工智能大模型就像"超级学霸联盟"——"语言博士"能帮你改作文、编剧本，甚至生成短视频脚本；"设计师"手绘动漫角色或班级活动海报不在话下；"翻译官"能把文字转成配音，给你的视频配旁白；还有"全能课代表"跨界任务统统搞定！大模型家族的成员分类见表1-2-1。

表1-2-1　大模型家族的成员分类

分类维度	大模型类别	特点	应用场景
按数据类型分类	文本大模型	专攻文本理解和生成	撰写文稿、汽车智能客服、生成客户需求分析报告等
	图像大模型	擅长处理图片或视频	设计图片、识别交通标志、自动剪辑视频、工厂质检检测零件缺陷等
	语音大模型	专注于语音识别与处理	车载语音助手、语音记录转文字存档、给视频自动配字幕等
	多模态大模型	能同时处理文本、图像、语音等多种数据	自动驾驶综合摄像头画面和驾驶人语音指令进行驾驶决策、智能座舱识别乘员手势或语音调整空调温度
按应用领域分类	通用大模型	可以适用于多种任务，如写作、绘图、编程等	回答车主常见问题、创作数字视频
	垂直领域大模型	针对特定领域如汽车、医疗等进行深度优化	汽车故障诊断大模型（学习海量维修数据）、自动驾驶专用模型（如特斯拉的FSD系统）

趣味阅读

文本模型： 悟道2.0训练时"读"过的书达到上百万册，够你从恐龙时代读到今天！

图像模型： 文心一格只要几秒就能生成一张国风水墨画，比你完成美术作业快了很多倍！

语音模型： 科大讯飞支持202种我国方言，精通9门外语，是实实在在的语言大师！

多模态模型： 应用于巴黎奥运会直播的InternVideo系列大模型，能精准定位运动员的得分瞬间及慢动作，极大提升了电视节目编创效率。

议一议

你用过哪个AI大模型？完成过什么任务？你能分辨它是什么类别的大模型吗？

四、技术解剖：AI大模型的神经元网络与记忆法则

（一）大模型的神经元网络——"智能信息分拣中心"

大模型通过构建起一种被称为"人工神经网络"的计算机程序，模拟大脑神经元的连接方式，能够从输入数据中学习，并生成有用的输出，同时在学习的过程中形成记忆。

如图1-2-3所示，人工神经网络一般由输入层、隐藏层和输出层构成，各层中的一个个小圆圈就是神经元。我们也可以把它看成是一个智能快递分拣中心，大模型神经元网络的结构与智能快递分拣中心的结构类比如图1-2-4所示。

图1-2-3 人工神经网络的结构

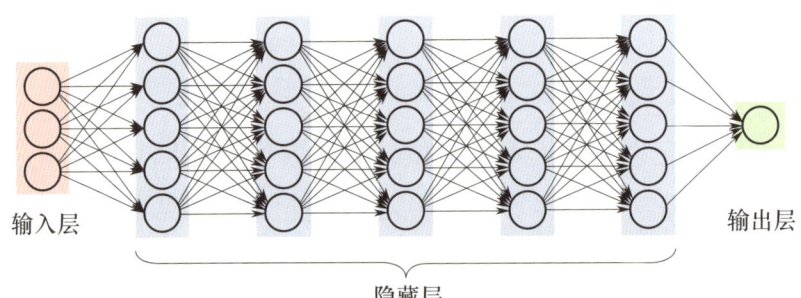

a）大模型神经元网络的结构　　b）智能快递分拣中心的结构

图1-2-4 大模型神经元网络的结构与智能快递分拣中心的结构类比

（二）大模型的记忆法则——"驾校学车三部曲"

大模型的记忆过程就像我们学习驾驶汽车的历程一样，会经历学习阶段（训练期）、推理阶段（应用期）、强化学习阶段（优化期），见表1-2-2。

表1-2-2 大模型的记忆过程与人类学习驾驶汽车的类比

记忆过程	人类学习驾驶汽车	大模型的记忆过程
学习阶段（训练期）	学习交通规则、标志、行车规范等基础知识 驾校教练手把手教会学员熟悉各种路况下的驾驶规范	采集海量的图像、视频、传感器等数据并进行标注，构建起驾驶场景下的训练数据集，以此为基础实施机器学习，建立起基础智能
推理阶段（应用期）	新手驾车上路，根据教练传授的技能，处理实际场景中的问题，比如在陌生停车场摸索合适的倒车路线，在驾校没开过的路况，也能应用驾驶技能灵活驾驶	在实际驾驶场景中测试模型的泛化能力，验证对复杂场景的响应速度和决策的准确率。例如，华为ADS 3.0在无高精地图区域仍能规划路径
强化学习阶段（优化期）	随着驾驶经验不断积累，驾驶技术不断提高，驾驶人从新手成长为"老司机"	通过反馈持续收集真实数据，优化迭代模型。比如小鹏XNGP每月接收车主数十万条驾驶反馈优化算法

人类通过上述驾驶汽车的学习过程，可以实现从"驾驶小白"到"老司机"的转变，大模型同样也是通过这样类似的过程，实现从固化程序向人类智能助手的转变。

五、价值链重构：AI大模型掀起汽车领域的变革

在科技赋能的当下，人工智能大模型从实验室走进生活，化身学习、工作、生活的"全能助手"——学习时精准拆解难点、定制计划，办公时高效处理数据、润色文案，生活中搞定信息检索与行程规划。

如图1-2-5所示，在汽车领域，人工智能大模型技术的应用也已融入汽车的全价值链，从设计研发、生产制造到营销服务、智能驾驶，人工智能大模型技术推动汽车产业不断进化。

（一）设计研发：从"脑洞工厂"到"草图革命"

人工智能大模型技术在汽车研发设计领域正逐步渗透到设计优化、工程仿真、市场分析等各个方面。例如，东风汽

> **议一议**
>
> 你能把大模型的记忆法则和学习生活中的现象做一个类比吗？

趣味阅读

智驾系统雨天进化史

暴雨中的车道误判困境

2023年夏天，某汽车品牌发布了新一代智能驾驶系统，但在雨天测试中暴露出了一个大问题：大雨导致路面积水反光，这些亮闪闪的光斑在车载摄像头看来与车道线极为相似，智驾系统也就跟着把车辆带偏，差点酿成事故。

AI的"疯狂刷题"之旅

为了解决这种雨中视觉干扰问题，厂商工程师采集了涉及积水反光、刮水器水痕、路灯倒影等干扰场景的海量视频，同时还开发了能分析水面波纹纹理和反光强度变化的"波纹识别算法"，让智驾系统利用该算法疯狂地去刷视频给出的"错题"。

从"手忙脚乱"到"稳如老司机"：2024年的蜕变

经过一年多的技术迭代，智驾系统在雨天的表现脱胎换骨。无论是暴雨中密集的水波纹，还是雨后残留的浅水反光，统统都能准确过滤干扰，就像"老司机"一样轻松地在雨中保持正确车道。

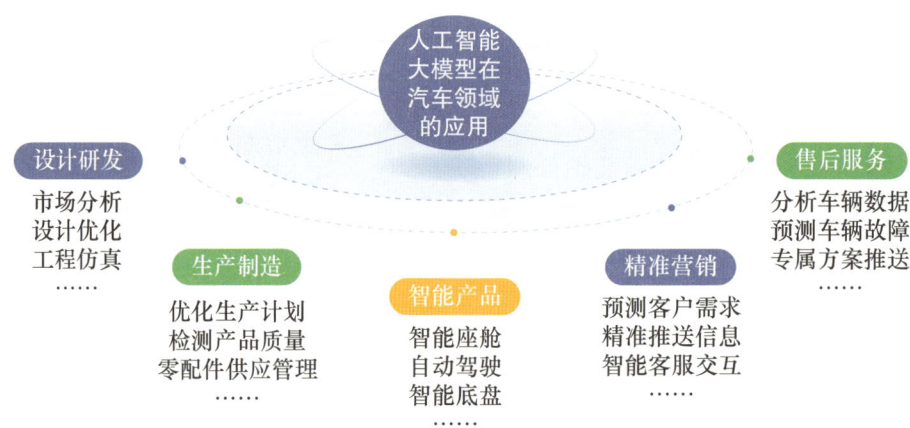

图1-2-5 人工智能大模型在汽车领域的应用

车、中兴通讯与湖北移动联合推出了AiCube汽车设计一体机，设计师仅需输入简单的设计要求，便能在几秒内生成汽车设计草图。深圳市瑞云科技自主研发的AI汽车设计平台——"麦艺画板"，通过生成式AI与工业设计系统的深度结合，实现了造型创意设计到3D效果图，再到造型评审的全流程智能化，将外观设计节省至1h内，传统单车型开发周期压缩58%，"麦艺画板"的产品示意图如图1-2-6所示。吉利汽车研究院在开发银河E8车型时，运用AI流体动力学平台，将通常需要3个月才能完成的风洞实验缩短至72h，不仅节省了上千万元，还最终使整车风阻系数降至仅0.199，刷新了量产电动轿车的世界纪录。

图1-2-6 "麦艺画板"产品示意图

（二）生产制造：机械交响曲的算法指挥家

从优化生产计划到供应链管理，从生产装配到质量检测，人工智能大模型技术正在全方位重塑汽车生产制造的格局。

长安汽车数智工厂如图1-2-7所示。通过构建"AI+数字孪生"系统，利用人工智能大模型技术分析历史数据，并在虚拟空

> **试一试**
>
> 利用你手边的人工智能大模型工具，在其中输入"未来感电动SUV"关键词，看看能自动生成什么样的造型方案。

间中预演生产流程，从而灵活自主地优化生产计划，甚至可以在5min内切换生产不同型号的电动汽车底盘，制造效率综合提升20%、成本降低20%、能耗降低19%。同时该工厂由智能机器人或自动化设备按照系统指令自行完成生产、存储、搬运、检测等环节，几乎无须人工操作，即便在黑暗中也能照常运转，真正实现了"黑灯生产"。

图1-2-7　长安汽车数智工厂

如今越来越多的车企在人工智能大模型技术的帮助下大幅提高了生产能效，降低了运营成本和产品不良率，汽车产业链正向着更高效、更智能、更绿色的方向发展。

> **TIPS 小贴士**
>
> **什么是"数字孪生"？**
>
> 数字孪生（Digital Twin）是指通过数字化技术，在虚拟空间中创建一个与物理世界（比如环境、流程、设备或系统）完全对应的动态虚拟模型。它就像一面镜子，能够实时同步监测物理世界中实体的状态和性能数据，比如机器人和设备的行为，并通过分析和仿真预判物理实体的运行轨迹，从而在此基础上进行优化。

（三）智能产品：从铁皮盒子到硅基生命体

自动驾驶、智能座舱、智能底盘……人工智能大模型技术正在全方位地赋予汽车全新的性能、体验和价值。在这一技术浪潮的推动下，智能交互技术迎来深度变革，智能座舱正告别单一语音交互的时代，迈向全场景多感官融合的新纪元。例如，华为的HarmonySpace 5基于MoLA混合大模型架构，融合DeepSeek、盘古及垂域大模型，实现五感协同交互（视、听、光、嗅、触）。同时，它还支持边思考边说话的语音导航、多轮复杂指令解析（如筛选充电站条件）及模糊语义理解。

同时，人工智能大模型还推动自动驾驶从"规则依赖"迈向"端到端进化"，利用多种技术路线促进了自动驾驶的智能化发展。例如，华为乾崑ADS 3.0全新架构采用预测决策规控网络，实现预决策和规划一张网，从而实现类人化的决策和规划，行驶轨迹更类人，通行效率更高，复杂路口通过率超过96%；小鹏XNGP利用端到端大模型实现"无图智驾"，可适应包括掉头、环岛及狭窄小路等在内的复杂路况，成为首个复杂路况全覆盖的AI智驾。

如图1-2-8所示，基于蔚来人工智能大模型的NOMI GPT不仅

图1-2-8 蔚来汽车人工智能助手NOMI GPT

拥有大模型百科、用车问答、无限趣聊和魔法氛围等多样化场景功能，还能通过160多种趣玩表情与车主产生情感共鸣。此时，汽车更是从传统的交通工具，转变成可情感共鸣的"硅基家人"。

（四）精准营销：流量迷宫里的AI捕手

当一位客户在小红书上为露营装备测评点赞，随后她的抖音推荐中便出现了理想L9的"车尾帐篷一键展开"宣传视频，这不是巧合，而是人工智能大模型在悄悄提供服务。一汽–大众品牌新媒体AI内容运营数字化平台已全面接入DeepSeek大模型，在60多家经销商展开第一批试点运营过程中，展现出能高效分析海量市场数据和客户行为及偏好、精准预测客户需求并根据平台用户喜好生成个性化营销内容的强大能力，效率提升超200%。人工智能大模型推动汽车营销进入了一个新的时代。

（五）售后服务：永不宕机的汽车"医生"

在售后领域，人工智能大模型通过学习海量的汽车知识和维修经验，能7×24小时为车主提供车辆操作指引、状态查询和故障诊断。通过分析车辆数据，可实现提前推送保养预警，车辆故障时远程后台诊断，以及生成诊断结论和维修方案。

比如蔚来汽车的Service Guardian服务卫士系统能通过车联网实时采集车载传感器数据，并对历史数据和实时数据进行分析，实施远程诊断，提早发现车辆异常，减少突发故障。上汽集团依托深空人工智能大模型，能有效快速问诊、精准定位、生成维修建议，显著提升故障维修的精准度和效率，让车主更加省心。

六、实践活动：AI大模型"实习生"大比拼

人工智能大模型技术已深度融入汽车领域的方方面面，作为一个未来的汽车人，学习使用人工智能大模型，就像握住打开未来职业大门的金钥匙！接下来，我们将通过实践"比武"，对比DeepSeek、豆包等大模型在知识问答、数据处理、创意生成中的表现——看谁更智能、更严谨、更高效、更有创意。让人工智能成为我们提升技能的得力助手，助力我们在职业赛道轻松起跑。

（一）任务分组

按每组成员4~6人将全班同学分为若干学习小组，每组领取一个类型的任务，任务内容见表1-2-3。

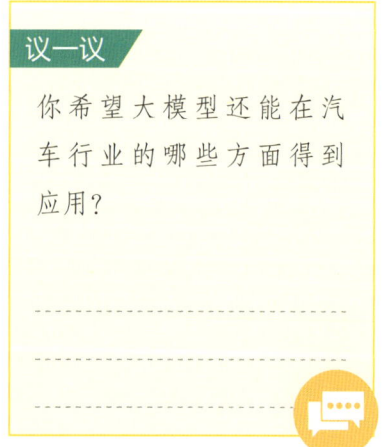

议一议

你希望大模型还能在汽车行业的哪些方面得到应用？

表1-2-3 AI大模型"实习生"大比拼分组任务

组别	任务类型	具体内容	提示词
A组	创意设计	未来汽车外形设计	提供3个关键词,如流线型、太阳能板、变色玻璃
B组	营销策划	新能源汽车广告文案及海报	突出充电快、续驶里程长、省钱等特征
C组	用户指导	编写汽车电动感应尾门使用指南对话	需包括安全注意事项、请用老年人能听懂的话解释、中英双语
D组	金融服务	计算10万元汽车的购车贷款方案,首付20%、3年期、年利率4.5%,或者零首付、2年期、年利率5%,并比较两个方案	用表格展示

(二)人工智能大模型实战

1)每组领取"AI任务包"和提示词手册。

2)同一组内,每位组员使用不同的人工智能大模型完成任务。

(三)成果展示

1)各组展示人工智能大模型完成的任务成果。

2)全班投票评选"最炫酷未来车""最动人广告语""最贴心功能指南"和"最清晰贷款方案"。

3)讨论分析对比各人工智能大模型在汽车场景活动中的表现差异,可参考表1-2-4填写讨论分析的结果。

想一想

人工智能大模型还可以在哪些方面辅助4S店工作?

表1-2-4 AI大模型"实习生"大比拼分析评价表

人工智能大模型平台	专业严谨性(包括数据是否准确、逻辑是否严密、步骤是否完整等)	设计创新性(包括创意能力、作品美观度等)	交互友好度(包括对话自然性、指令响应清晰度、文本易读性等)	本土适配性或多语言支持性(包括中文语境理解、政策适配度等)	任务完成度(包括多任务处理、完成设计、计算、对话等任务的效率)
Deepseek					
文心一言					
通义千问					
豆包					
……					

延伸补给包

与AI大模型对话的"魔法口诀"

人工智能大模型就像一台超级发动机，起动它的钥匙就是提示词。精准的提示词就像"魔法口诀"，提示越清晰，人工智能大模型越能准确地理解需求，输出就越贴合预期，效率也就越高。那么"魔法口诀"该如何编写呢？

一、"魔法口诀"修炼：从简单到复杂的提示词设计

以人工智能大模型辅助撰写新能源汽车广告文案为例，学习与其对话的"魔法口诀"。通过表1-2-5可以清晰地看到从初阶提示词到专业级提示词的进化路径和人工智能大模型生成结果的不同。

表1-2-5 "魔法口诀"分阶对比分析表

优化维度	初阶	进阶	高阶	专业级
提示词内容	写一条新能源汽车广告，突出充电快、续驶里程长、省钱	为25~35岁的城市上班族写一条新能源汽车广告，突出续驶里程800km、比燃油车每月省1000元油费，年轻化口语	针对焦虑续驶里程的年轻家庭，撰写新能源汽车广告需包含以下内容：①痛点：里程焦虑、充电排队、孩子哭闹；②解决方案：续驶里程800km+30%充电提速+亲子模式+后排娱乐屏；③情感价值：为家庭创造舒适出行体验；④形式限制：口语化，加入紧迫感话术（限时礼遇），结尾加行动号召	为小红书平台设计15s口播文案，目标用户为女性车主，需包含：①人设：二胎妈妈分享自驾体验；②产品亮点：续驶里程800km、车内紫外线杀菌、宠物模式；③内容结构：痛点吐槽→解决方案→生活改变；④形式限制：闺蜜聊天体，用"谁懂啊""真香"等热词，加"#辣妈育儿""#新能源自驾"等标签
生成结果示例	新能源汽车来啦！充电快，续驶里程长，超省钱，轻松畅行每一路，入手不亏哦	打工人逆袭时刻！通勤+跨城说走就走！充电10分钟跑200公里，续航800公里碾压同级！月省1000元油费=多喝50杯奶茶！戳我试驾！	带娃家庭的血泪教训：充电排队两小时，娃哭到全服务区围观？××新能源汽车给你自由！800公里续航直达三亚，充电提速30%，亲子模式一键开启，后排大屏哄娃神器！立即点击链接，解锁限时优惠！只剩37个名额！	谁懂啊家人们！带俩娃+狗子自驾游，以前每两小时找充电桩，现在××新能源汽车彻底救我狗命！续航800公里一口气开到内蒙，紫外线杀菌不怕娃过敏，宠物模式锁车也能吹空调！#辣妈育儿#新能源自驾真香警告：当妈后终于有自己的时间了
目标用户	无明确指向	城市年轻上班族	年轻家庭	小红书女性车主
核心卖点	充电快、续驶里程长、省钱	数据化对比优势	痛点解决+情感价值	人设故事+社交属性
语言风格	书面化口号	口语化	紧迫感话术+场景细节	平台热词+标签运营

通过从初阶到专业级"魔法口诀"的逐级进化，我们可以看到，修改提炼提示词让大模型生成的广告文案目标客户更精准、语言更有感染力，还能更贴合平台特质，增强引流效果。

二、"魔法口诀"秘籍：提示词模板与技巧总结

（一）"魔法口诀"万能模板

在前述基础上，我们提炼出"魔法口诀"的万能模板：

[平台/场景]+[任务类型]+[目标用户]+[核心痛点]+[产品参数]+[情感价值]+[形式限制]。

示例：为小红书（平台）新手妈妈（目标用户）设计15秒口播（任务类型），吐槽带娃出行充电难（核心痛点），突出800km续驶里程＋母婴模式（产品参数），传递"妈妈也能追逐自由"的情感（情感价值），要求加入"绝了""冲鸭"等热词和"#辣妈逆袭""#新能源神器"等标签（形式限制）。

（二）"魔法口诀"优化技巧

1. 用户画像＋场景具象

针对特定群体需求，如25~35岁的城市上班族，确保内容精准触达。描述具体场景，痛点具象，如"服务区充电排队两小时"，增强代入感。

2. 数据具体＋情感共鸣

将抽象的产品优势转化为具体数据，如"续航800公里"而非"超长续航"，增强用户感知。结合目标用户心理，如"妈妈也能追逐自由"，引发情感共鸣。

3. 平台适配＋热词标签

巧妙融合平台特色与用户需求，如在小红书强调"美美出行"，在抖音突出"潮流玩法"，确保内容既吸睛又贴合用户心理。运用平台热词，如"谁懂啊""真香"，结合标签如"#辣妈逆袭""#宝妈出行神器"，精准吸引目标流量，提升传播效果。

4. 限时激励＋互动引导

巧设限时福利，如"24小时抢购"，激发紧迫感。引导用户互动，如"留言分享赢好礼"，增强参与度。

学习评估站

一、基础测试题

（一）选择题

1. 神经网络的结构不包括（　　）。

   A. 输入层　　　　B. 中间层　　　　C. 隐藏层　　　　D. 输出层

2. "满血版"DeepSeek的参数量是（　　）个。

   A. 70亿　　　　B. 320亿　　　　C. 6710亿　　　　D. 640亿

（二）判断题

1. 神经网络隐藏层的作用是直接输出驾驶指令。（　　）
2. 小鹏XNGP每月接收车主数十万条驾驶反馈优化算法，这是人工智能大模型记忆过程的推理阶段。（　　）

（三）填空题

1. 大模型的记忆过程主要包括三个阶段，分别是：_____、_____和_____。
2. 大模型是_____、_____和_____结合的产物。
3. 按照应用领域，大模型可以分为_____和_____。

二、创新拓展题

1. 职业观察：在汽修店或4S店观察哪些工作可能被AI辅助，记录3个场景（例如客户咨询、库存管理）。
2. 实践作业：如果你在工作中遇到了下面2个场景，该使用什么样的指令，让AI大模型更好地帮助自己工作呢？

   1）向老年客户解释保险理赔步骤。

   2）为年轻车主推荐性价比高的保养方案。

3. 进阶任务：小张打算用人工智能大模型辅助为4S店设计"冬季轮胎促销"朋友圈宣传文案，请用结构化模板帮他写出与AI大模型对话的"魔法口诀"。

第二章
智能汽车大揭秘：从"火眼金睛"到"最强大脑"的科技狂欢派对

　　想象这样一个场景：你正置身于一辆无人驾驶的钢铁侠智能战甲之中，它绝非普通载具，而是搭载着三套颠覆性"黑科技系统"的未来装备。首当其冲的"超级感知系统"堪称机械感官的巅峰之作，激光雷达如蝙蝠声波般构建环境轮廓，鹰眼级摄像头360°无死角扫描周遭，即便是突然窜出的小猫也难逃其精准捕捉；紧随其后的"决策系统"如同量子级大脑中枢，能在0.1s内完成最优路径规划与风险预判，反应速度达到人类驾驶人的10倍；最后的"闪电控制系统"则如赛车手的神经反射弧，紧急时刻的制动、转向、加速操作一气呵成，反应速度甚至超越生物本能。想揭开这些黑科技的运作逻辑吗？让我们一同探索这辆钢铁侠智能战甲背后的技术密码。

学习内容

智能汽车大揭秘：从"火眼金睛"到"最强大脑"的科技狂欢派对

- 第一节 感知觉醒：汽车的"五官"特工集训营
  - 智能驾驶"千里眼"：汽车摄像头
  - 全天候"顺风耳"：雷达系统
  - 近距离"触觉神经"：超声波传感器
- 第二节 决策革命：AI驾驶的"最强大脑"速成班
  - 道德选择题：自动驾驶中的伦理困境与算法决策
  - 预判大师：行人意图预测与行为建模
  - 博弈论战场：多车交互决策与路径规划
- 第三节 控制黑科技：钢铁巨兽的"神经反射弧"
  - 线控魔法：转向盘到轮胎的"意念传输"
  - PID驯兽师：让汽车学会"走猫步"
  - 人机博弈：当AI拒绝交出转向盘
- 第四节 智能座舱：为什么汽车能"聊天"
  - 方言特工队：语音交互技术三阶段原理
  - 声音魔术师：方言识别的核心技术
  - 智能座舱变形记：从"机械铁盒"到"懂你的AI管家"

学习目标

知识目标

1. 理解超声波传感器、毫米波雷达、激光雷达的工作原理、技术参数及适用场景，并掌握摄像头与雷达融合技术的优势。
2. 分析MIT"道德机器"实验的核心发现及争议点，理解自动驾驶伦理决策中的多目标优化过程及责任归属判定原则。
3. 阐述线控转向系统的组成及与传统机械转向的本质区别，解释PID控制算法的核心原理及其在自动驾驶中的应用。
4. 识别智能座舱的核心组成及功能，分析语音交互技术的三阶段原理。

技能目标

1. 能通过实验数据对比不同传感器在恶劣天气下的性能差异。
2. 针对给定的自动驾驶事故场景，运用"功利主义"或"责任伦理模型"分析责任归属并说明理由，统计不同文化背景下的决策偏好并分析原因。
3. 能描述线控转向系统的工作流程，并对比传统转向系统的延迟差异。

素养目标

1. 辩证看待自动驾驶伦理困境，理解"乘客优先"与"行人优先"模型的社会争议，树立"技术需服务人类价值观"的理念。
2. 通过传感器融合、多模态交互等技术案例，激发对智能汽车技术创新的兴趣。
3. 前瞻智能汽车技术对传统驾驶职业的影响，思考职业转型方向，并理解智能汽车技术对交通安全的积极意义，增强"科技向善"的社会责任感。
4. 在小组协作中完成传感器性能对比、伦理决策讨论等任务，提升团队沟通与数据整合能力。

第一节 感知觉醒：汽车的"五官"特工集训营

智驱引擎舱：汽车的特工集训营

试想这样一幕未来出行场景：智能汽车如同从科幻银幕驶入现实的机械伙伴，正用超越人类的感知能力穿梭于城市街巷。它们能自主"观察"路况、"聆听"环境声响，甚至能"触摸"到周遭物体的存在，这般充满科技感的运作模式是否令人称奇？当你置身这样的智能座驾，会发现它仿佛拥有多重超感官装备：一组堪比"火眼金睛"的高清摄像头，正精准识别红绿灯信号与过街行人；阵列式雷达如"顺风耳"般捕捉千米外的车辆动态；分布车身的超声波传感器则化作灵敏"触角"，在泊车时精准感知周边障碍物。这些高科技组件构成了汽车的智能神经网，使其能自动维持安全车距、在浓雾天气稳定行驶、轻松完成精准泊车，甚至在突发险情时瞬间启动制动保护。此刻，让我们化身技术探秘者，以解码机械感知奥秘的视角，揭开这些赋予汽车"智慧灵魂"的传感器的面纱。本节将用最直观的解析方式，带您穿透科技表象，看懂这些让汽车拥有"未来感知力"的核心技术。准备好开启这场智能出行的探秘之旅了吗？让我们一同解锁机械感官的工作密码。

在智能网联汽车的世界里，摄像头如同"千里眼特工"，全天候警惕地守护着行车安全。它们不仅能识别交通信号灯、车道线，还能实时监测行人与其他车辆的动态，是自动驾驶系统的核心传感器之一。面对人为制造的"障眼法"，这些"千里眼特工"拥有独特的机制保持清醒，从而识破外界的伪装。让我们一同揭秘"千里眼特工"识破伪装的核心机制。

一、智能驾驶"千里眼"：汽车摄像头

（一）摄像头的"三种眼睛"

在现代汽车技术的广阔领域中，确保行驶的安全性和便捷性不仅依赖于驾驶人的视野，更离不开一系列先进的辅助系统。这些系统的核心便是各类摄像头，它们犹如车辆的眼睛，赋予了车辆前所未有的观察能力，如图2-1-1所示。

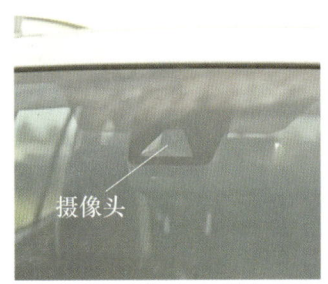  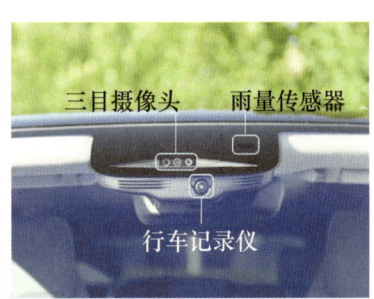

图2-1-1 汽车摄像头的"三种眼睛"

1. 经济实用型"独眼龙"

就像海盗船长总爱眯着一只眼估算距离，单目摄像头靠算法"猜"物体远近。虽然能认路牌、盯车道线，但遇到突然变道时，偶尔会像算错宝藏距离的海盗一样闹笑话！

2. 精准测量型"双眼侠"

双目摄像头就像人类用两只眼睛判断距离。它不仅能准确测量前车位置，连路边小朋友身高是1.2m还是1.5m都看得明明白白，活像个自带量尺的交通警察。

3. 全能观察型"千面眼"

以特斯拉为代表的多目摄像头系统，简直像同时戴着望远镜、显微镜和鱼眼镜头的科学家。远方的红绿灯、近处的斑马线、两侧突然窜出的电动自行车，统统逃不过它的"法眼"！

（二）摄像头的工作秘密

1. "会自洁的电子眼"

就像我们的眼睛会通过眨眼保持湿润清洁，智能摄像头也装有"电子睫毛"——自动清洁系统。遇到雨水或灰尘时，它会像猫咪洗脸一样快速清洁镜片，保证视线永远明亮清晰！

2. "光能魔法转换器"

藏在镜头后的感光芯片就像手机的拍照键，能把捕捉到的光线变成数字照片。这个神奇的过程，就像用魔法把阳光"编织"成一张张高清图像，是让机器看见世界的第一步！

3. "最强大脑图像管家"

处理芯片不仅是"修图大师"，能自动给画面美颜调色，更是"交通情报员"，0.1s就能认出"前方50m有停车让行标志牌"这样的关键信息。就像有个小侦探在实时分析每张照片，帮助汽车做出聪明决策！

（三）摄像头制霸汽车感知系统的三大法宝

1."火眼金睛识万物"

摄像头就像个美术特长生，不仅能一眼认出红绿灯的"番茄炒蛋配色"，还能读懂各种交通标志的"抽象画"。这种超强的图案识别能力，让呆板的雷达只能在一旁干瞪眼！

2."性价比之王"

随着技术发展，摄像头价格越来越亲民，就像手机摄像头从奢侈品变成了白菜价。花小钱办大事，难怪它成为车企的"心头好"！

3."快如闪电的抓拍手"

反应速度快到离谱，比人眨眼的速度还要快10倍！就算遇到突然窜出的外卖员，它也能瞬间"咔嚓"拍下关键画面，让自动驾驶汽车及时制动。

（四）黑客的"恶作剧"手段

黑客们施展"恶作剧"的手段多样且颇具迷惑性。在物理层面，他们会对摄像头进行破坏，给镜头涂抹油漆、贴上贴纸，如同蒙住人的双眼，使摄像头无法正常采集画面。在数字领域，他们施展"数字魔法"，在路牌上绘制特殊花纹，利用视觉欺骗技术，误导摄像头将"停"识别为"行"，干扰交通识别系统的正常运行。另外，还有电磁干扰手段，黑客借助"隐形电波"，扰乱摄像头信号的接收与处理，致使其无法正常捕捉和传输图像信息，就像人头晕目眩时无法看清周围事物。

（五）工程师的"反黑客装备"

面对黑客的攻击，工程师们研发出一系列"反黑客装备"。例如，在物理防护方面，给摄像头配备自动刮水器和加热功能，无论雨雪天气都能保持镜头清晰，防刮镜片的坚固程度远超手机膜，能有效抵御物理破坏。工程师们给智能系统升级，让系统大量学习图片，如同人类熟悉假币特征后能快速识别一样，增强对异常图像的辨别能力。同时，多传感器协同工作，当摄像头出现识别偏差时，其他传感器会及时纠正错误。此外，还制定了紧急预案，一旦检测到异常，系统会立即触发警告，就像手机提示检测到病毒，并且自动降速，保障安全，避免因识别错误引发危险。

想一想

1.如果让你设计防黑客摄像头，你会加入什么功能？（比如：动态加密图案识别）

2.单眼测距时，有什么办法能提高准确性？（提示：移动头部试试！）

3.生活中还有哪些设备怕"脏镜头"？（比如：监控摄像头、人脸识别闸机）

（六）"夜视眼"黑科技：红外热成像如何守护行车安全

所有物体都会散发红外线，红外摄像头能把这些"热量信号"变成彩色图像，红色代表最高温（如发热点、火焰），黄色代表中高温（如人体正常温度、运行中的机械部件），蓝色代表最低温（如背景环境、冷却区域），如图2-1-2所示。

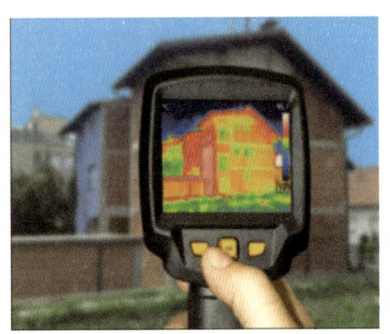

图2-1-2　红外热成像示意图

二、全天候"顺风耳"：雷达系统

（一）汽车雷达系统大揭秘

汽车的"耳朵"——雷达系统，就像蝙蝠能在黑夜中飞行不撞墙一样，汽车也靠这个黑科技来感知周围环境！

1.雷达的工作原理

雷达的工作原理是基于电磁波反射原理，当发射器向空间发射高频无线电波，当电磁波遇到目标时会发生反射，接收器捕获反射波并进行信号处理，如图2-1-3所示。

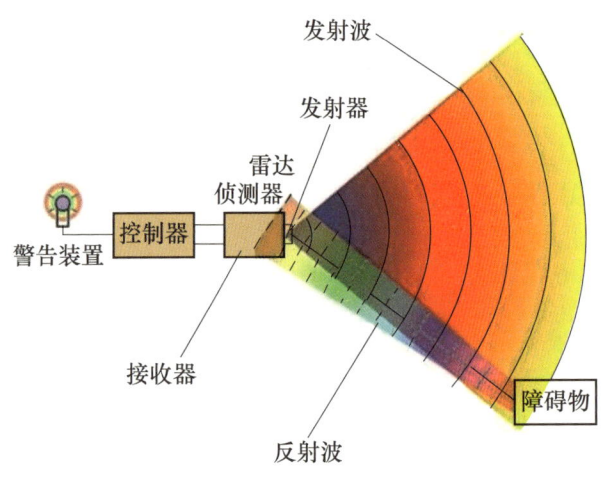

图2-1-3　雷达工作原理

其测距逻辑为：雷达发射无线电波（传播速度为光速3×10^8m/s），电磁波遇到目标后反射，接收器记录从发射到接收的时间间隔。由于电磁波需完成往返传播，目标实际距离等于光速乘以时间间隔再除以2。以1ns（10^{-9}s）时间间隔为例，电磁波往返路程为3×10^8m/s$\times10^{-9}$s＝0.3m，单程距离即目标距离为0.15m。这一过程类似声波回声原理，但借助电磁波光速传播特性实现高精度测距。

2.汽车上的三种雷达

汽车上的雷达一般有超声波传感器、毫米波雷达和激光雷达三种类型，它们的技术参数、价格和功能，见表2-1-1。

表2-1-1 汽车上的三种雷达

类型	工作频率	探测距离	精度	价格	常见位置	特殊技能
超声波传感器	40~58kHz	0.2~3m	±5cm	便宜	前后保险杠	自动泊车时"数厘米"
毫米波雷达	24~77GHz	1~200m	±0.1m	中等	车标后/尾灯	能"看透"暴雨
激光雷达	193~331THz	0.1~250m	±2cm	昂贵	车顶/前格栅	3D建模高手

3.雷达的四大"超能力"

雷达工作的可靠性高，可全天候工作，不怕黑夜、暴雨、大雾；测量精确度高，误差只有几厘米；反应迅速，比人眨眼快100倍；隔空探测，不用碰到就能"看见"。

4.恶劣天气下的性能表现测试

为探究不同传感器在恶劣天气下的性能表现，我们对超声波传感器、毫米波雷达及激光雷达分别开展了暴雨、夜间场景测试，具体结果见表2-1-2。

表2-1-2 恶劣天气下的性能表现测试

测试类型	超声波传感器	毫米波雷达	激光雷达
暴雨测试	水珠吸收声波，距离缩短20%	雨滴影响小，可正常使用	大雨时会衰减，但比摄像头强
夜间测试	能正常工作	能正常工作	能正常工作

（二）蝙蝠vs激光雷达：迷雾导航终极对决

蝙蝠依靠超声波回声定位，虽受浓雾中水汽干扰，但凭借灵敏听觉与适应能力，仍可通过回声判断环境、识别猎物及避障，从而维持活动。激光雷达发射的激光束在浓雾里会因水滴散射和吸收，能量快速衰减，探测距离与范围缩小，获取信息有限、准确性降低，因此作用受限。总体上来说，蝙蝠在浓雾中的活动能力优于激光雷达在浓雾中的探测性能。

1.蝙蝠的声波导航系统

蝙蝠拥有一套精妙绝伦的声波导航系统，其奥秘藏在发声、接收与处理的各个环节，如图2-1-4所示。它们能发出频率范围在20~200kHz的超音速尖叫，远超人类20kHz的听力上限。蝙蝠的耳廓可灵活旋转270°，从而能敏锐捕捉反射声波；蝙蝠能分辨0.0001s的极短时间差，比奥运计时器还要精准，频率分辨精度达0.1%，这使其能够轻松区分不同大小的昆虫。而蝙蝠的大脑处理

> **议一议**
>
> 为什么浓雾中蝙蝠比激光雷达更厉害？

能力同样令人惊叹，听觉皮层占大脑比例高达40%，远超人类的3%，凭借强大的神经处理能力，它们能实时构建3D环境地图，在黑暗中自如穿梭、精准捕食，展现出自然界卓越的生物导航智慧。

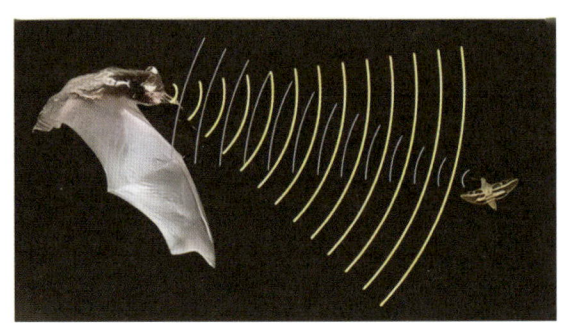

图2-1-4　蝙蝠的声波导航系统

2.激光雷达的技术细节

在光学系统组成方面，激光雷达的激光发射器采用905nm波长的不可见红外光，能够在保证安全性的同时实现高效的探测；旋转镜以5~20圈/s的速度进行机械式旋转，持续改变激光发射方向，从而扩大探测范围；接收器配备雪崩光电二极管，凭借超高的灵敏度捕捉反射回来的激光信号。在点云生成原理上，激光雷达单次扫描可产生10万~200万点/s的数据量，以距离精度±2cm、角度分辨率0.1°的高精准度，构建出周围环境的三维点云模型。此外，为确保在复杂环境中稳定工作，激光雷达还具备抗干扰设计，通过滤波器滤除环境光干扰，并采用多脉冲验证机制，有效避免因信号误判而产生错误数据，如图2-1-5所示。

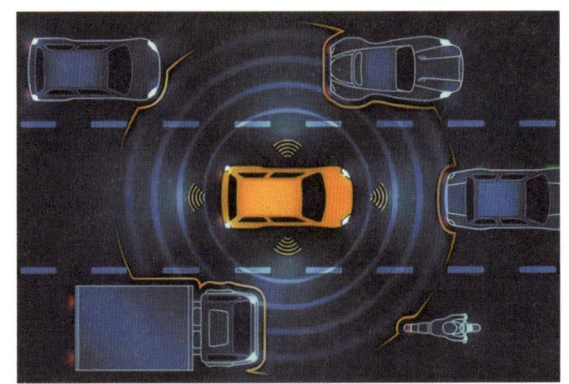

图2-1-5　激光雷达技术

3.迷雾影响对比试验

在实际环境中，迷雾天气常常会对各类探测、导航系统产生不同程度的影响。本次试验聚焦于浓雾环境，具体浓雾条件见表2-1-3，在此统一的浓雾条件下，对蝙蝠的导航行为和激光雷达的探测性能进行观测和数据收集。

表2-1-3　迷雾影响对比试验

参数	浓雾条件	蝙蝠的表现	激光雷达的表现
能见度	<10m	导航距离减少30%	有效距离减少80%
水滴大小	50~100μm	声波绕射	激光强烈散射
定位误差	+15%	+300%	—
反应延时	基本不变	增加5~10倍	—

在环境感知的关键原理层面，声波与激光呈现出截然不同的特性。声波由于波长较长，具备良好的绕射能力，能够有效绕过雾滴，从而在雾天实现一定程度的稳定探测；而激光波长极短，当遭遇雾滴时，会发生米氏散射，致使信号衰减，从而影响探测效果。

针对声波与激光各自的特性，在传感器融合方面，致力于开发声波-激光混合传感器，并借鉴蝙蝠耳廓的独特结构设计接收器，以此提升复杂环境下的感知性能；在算法层面，通过引入深度学习去雾算法，如同手机夜景模式拍照般增强数据清晰度，同时利用多传感器数据融合进行补偿，降低单一传感器的局限性；在硬件创新上，采用1550nm波长激光，具备更优的穿透性，而量子雷达技术的探索，更是为实现更强的抗干扰能力提供了新的可能。

查一查

什么是"米氏散射"

三、近距离"触觉神经"：超声波传感器

（一）工作原理

超声波传感器主要由三个核心部分组成，如图2-1-6所示。发射器就像"嘴巴"，它能发出频率在40~58kHz的超声波。这些超声波如同从"嘴巴"中说出的特殊语言，以极高的频率向周围空间传播。接收器则像敏锐的"耳朵"，当超声波遇到障碍物反射回来时，它能够精准地捕捉这些反射波，感知到超声波的返回信息。而控制芯片则充当着"大脑"的角色，它依据发射器发出超声波的时间以及接收器捕捉到反射波的时间，通过精密的计算，得出车辆与障碍物之间的距离，为车辆的行驶提供关键数据支持。

超声波传感器的基本工作流程：发射声波→遇到障碍→回声返回→计算距离→预警/制动。

图2-1-6　基本构造

（二）实际应用

1.自动泊车系统

自动泊车系统如图2-1-7所示。自动泊车系统能帮助车辆检测车位并在泊车过程中监测车身与周围障碍物的距离。

车辆探测距离：0.3~5m。配置：12个超声波传感器（前后各4个+两侧各2个）。

探测精度：±3cm。

工作过程：

1）扫描车位（3次以上验证）。

2）自动计算倒车轨迹。

3）实时修正方向（每秒调整10次）。

图2-1-7 自动泊车系统

2.低速防撞系统

低速防撞系统如图2-1-8所示。

触发条件：车速<15km/h。

探测距离：0.25~2.5m。

低速防撞系统能够在车辆处于较低车速的情况下，提前察觉潜在碰撞风险并做出相应反应，从而有效避免或减轻碰撞带来的损害。而这一系统有着细致的预警分级机制，不同的距离范围对应着不同的警告方式以及不同的系统响应，具体见表2-1-4。

图2-1-8 低速防撞系统

表2-1-4 低速防撞系统的预警分级

距离	警告方式	系统响应
1.5m	"滴滴"声	无
0.8m	连续蜂鸣	制动预加压
0.3m	急促警告	自动制动

延伸补给包

AI进化论：智能汽车的进化传奇

最初，AI处于"单细胞时代"，如同单细胞生物，能力有限。汽车传感器是它的"小触角"，只能简单感受障碍物。此时的AI仅能让汽车在停车场倒车时避障，如同单细胞生物只能在简单环境生存。

随着时间推移，AI进入"鱼类时代"，拥有了更敏锐的"感官"。汽车上的传感器丰富起来，摄像头如"眼睛"，能识别红绿灯、行人与车道线；毫米波雷达似"顺风耳"，在暴雨、大雾天也能探测远处车辆；激光雷达像"3D扫描仪"，可构建环境立体地图。

AI继续进化,迈入"哺乳动物时代",拥有了真正的"大脑"。当遇到行人突然横穿马路,它要在0.1s内决策,猜测行人动向,预测其动作趋势。

如今,AI进化到"人类时代",能与人类默契配合。线控转向系统是其典型代表,它如同汽车的"神经反射弧",将转向盘的转动转化为电信号,让车轮迅速转向,过程不足5ms。在高速行驶时,它还能根据车速调整转向力度,保障行车安全,恰似人类大脑与神经的完美协作。

展望未来,AI将迎来"超级进化"。量子计算让其计算速度飙升,瞬间处理复杂情况并做出最优决策;区块链技术为数据加上"安全锁",便于事故责任追溯;车路协同技术让汽车与红绿灯、路灯通信,提前知晓路况。未来,坐在自动驾驶汽车里,AI将成为无所不知的超级管家。

学习评估站

一、基础测试题

（一）选择题

1. 毫米波雷达的工作频段一般在（　　）。
   A. 几十兆赫兹　　　B. 几十千赫兹　　　C. 毫米波频段　　　D. 可见光频段

2. 激光雷达的特点不包括（　　）。
   A. 精度高　　　　　B. 成本低　　　　　C. 能生成三维点云　D. 对天气较敏感

3. 下列场景中,超声波最适用的是（　　）。
   A. 高速行驶时探测远处车辆　　　　　B. 倒车时探测近距离障碍物
   C. 大雾天气探测前方路况　　　　　　D. 识别交通标志

（二）填空题

1. 毫米波雷达通过发射和接收_____频段的电磁波来探测目标。

2. 超声波传感器的优点之一是_____较低。

3. 激光雷达在_____天气下性能会受到较大影响。

（三）简答题

1. 简述超声波传感器的工作原理和特点。

2. 结合实际应用场景,说明三种雷达各自的优势领域。

二、创新拓展题

1. 假设你是一名智能汽车工程师,在设计一款智能汽车的传感器系统时,如何合理搭配超声波传感器、毫米波雷达和激光雷达,以实现最佳的环境感知效果？请详细阐述你的方案及理由。

2. 利用生活中的材料,制作一个简易的测距装置,模拟超声波传感器的工作过程,并记录测量数据,分析其误差来源。

第二节 决策革命：AI驾驶的"最强大脑"速成班

智驱引擎舱：当AI面临"魔鬼选项"

2016年，一辆自动驾驶汽车行驶在美国佛罗里达州的一个高速路口时，与前方左拐的重型货车发生碰撞，该车在毫无减速的情况下钻进了货车下方。在这起全球首例自动驾驶致死事故中，车辆因未识别白色货车车厢与天空的分界，以全速撞向货车。尽管事故原因被判定为"系统局限性"，但它撕开了一个关键命题：当极端场景无法避免碰撞时，AI该如何权衡生命价值？

一、道德选择题：自动驾驶中的伦理困境与算法决策

（一）MIT"道德机器"实验解析

1.实验背景：全球用户参与的伦理偏好调查

麻省理工学院有一个有趣的"道德机器"实验（简称为MIT"道德机器"实验），他们通过线上平台，邀请全世界的人来参与，研究人们在自动驾驶面临两难时的选择。这个实验一上线，就吸引了很多来自不同国家、不同文化背景的人参与。大家纷纷化身"决策者"，在各种虚拟的危险驾驶场景里，帮助自动驾驶汽车做出艰难的选择。其中碰撞选择如图2-2-1所示。

这辆自动驾驶汽车该怎么做？

在此情况下，这辆制动失灵的自动驾驶汽车会继续直行并在同车道穿过前方的人行横道。这会导致以下人员伤亡：

①1个婴儿。
②1位女运动员。
③1位男经理。
④1位男运动员。
⑤1位老先生。

请注意这些受撞击的行人违反了交通法则，于红灯时行走。

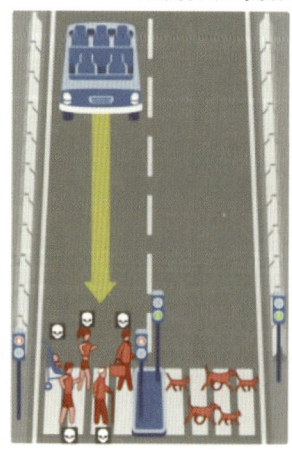

在此情况下，这辆制动失灵的自动驾驶汽车会转弯并在另一条车道穿过前方的人行横道。这会导致以下动物伤亡：

①3只猫。
②2只狗。

请注意图中这些行人遵守了交通法则，于绿灯时行走。

图2-2-1 碰撞选择

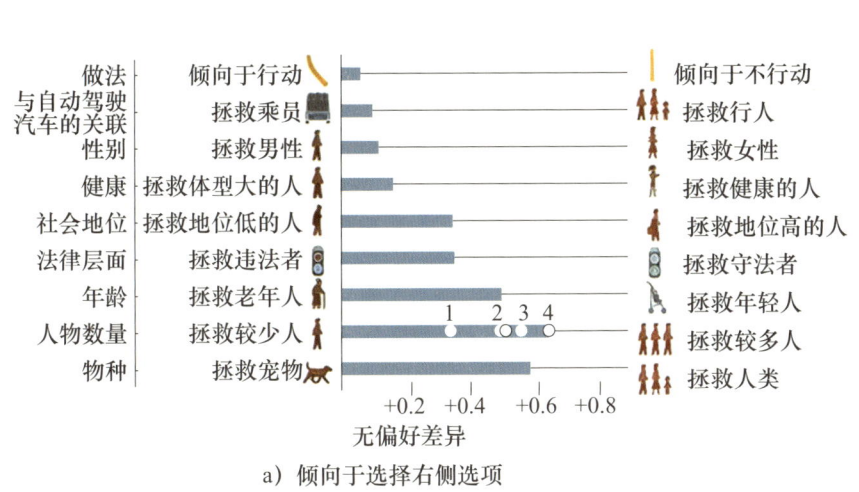
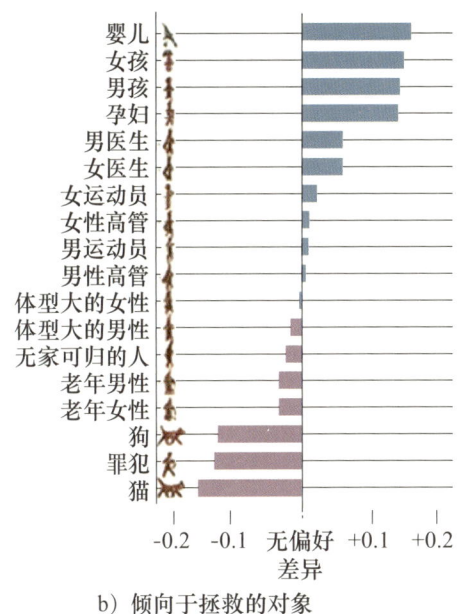

a) 倾向于选择右侧选项　　　　b) 倾向于拯救的对象

图 2-2-2　实验结果

2. 核心发现：多数人选择"功利主义"，但存在文化差异

大部分人在做选择的时候，更倾向于"功利主义"，就是选择牺牲少数人，去拯救更多的人。实验结果如图 2-2-2 所示。

3. 争议点：算法是否应遵循人类偏好？如何避免歧视性决策？

MIT"道德机器"实验结果一出来，争议也随之而来。第一大问题就是：自动驾驶汽车的算法是否要按照人类偏好来设定呢？如果完全按照人类偏好设定，则可能会带来新的问题。例如，是否会因为某些偏见，给不同年龄、性别的人设置不一样的权重？如果在算法中出现这种情况，就属于歧视性决策。这不仅违背了公平原则，还可能引发一系列社会问题。

（二）伦理编码的技术挑战

1. 算法实现：多目标优化

要把现实中的伦理决策变成算法，让汽车能在关键时刻做出选择，就需要进行多目标优化。多目标优化指的是同时针对多方面进行考虑，如安全、效率和伦理。例如，汽车既要保证安全，又不能影响交通，同时还得遵循伦理规则，不能做出违背道德的选择。所以工程师们在思考如何从这几个目标中找到一个合适的平衡点。

2. 责任伦理模型

除了多目标优化，还有责任伦理模型，见表 2-2-1。现在常见的责任伦理模型主要有"乘员优先"和"行人优先"这两种。这两

> **想一想**
>
> 如果在现实中遇到类似自动驾驶汽车的两难选择场景，你觉得自己会像实验中的多数人一样选择"功利主义"吗？要是被牺牲的少数人是你认识的人，你的选择会改变吗？

议一议

在"乘员优先"和"行人优先"这两种责任伦理模型里，你更支持哪一种呢？

种模型都有各自的支持者和反对者，大家争论不休。

表2-2-1 责任伦理模型

责任伦理模型	优点	缺点
乘员优先	在危险情况下，能最大程度保障车内乘员安全，降低乘员受伤害的风险，给予乘员更强的安全感	将行人安全置于相对次要位置，可能导致行人在交通事故中面临更大危险，引发行人对自身安全的担忧，容易引发社会争议
行人优先	把行人安全放在首位，能有效减少行人在交通事故中的伤亡，提升行人在道路上的安全感	可能使车内乘员在事故中承受更多风险，乘员可能会因优先保障行人安全的决策而遭受不可避免的伤害，引发乘员不满

3. 我国自动驾驶伦理治理：预防优先与责任分层路径

在MIT"道德机器"实验引发全球伦理探讨的背景下，我国立足于自身交通环境与文化特色，探索自动驾驶伦理本土化路径。《2020智能网联汽车政策法律研究报告》明确将"事故预防"作为技术设计核心，拒绝以标准化算法替代人类伦理决策，强调需模拟负责任驾驶人的决策逻辑。同时提出"法律+标准"双轨制，划定安全能力边界，建立"车企风险基金+保险赔付"的风险共担机制。

《深圳经济特区智能网联汽车管理条例》率先细化责任划分：有驾驶人车辆违法由驾驶人担责，质量缺陷事故可向车企追偿；L5级无驾驶人车辆则由所有者承担事故责任，并强制要求具备故障自动接管功能。这种分层责任机制既保障了道路安全，又平衡了技术创新与社会稳定。

与MIT"道德机器"实验强调的"功利主义"不同，我国更注重从源头上减少伦理困境，以"人类责任不可替代"为原则，将儒家"以人为本"理念融入技术治理，通过政策、法律与技术的协同，构建具有中国特色的自动驾驶伦理体系。

（三）行业解决方案探索

1. 动态伦理框架

动态伦理框架能根据汽车行驶时遇到的实时场景，灵活地调整决策权重。例如，通过车联网通信（Vehicle to Everything，

V2X）技术，汽车可以和周围的车辆、交通设施进行信息交互，如图 2-2-3 所示。若出现前方突然有行人冲出来，同时旁边有一辆车也在靠近的情况，汽车能根据这些实时信息，快速调整决策。这样就能更灵活地应对各种复杂情况，做出更合理的决策。

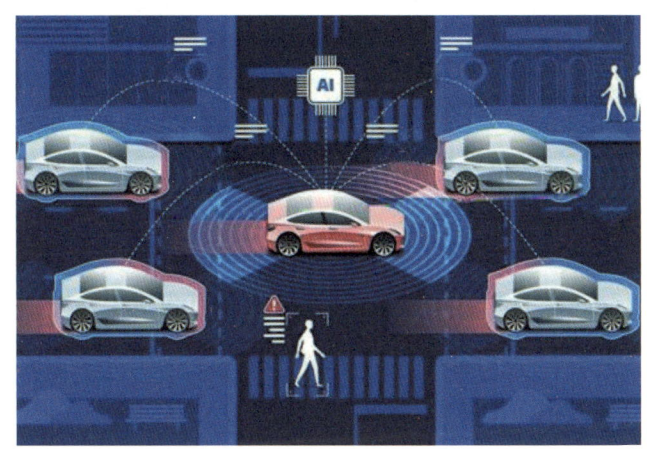

图 2-2-3　V2X 技术

试一试

1. 学生分组完成 MIT "道德机器"实验中每个场景测试，并填写决策理由。
2. 对收集到的问卷数据进行整理，将决策和理由进行分类统计。
3. 分享填写的决策理由，总结出常见的伦理原则和价值观，并分析不同原则在决策中的体现。
4. 开展小组讨论，分享自己在实验中的感受和发现。

2.公众参与机制

德国成立了自动驾驶伦理委员会，让社会各界的人都来参与讨论，一起制定伦理准则。大家坐在一起，把自己的想法、担忧都说出来。这样制定出来的伦理准则，能更符合大多数人的价值观，也能让大家更接受自动驾驶汽车的决策。毕竟，这关系到每个人的出行安全，大家都参与进来才能放心。

二、预判大师：行人意图预测与行为建模

（一）微观行为分析技术

1.关键特征提取

（1）抬脚角度、步频、身体倾斜度　行人的抬脚角度、步频以及身体倾斜度等细微的动作特征，对于判断行人的行动意图具有关键意义。在自动驾驶系统中，卷积神经网络（Convolutional Neural Networks，CNN）骨骼关键点检测技术发挥着重要作用，如图 2-2-4 所示。这一技术如同为汽车赋予了特殊的"透视能力"，能够精准捕捉行人的上述动作特征。借助对抬脚角度的分析，自动驾驶汽车可对行人的行动意图做出判断，识别其是准备正常行走、跑步、还是打算快速横穿马路。当检测到行人抬脚角度较大、步频加快，且身体微微前倾时，汽车需提高警惕，因为这极有可能是行人即将加速过马路的信号。

图2-2-4　CNN骨骼关键点检测技术

> **想一想**
>
> 除了抬脚角度、步频、身体倾斜度、头部朝向和视线追踪，你觉得行人还有哪些细微动作可以帮助自动驾驶汽车更好地预测他们的行动意图呢？

（2）头部朝向与视线追踪　除了身体动作，行人的头部朝向和视线也能透露很多信息。自动驾驶汽车同样也会通过头部朝向与视线追踪技术来判断行人的注意力是不是分散了。如果行人的头一直低着，眼睛盯着手机屏幕，那汽车就会提高警惕，提前做好应对突发情况的准备。要是行人的头部突然转向马路对面，视线也看向那边，这可能意味着他在观察路况准备过马路。

2. LSTM预测连续动作趋势

只知道行人当下的动作还不够，还得预测他们接下来要做什么。这时候，就需要用到长短期记忆网络（Long Short-Term Memory，LSTM）了。它就像一个记忆力超强的"小天才"，能记住行人之前的动作信息，然后预测出他们接下来的连续动作趋势。例如，行人一开始慢慢地走着，突然步频加快，LSTM就会根据之前记录的信息，预测出他可能要跑起来或者准备过马路。而且LSTM还能不断学习新的数据，让自己的预测越来越准。

（二）多传感器融合验证

> **趣味阅读**
>
> **特斯拉"姿态风险评分"系统**
>
> 特斯拉有一个"姿态风险评分"系统，这个系统能提前0.5s给汽车发出预警，让汽车有足够的时间做出反应。想象一下，在千钧一发之际，这提前的0.5s就能避免一场交通事故，就像给汽车装上了一个"安全护盾"，它通过分析行人的各种动作特征，给每个行人的行为打出一个风险分数。分数越高，说明行人的行为越危险，汽车就越要小心应对。

要想更准确地预判行人的"假动作"，单靠一种传感器可不行。这时候，摄像头和激光雷达就像一对默契的搭档，相互配合，发挥出最大的作用。把摄像头和激光雷达的数据融合在一起，汽车就能得到更全面、更准确的信息。例如，摄像头看到行人有过马路的动作，激光雷达就能马上测量出他和汽车之间的距离，以及他的运动速度，这样汽车就能更准确地判断行人的行动意图，做出更合理的决策。

（三）技术挑战与伦理边界

1. 技术瓶颈

虽然当前针对行人行动意图预测有许多先进的技术，但在实际应用中，还是会遇到很多挑战，见表2-2-2。

表2-2-2 针对行人行动意图预测的技术瓶颈

类型	具体表现	对自动驾驶的影响	举例说明
遮挡问题	在繁华街道，大货车等物体可能挡住摄像头和激光雷达视线	汽车无法发现被遮挡的行人，即使行人有过马路等动作也难以察觉，易引发交通事故	在繁忙路口，大货车经过时挡住了自动驾驶汽车的传感器视线，此时有行人从货车后方走出准备过马路，汽车却无法及时做出反应
低光照条件	晚上或光线不好的天气里，摄像头图像模糊，激光雷达性能受影响	汽车难以准确识别行人动作和位置，增加预判行人行动意图的难度	夜晚在没有路灯的道路上，自动驾驶汽车的摄像头拍摄的画面清晰度下降，激光雷达对远处行人的探测精度降低，导致无法准确判断行人是否准备过马路
文化差异	不同地区行人过马路习惯不同，如有些地方随意，有些地方严格遵守规则	自动驾驶汽车算法若未考虑文化差异，易出现误判，影响交通流畅性	在某个行人习惯快速过马路的地区，自动驾驶汽车可能将正常快速过马路的行人误判为危险行为，从而不必要地紧急制动，导致后方车辆拥堵

2.隐私争议

有人担心，自动驾驶汽车上的这些AI监控设备不停地收集行人的数据，这会不会侵犯了大家的隐私呢？为了解决这个问题，工程师们想出了很多办法，其中一个就是匿名化处理行人数据。简单来说，就是把收集到的行人数据里那些能识别个人身份的信息去掉，比如姓名、身份证号、面部特征等。这样一来，虽然汽车还能分析行人的动作和意图，但却不知道这些数据属于谁，就像给行人的数据戴上了一个"面具"，让别人认不出他们是谁。

三、博弈论战场：多车交互决策与路径规划

（一）分层决策模型

Waymo的自动驾驶汽车配备了一套极为复杂且先进的分层决策模型，在自动驾驶过程中发挥着关键作用。

（1）意图预测层　意图预测层运用LSTM对其他车辆的历史轨迹进行深度分析。意图预测层还会实时监测其他车辆的姿态信息，如车轮的转向角度。通过对其他车辆历史轨迹和实时姿态信息

趣味阅读

Mobileye博弈论模型量化行人"欺骗性行为"

Mobileye公司开发了一个博弈论模型，专门用来对付行人那些让人头疼的"欺骗性行为"，比如假意停留后突然加速。这个模型就像一个聪明的"侦探"，能把行人的这些行为量化分析。它会根据行人的各种动作特征、周围的交通环境以及其他车辆的情况，来预测行人下一步的行动。例如，行人站在路边，看起来好像没有要过马路的意思，但Mobileye的模型通过分析他的身体姿态、视线方向以及之前的动作变化，发现他其实在等待合适的时机过马路。一旦预测到行人可能会突然行动，汽车就能提前做好准备，避免发生碰撞事故。

想一想

除了车轮转向角度，车辆还有哪些实时姿态信息可以帮助自动驾驶汽车更精准地预测其他车辆的意图呢？

的综合分析，自动驾驶汽车能够提前预判其他车辆的行驶意图，为自身后续的决策制定提供重要依据，从而更好地规划行驶路径，确保行驶过程的安全性与高效性。

（2）收益量化层　汽车还需对各种决策可能带来的收益进行衡量与评估，在收益量化层，会构建一个博弈矩阵，将通行效率、安全风险、路权优先级等诸多关键因素纳入其中进行综合考量。自动驾驶汽车需要综合权衡距离、拥堵、安全等因素，对不同的行驶决策进行量化打分，以此判断哪种选择在综合效益上更为理想。

（3）动作生成层　动作生成层要通过纳什均衡来求解最优策略。纳什均衡是博弈论里的一个重要概念，简单来说，就是在这个状态下，每个参与者都选择了对自己最有利的策略，而且不会轻易改变。在自动驾驶中，就是汽车要找到一个既符合自己利益，又能和其他车辆"和谐共处"的策略。汽车会根据前面两层分析的结果，选择一个最优的动作。

（二）实时计算优化与V2X协同

1.实时计算优化

在十字路口，情况瞬息万变，汽车必须快速做出决策，这就需要强大的计算能力，此时边缘计算芯片（如NVIDIA Orin）就派上用场了。它就像是汽车的"超级大脑加速器"，能大幅缩短决策延迟时间。以前，汽车处理信息、做出决策可能需要好几秒，在这几秒里，路口的情况可能已经发生了很大变化。但是有了边缘计算芯片，汽车可以在很短的时间内，甚至是毫秒级别的时间里，完成对大量数据的处理和分析，快速做出决策。

试一试

学生通过分组协作构建微型交通系统，模拟十字路口多车交互场景。各小组需基于路口实际路况、车辆路权优先级以及其他车行驶意图，设计差异化博弈策略：
1）保守型策略组：以安全为首要目标，采用"礼让先行"原则，当检测到潜在冲突时主动减速避让，确保零碰撞风险。
2）激进型策略组：在精准评估安全距离与通行时间的基础上，利用间隙快速通过路口，追求效率最大化。

2.V2X协同

通过采用V2X技术，车辆之间可以共享自己的意图。例如，一辆车准备让行，它可以通过V2X告诉周围的车辆"我准备让行，你们可以先走"。这样其他车辆就能提前知道它的意图，从而做出更合理的决策，整个路口的交通也就更顺畅了。

延伸补给包

新兴技术对自动驾驶决策的革新

一、量子计算在伦理算法优化中的潜力

量子计算作为前沿技术，计算速度远超传统计算机。在自动驾驶伦理算法优化上，传统计算机处理复杂伦理决策问题效率低、易出错，而量子计算能快速处理海量数据，精准平衡安全、效率与伦理目标。例如，面对复杂路况及多碰撞风险时，量子计算可以瞬间得出最优决策，显著提升了自动驾驶决策速度与准确性。

二、区块链技术保障数据安全与责任追溯

区块链技术如同"数据保险箱"与"责任账本"，将自动驾驶汽车传感器信息、算法决策等数据加密存储，有效抵御黑客篡改，保障数据安全。一旦发生事故，依据区块链记录可精准溯源，快速定位传感器故障、算法漏洞等问题根源，使责任划分更清晰公正。

学习评估站

基础测试题

（一）选择题

1. 在强化学习用于自动驾驶伦理决策时，以下哪个不是需要优化的目标？（　　）
   A. 安全　　　　　　B. 速度　　　　　　C. 效率　　　　　　D. 伦理
2. 以下哪种不是用于行人关键特征提取的方法？（　　）
   A. CNN 骨骼关键点检测　　　　　B. 分析衣服颜色
   C. 头部朝向与视线追踪　　　　　D. 检测抬脚角度
3. LSTM 在行人意图预测中的作用是（　　）。
   A. 提取行人当前动作特征　　　　B. 预测行人连续动作趋势
   C. 分析行人表情　　　　　　　　D. 判断行人身份
4. 边缘计算芯片在自动驾驶中的作用是（　　）。
   A. 缩短决策延迟　　B. 增加车辆动力　　C. 美化车辆外观　　D. 检测车辆故障

（二）判断题

1. 动态伦理框架可以根据实时场景调整决策权重，让自动驾驶决策更灵活。（　　）
2. 不同地区行人习惯差异不会影响自动驾驶对行人意图的预测。（　　）
3. V2X 协同技术可以让汽车之间共享意图，使交通更顺畅。（　　）

（三）简答题

1. 请简述 MIT "道德机器"实验存在的争议点。

2. 假如让你设计一个十字路口自动驾驶博弈策略，你会考虑哪些关键因素？

第三节 控制黑科技：钢铁巨兽的"神经反射弧"

智驱引擎舱：未来赛车的秘密武器

在星际赛车大赛上，车手小星驾驶"银影号"凭借指尖轻颤实现精准转向，轻松夺冠。赛后对手阿雷发现其转向盘竟无机械连接，原来小星使用了线控转向系统。该系统将转向动作转化为电信号，经电子控制单元传给电机使车轮转向，没有机械延迟，反应又快又准，而且还能根据车速路况智能调整转向力度，这就像给汽车装上了"意念控制"。今天我们就一起揭开汽车线控转向系统的神秘面纱。

一、线控魔法：转向盘到轮胎的"意念传输"

汽车底盘线控系统包括线控转向系统、线控制动系统、线控驱动系统、线控悬架系统、线控换档系统等，利用传感器感知驾驶人的驾驶意图，并将其变换成电信号传输给控制器，控制器通过控制执行机构实现汽车的转向、制动、驱动、换档等功能。汽车线控底盘系统教学台架示意图如图2-3-1所示。

图2-3-1 汽车线控底盘系统教学台架示意图

汽车底盘线控系统的工作过程与人类神经反射弧的工作过程极其相似，人类神经反射弧是执行反射活动的特定神经结构，其工作过程示意图如图2-3-2所示。汽车底盘线控系统通过各类传感器感知车辆状态信息，然后把物理信号转化为电信号传送给车辆控制单元，通过算法计算控制车辆执行相关动作，其工作过程示意图如

图2-3-3所示。

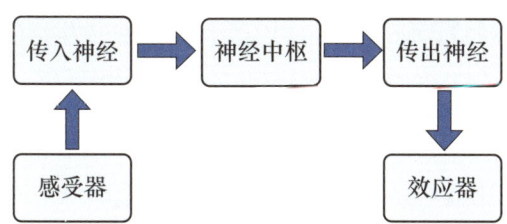

图2-3-2 人类神经反射弧工作过程示意图

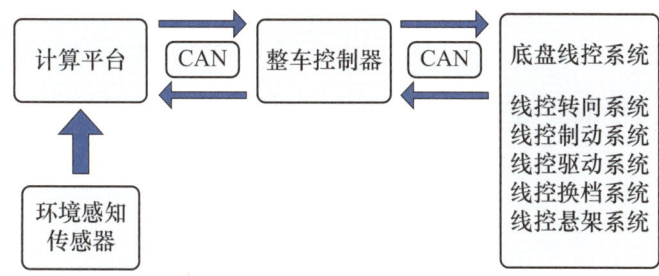

图2-3-3 汽车底盘线控系统工作过程示意图

传统底盘就像用绳子拉车，踩制动踏板是液压油传递力量，转向盘转动通过机械杆带动车轮。而底盘线控系统用电子信号替代这些机械连接。底盘线控系统中的三大核心系统包括线控转向系统、线控制动系统、线控驱动系统，其控制原理大致相同，下面以线控转向系统为例进行简单介绍。

（一）线控转向系统

线控转向系统通过电信号替代传统机械连接，由转向盘传感器实时捕捉转向意图，经电子控制单元（Electronic Control Unit，ECU）智能运算后驱动电机控制车轮转向。

线控转向系统具有以下特点：

1）转向盘下面安装智能"密探"：转向盘下方装有高精度传感器（类似"读心术装置"），实时检测转动转向盘的角度、速度和力度。

2）智能大脑动态决策：ECU根据车速、路面状况和驾驶模式，智能计算车轮需要的转向角度（例如：低速时，转向盘转半圈车轮大角度转弯，高速时，转向盘转一圈车轮仅微调）。计算结果通过电信号发送给转向电机（相当于"执行命令的机械手"），精准驱动车轮转向。

3）物理断开灵活可控：转向盘和车轮之间没有刚性机械连接。

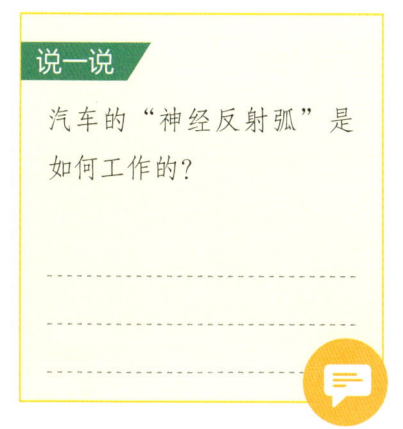

说一说

汽车的"神经反射弧"是如何工作的？

（二）人工智能技术在底盘线控系统中的应用实例

1. 自适应巡航控制

利用传感器感知前方车辆的距离和速度，通过人工智能算法自动调整本车速度，保持安全跟车距离。例如，特斯拉Model 3的自适应巡航功能可以在高速公路上自动跟随前车，当前车减速时自动减速，前车加速时也相应加速，可以减轻驾驶人疲劳。

2. 自动紧急制动

传感器实时监测前方障碍物，人工智能系统快速分析数据，当检测到可能发生碰撞时，自动触发制动系统以避免或减轻碰撞程度。例如，沃尔沃XC90配备的自动紧急制动系统曾多次在驾驶人未及时反应的情况下成功避免碰撞事故，保护了车内人员安全。

3. 车道保持辅助

依靠摄像头等传感器识别车道线，人工智能算法判断车辆是否偏离车道，通过自动调整转向系统使车辆保持在车道内行驶。例如，奔驰E级的车道保持辅助系统能在车辆稍有偏离车道趋势时，自动微调转向盘，确保车辆始终在车道中央行驶，提高了行车安全性。

4. 智能转向控制

根据车辆行驶速度、路况等信息，人工智能系统优化转向控制策略，使转向更精准、灵活。例如，宝马5系的智能转向系统在高速行驶时转向沉稳，在低速转弯或泊车时转向轻便，提升了驾驶的舒适性和操控性。

（三）国产汽车底盘线控技术突破

我国车企已实现从技术跟随到引领的跨越，蔚来、华为、比亚迪等品牌推出了全球领先的线控转向方案。蔚来ET9是我国比较成熟的搭载线控转向技术的量产车型，如图2-3-4所示。

说一说

传统汽车转向与线控转向最大的区别是什么？

图2-3-4　蔚来ET9

蔚来ET9通过取消转向盘与转向轮的机械连接，实现了转向系统的全电信号控制。其转向手感可通过软件自定义，并提供随速可变的转向传动比（低速6∶1、高速14∶1），单边最大旋转角度仅需240°（传统燃油车通常为540°~720°），打满转向盘仅0.66圈（传统燃油车需要1.5~2圈之间），极大提升了城市掉头、高速变道等场景的操控灵活性与安全性。

蔚来ET9的线控转向系统通过多重冗余设计和低延迟信号传输，实现了极高的安全性和可靠性。其信号传输延迟低于5ms，达到国际顶尖水平。这一技术的应用不仅提升了驾驶的精准度和响应速度，还为驾驶人带来了更加舒适和安全的驾驶体验。

> **想一想**
>
> 有关智能网联汽车的新技术还有哪些？

二、PID驯兽师：让汽车学会"走猫步"

怎样才能让汽车像走猫步一样稳稳当当的，其实这里面的秘密武器就是PID控制算法。咱们可以把它想象成一个超级厉害的驯兽师，专门调教汽车这个"大猛兽"。

比例–积分–微分（Proportion–Integration–Differentiation，PID）控制算法就像驯兽师手里的三大法宝：比例（P）对应反应能力、积分（I）对应耐心、微分（D）对应预判能力。三大法宝解说见表2-3-1。

表2-3-1　PID控制算法的三大法宝解说

法宝名称	法宝解说
比例（P）法宝	该法宝就像驯兽师的即时反应能力。汽车一旦走偏了，它马上就能感觉到，然后给汽车一个纠正的力量。但是，如果这个力量太大，汽车就会像喝醉了酒一样摇摇晃晃
积分（I）法宝	该法宝就像驯兽师的耐心。它会一直盯着汽车，如果走偏了，它就会慢慢地、一点点地给汽车加把劲，直到汽车走直线为止。但是，如果太有耐心了，汽车就会反应慢吞吞的
微分（D）法宝	这个法宝的神奇之处在于它就像驯兽师的预判能力。它能提前感觉到汽车是不是要开始摇晃了，然后赶紧给汽车一个稳稳的力量，让它别晃。但是，如果预判得太过了，汽车就会像被风吹得东倒西歪的小草一样

> **议一议**
>
> PID驯兽师教汽车走"猫步"的小秘诀究竟是什么呢？

在自动驾驶汽车里，PID控制算法能让汽车稳稳地走在车道中间，还能跟前车保持安全距离。但是，自动驾驶的环境很复杂，有

> **查一查**
>
> 国产车如何解决上述问题？
>
> _____
> _____
> _____

时候路面滑溜溜的，像雪地一样，这时候，PID 控制算法就得升级变身，变得更聪明、更厉害。在实际应用 PID 控制算法时，可以根据汽车的具体情况灵活调整参数，就像驯兽师要根据猛兽的脾气来调教一样。而且，还得考虑很多实际问题，比如汽车是不是非线性运动的、有没有外界干扰、系统反应快不快等。只有把这些因素都考虑进去，才能让汽车真正学会走"猫步"。

三、人机博弈：当 AI 拒绝交出转向盘

（一）"转向盘骗术"——矿泉水瓶的恶作剧

很多车通过"驾驶人手扶转向盘的力度"判断是否接管，有些驾驶人投机取巧，用矿泉水瓶卡住转向盘模拟手压转向盘来骗过系统。例如，2023 年，某国产车驾驶人在高速公路上演惊险一幕：他竟用矿泉水瓶卡住转向盘，在驾驶座上熟睡！他自恃车辆有辅助驾驶功能，想借此"偷懒"，便将矿泉水瓶卡在转向盘与座椅间，"骗过"车辆监测系统后，调整座椅入睡。高速公路上车流穿梭，该车在"无人驾驶"状态下持续前行，险情一触即发。所幸高速交警通过监控发现异常，立即通过交通指挥系统联系车主，并部署警力拦截。经努力，车辆被成功截停，睡眼朦胧的驾驶人对自己的危险行为后悔不已，称误以为辅助驾驶能完全替代人工操作。交警依据法规对其作出严厉处罚，因其妨碍安全驾驶等违法行为，面临罚款并被扣分。这起事件为广大驾驶人敲响警钟：无论车辆辅助驾驶功能多么先进，都须全程专注，切不可掉以轻心！

（二）"AI 和驾驶人打架"——紧急避让冲突

车辆在特定场景下，按照自驾逻辑需要系统进行制动时，驾驶人却猛踩了加速踏板，就像两个人骑一辆自行车，一个人要左转，一个人要右转，这样车子很容易"摔倒"。针对此问题，人机合作策略应运而生，即制定"交通规则"。例如，小鹏 XNGP 的冲突仲裁策略在紧急情况下，自动紧急制动有最高优先级（像交警吹哨必须停车），并提前通过"转向盘振动+座椅振动"的方式进行预警。

 延伸补给包

线控底盘系统的发展历程

线控底盘系统的发展与演变历程是一个伴随着汽车电子技术和自动驾驶技术不断进步的过程。

1. 早期发展阶段

1900年,威廉·迈巴赫发明了鼓式制动器,标志着乘用车制动系统的诞生。

20世纪50年代,液压助力转向系统(Hydraulic Power Steering,HPS)出现,通过液压泵产生的动力增加转向力,辅助机械转向器工作,节省了驾驶人的体力。

2. 电控助力转向系统阶段

1988年,日本铃木公司在Cervo车型上率先搭载了电动助力转向系统(Electric Power Steering,EPS),开启了转向系统电子化的大门。EPS通过电机提供助力,保留传统机械转向结构,提高了转向的轻便性和精确性。

3. 线控转向系统阶段

21世纪初,线控转向系统(Steering-By-Wire,SBW)开始逐渐应用。这种系统取消了转向盘与转向轮之间的机械连接,通过电子信号实现转向控制。例如,英菲尼迪在2014年推出的Q50轿车中搭载了线控主动转向系统,成为全球范围内率先搭载线控转向技术的量产车型。

4. 线控底盘系统阶段

2010年后,随着电子技术的进步和自动驾驶需求的增长,线控技术逐渐发展成熟,并在汽车底盘系统中得到广泛应用。线控底盘系统通过电信号代替机械传动部件,实现对汽车动力输出的主动控制,包括线控转向、线控制动、线控悬架等多个子系统。

2020年以后,线控底盘系统在中高端汽车市场得到广泛应用,并成为自动驾驶技术的核心执行端。例如,特斯拉的Model S和Model 3系列车型,其线控底盘系统与自动驾驶辅助系统深度融合,为用户提供了流畅、安全的自动驾驶体验。

5. 未来发展趋势

未来,线控底盘系统将朝着智能化、集成化的方向发展。通过深度学习等技术增强环境感知和决策能力,实现更高级别的自动驾驶功能。同时,底盘系统集成化程度将逐渐提高,域控制器将取代传统多系统单独控制机制,实现多执行系统的优化协同。

学习评估站

一、基础测试题

（一）选择题

1. 线控转向系统的核心组件是以下哪一项？（　　）
   A. 机械转向柱
   B. 转向角度传感器+电机执行器+电子控制单元（ECU）
   C. 液压助力泵
   D. 传统转向盘齿轮组

2. 线控转向和传统转向最大的区别是什么？（　　）
   A. 使用更粗的转向盘
   B. 转向盘与车轮没有机械连接
   C. 必须定期更换转向液
   D. 采用机械连杆传递转向力

（二）判断题

1. 线控转向系统必须依赖机械连接才能工作。（　　）
2. 自动驾驶汽车遇到突然蹿出的行人时，线控系统需要同时与制动、转向、动力系统协作。（　　）

（三）填空题

线控转向系统的英文缩写是_____，国产车中_____（品牌）率先在量产车上应用该技术。

（四）简答题

请描述汽车底盘线控系统的含义。

二、创新拓展题

当我们用游戏转向盘玩"极品飞车"时，线控转向系统的工作流程是什么？
①电机驱动车轮　②ECU计算指令　③传感器检测手部动作
正确排序：_____

第四节 智能座舱：为什么汽车能"聊天"

智驱引擎舱：汽车语音交互困境

汽车能听懂方言吗？我们一起试一试。以下是两个方言识别故障案例。

案例1：四川方言指令"关窗子"，汽车误识别为"播放青藏高原"。
案例2：粤语指令"开空调"，汽车错误导航至"开平大道"。
为何汽车听不懂方言？通过学习，探索语音交互技术原理。

一、方言特工队：语音交互技术三阶段原理

1. 语音识别（Automatic Speech Recognition，ASR）

声学模型通过隐马尔可夫模型（Hidden Markov Model，HMM）和深度神经网络（Deep Neural Networks，DNN）等核心算法，将声波信号解析为音素序列，其方言适配需构建独立方言音素库以捕捉特定声学特征（如粤语9个声调对应的复杂基频变化）。与此同时，语言模型基于上下文语境预测词序列概率，在方言适配中需重构语法逻辑，从而实现方言语音与标准语义的系统性对接。

2. 语义理解（Natural Language Processing，NLP）

系统通过语义槽提取用户指令的核心意图（如"调高温度"），在此基础上建立方言语义映射规则，实现方言与标准指令的转换（如将东北方言"整点儿暖风"解析为"调高空调温度"）。同时，通过上下文场景优先级排序消解语义歧义（如车辆行驶中优先响应导航指令），并借助实体识别技术精准定位指令参数（如"左后窗"中的方位词与对象描述），形成从方言表达向精准控制指令的完整解析链路。

3. 语音合成（Text To Speech，TTS）

声码器技术通过文本到波形信号转换实现语音合成，其方言适配需基于独立录制的方言发音人基础语料库构建声学模型（如粤语需单独采集涵盖阴平、阳平等9个声调的发音数据），在此基础上通过韵律迁移算法支持方言特色语气词嵌入（如在上海话合成中保留"侬晓得伐"的句尾语气粒子），实现从标准文本到方言语音

> **想一想**
>
> 在使用语音助手时，为什么说方言时它的识别准确率有时比说普通话低呢？
>
> ……………………
> ……………………
> ……………………
>
> 在使用智能音箱时，它有时不能准确理解我们的方言指令，结合语义理解（NLP）系统的工作原理，分析可能是语义槽提取、方言语义映射规则、上下文场景优先级排序或实体识别中的哪个环节出了问题？
>
> ……………………
> ……………………
> ……………………

的声学特征与地域文化表达的双重还原。语音交互技术如图2-4-1所示。

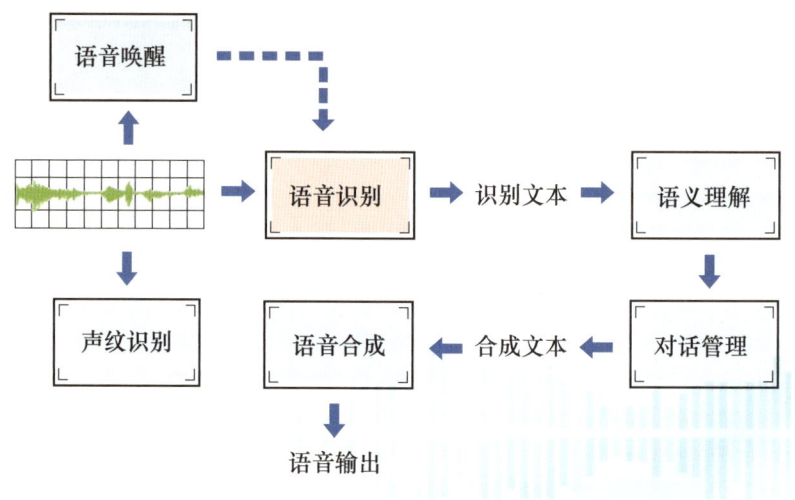

图2-4-1 语音交互技术

二、声音魔术师：方言识别的核心技术

1.声学特征增强技术

（1）抗噪处理　抗噪处理系统通过6麦克风阵列驱动的波束成形算法实现声源空间定位与空间滤波（主瓣增益提升目标语音15dB），同时结合谱减法对发动机低频噪声进行频域抑制（重点消除50~200Hz频段的能量干扰，信噪比优化达8dB），形成时-空-频三维联合降噪机制，确保复杂噪声环境下的语音信号清晰度达到ASR引擎解析阈值。

（2）方言声学模型训练　方言声学模型训练采用迁移学习框架，基于预训练的普通话语音模型（如1000h标准语料）进行方言特征微调，重点通过多地域覆盖的标注数据集（如闽南语需包含厦门、漳州、泉州三地口音各3.5万条以上语音样本）注入方言音素及韵律特征，结合对抗训练优化方言特有音变规律（如粤语入声字时长压缩现象），在保留普通话声学共性的同时实现方言音位边界重映射，模型收敛效率提升40%且跨口音识别鲁棒性达92%。

2.跨方言语义对齐

（1）词典映射表　建立方言词汇与标准指令的对应关系。跨方言语义对齐首先构建方言-标准指令双向映射词典（如建立粤语"冷气"→空调设备指令、四川话"脑壳"→天窗控制指令的语义等价关系），通过跨方言词向量对齐算法消除地域性词汇歧义，完成基础语义空间的标准化改造。

TIPS 小贴士

把发动机低频噪声想象成捣乱的"噪声妖怪"，它们发出的噪声频率在50~200Hz频段。谱减法就像一个厉害的"噪声清除器"，专门针对这些特定频段的"噪声妖怪"进行清除。例如，汽车在行驶过程中，发动机持续发出低频噪声干扰语音识别，谱减法能重点消除50~200Hz频段的能量干扰，优化信噪比达8dB，就好像给语音信号和噪声之间做了个"分离手术"，让语音信号更清晰，就像在嘈杂的工厂里，你戴着能过滤特定频率噪声的耳机，能更清楚地听到别人说话一样。

（2）注意力机制　在解码阶段强化方言关键词权重。在此基础上，采用多头注意力机制强化解码阶段的方言关键词检测（如对闽南语"厝边"等地域特色词进行3倍权重增强），配合动态领域自适应策略，使智能家居场景的方言指令识别准确率突破89%边界，较传统模型提升24个百分点。

三、智能座舱变形记：从"机械铁盒"到"懂你的AI管家"

智能座舱（Intelligent Cockpit，IC）是指通过整合先进的软硬件技术，将传统汽车驾驶舱升级为数字化、网联化、人性化的交互空间，旨在提升驾驶安全性、乘坐舒适性及人车交互体验。其核心是通过AI、大数据、物联网等技术，实现车内环境与用户需求的高度协同。

> **说一说**
>
> 下班时间，汽车行驶在一段热闹的小吃街上，前排车窗处于降下状态，驾驶人在嘈杂的背景环境中用闽南语和车载语音助手对话。请分析案例中可能存在哪些噪声类型，学生分组讨论，每组提出一个抗噪处理方案，并简要说明其原理和实现步骤。

（一）智能座舱系统的组成及功能

智能座舱系统是现代汽车技术的一种集成体现，通过多样化的电子设备和信息系统，提升驾驶人和乘客的交互体验及舒适度。智能座舱系统主要包括以下9个部分，如图2-4-2所示。

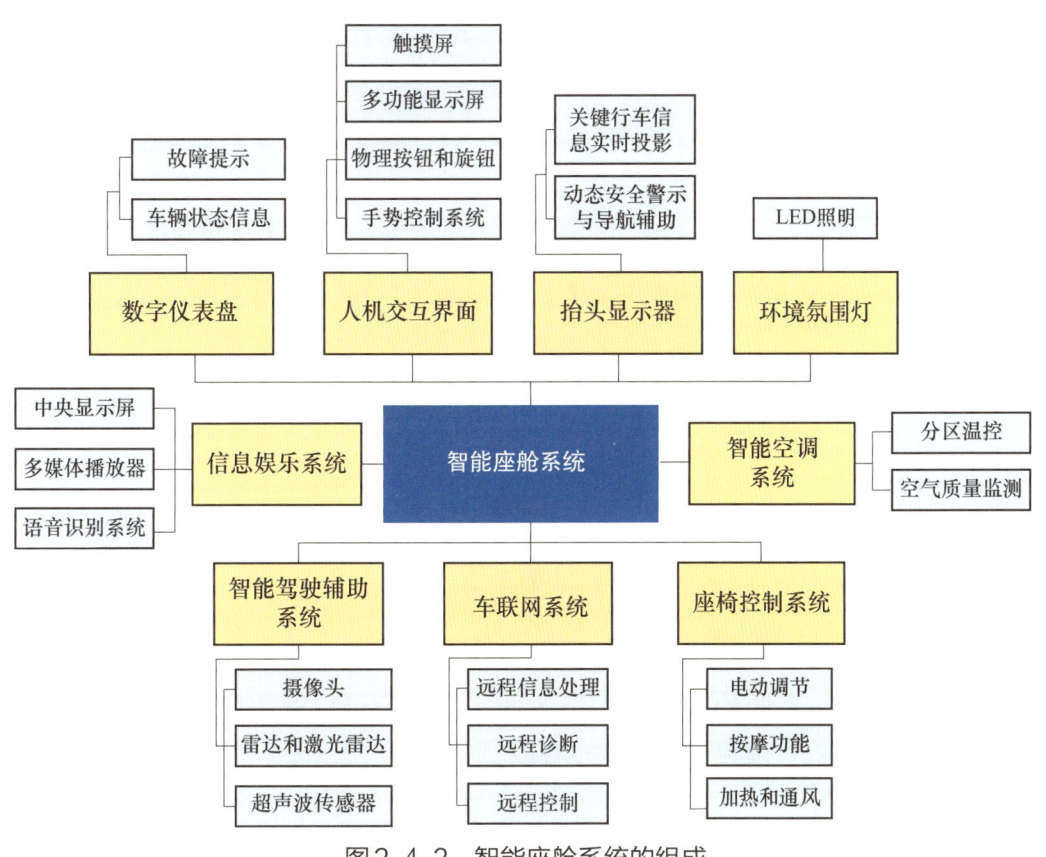

图2-4-2　智能座舱系统的组成

1）人机交互界面（Human Machine Interface，HMI）：包括触摸屏、多功能显示屏、物理按钮和旋钮、手势控制系统等设备，通过这些界面可以实现驾驶人和车辆之间的信息交互。

2）数字仪表盘（Digital Cockpit）：主要用于为驾驶人提供重要的行车信息，包括车辆状态信息及故障提示等，以增强驾驶的安全性和便捷性。

3）信息娱乐系统（In-Vehicle Infotainment，IVI）：包含中央显示屏、多媒体播放器、语音识别系统等，用于提供丰富的娱乐和信息服务，以提升乘员的乘坐体验。

4）智能驾驶辅助系统（Advanced Driving Assistance System，ADAS）：包括摄像头、雷达和激光雷达、超声波传感器等，用于环境感知和监测，实现高级驾驶辅助功能，如碰撞预警、自适应巡航等。

5）车联网系统（Telematics）：实现车辆的远程信息处理、远程诊断和远程控制等功能，使车辆与外部网络相联，提供实时交通信息、导航服务等。

6）座椅控制系统：包括电动调节、按摩功能、加热和通风等，可提供舒适的乘坐体验。

7）智能空调系统：实现分区温控和空气质量监测，以保持车内环境的舒适和清新。

8）环境氛围灯：通过LED光源营造氛围，以增强驾乘舒适性。

9）抬头显示器：主要用于关键行车信息实时投影和动态安全警示与导航辅助，通过减少驾驶人视线转移来提升驾驶的安全性。

通过这些子系统的协同工作，智能座舱系统能够提供便捷、舒适、安全和愉悦的驾乘体验。

（二）智能座舱未来发展趋势

1. AI深度赋能交互与服务闭环

（1）生成式大模型重构交互逻辑　基于车载大模型技术，座舱系统可通过自然语言理解驾驶人模糊指令，并联动车辆功能形成闭环服务流程。例如，分析方言口音后自动调整导航路线，或根据用户情绪推荐音乐。

（2）预测式个性化配置　通过机器学习分析驾驶习惯、生理数据等，提前预判需求并自主调节座椅支撑点、空调气流模式，实

议一议

智能座舱能帮助学生更高效学习汽车知识、激发技术兴趣吗？智能座舱的语音交互和自动调节功能会让学生失去基础操作能力吗？

现"无感自适应舒适体验"。

2.多模态交互技术革新

（1）多通道融合控制　通过语音、手势、眼动追踪形成互补，方言指令配合头部微动完成复杂操作，系统响应延迟降低至200ms以内。

（2）透明显示技术商用落地　采用纳米光学材料的光子透明显示屏，将增强现实（Augmented Reality，AR）导航信息与道路实景无缝叠加，抬头显示器（Head Up Display，HUD）可视范围扩展至15°×5°，关键警示信息识别效率提升40%。

3.个性化与场景化体验重构

智能座舱个性化体验如图2-4-3所示。

（1）硬件可定制化　用户可选择模块化内饰组件，如可编程氛围灯带、磁吸式功能面板，通过DIY组合形成专属驾乘空间。

（2）动态场景构建　系统根据地理位置、时间、生物特征自动切换模式，例如，在上班通勤时启动高效导航+新闻播报，在亲子出行时激活儿童娱乐界面及安全锁。

图2-4-3　智能座舱个性化体验

4.舱驾融合驱动架构变革

（1）计算平台一体化　智驾域与座舱域共用算力资源，高通SA8295P等芯片支持160TOPS算力分配，实现环境感知数据与娱乐系统的实时互通。

（2）交互冗余设计　紧急情况下，智驾系统可接管HMI界面，通过振动反馈、AR警示等多通道交互强制唤醒驾驶人。

5.集成化与开放生态建设

（1）硬件高度集成　域控制器将车身控制、语音处理等模块集成于单一芯片，线束长度减少30%，故障率下降至0.2%。

（2）软件开放平台　车企提供标准化应用程序编程接口，第三方开发者可开发车载轻应用，用户通过应用商店扩展功能，类似智能手机生态。

6.安全与舒适性持续进化

（1）生物监测系统　采用毫米波雷达监测乘员生命体征，结合心电图座椅实时预警突发健康状况，响应速度达0.8s。

（2）智能表面材料　采用压敏导电织物的座椅可动态调节支撑硬度，配合分区温控系统，长途驾驶疲劳度可降低55%。

延伸补给包

特殊人群适配与伦理隐私防护并进

一、特殊人群适配

1.儿童语音识别

儿童语音识别系统针对高频声带特性（平均基频300~400Hz）定向优化梅尔滤波器组参数，通过提升0~1.5kHz频段的共振峰分辨率（较成人模型增强70%），并引入基频自适应补偿算法重构动态时间规整路径，有效解决了儿童语音谐波能量分散及高频共振峰偏移问题，在Kaldi框架下实现儿童专属声学模型的精准建模，特定年龄段语音识别率可提升至91.3%。

2.轻量化方言模型

通过基于BERT基座的教师-学生知识蒸馏框架，采用动态温度调节策略将原始800MB方言识别模型压缩至180MB（参数量减少77%）。在保留方言音素决策边界关键知识的同时，通过隐层特征映射损失约束实现模型轻量化，使移动端推理速度提升3.2倍（麒麟980芯片实测延迟低于180ms），仍可维持92%的方言词汇识别准确率。

二、伦理与隐私问题

语音系统既要防止声纹泄露（比如坏人拿到20s录音就能模仿你的声音指纹），又要保护车内隐私。现在用"声音马赛克"技术把关键声纹打码，同时对话记录会像存在保险柜里一样，用银行级别的加密方式存在车载设备本地（不上传云端），这样既符合欧盟隐私规定，又能防止黑客窃听。

小贴士

共振峰就像儿童声音的独特"指纹"。在0~1.5kHz频段提升分辨率，增强70%的效果，就好比给系统配备了更精密的"指纹识别器"。比如，在动画片播放的背景音中，小朋友喊"暂停"，系统能像超级放大镜一样，更清晰地识别儿童声音的特征，从复杂的音频环境中准确区分出儿童语音，而不是把其他类似频率的声音误判为儿童语音。

学习评估站

基础测试题

（一）选择题

1. 以下关于语音交互技术中方言适配的描述，正确的是（　　）。
    A. 语音识别（ASR）中，粤语方言适配只需通过语言模型预测词序列概率，无须构建独立方言音素库
    B. 语义理解（NLP）中，东北方言"整点儿暖风"是通过建立方言语义映射规则解析为"调高空调温度"
    C. 语音合成（TTS）中，上海话合成仅需采集涵盖阴平、阳平等声调的发音数据，无须考虑韵律迁移算法
    D. 方言声学模型训练采用迁移学习框架，不能基于预训练的普通话语音模型进行方言特征微调

2. 儿童语音识别系统针对儿童高频声带特性，采取的优化措施不包括（　　）。
    A. 提升0~1.5kHz频段的共振峰分辨率，较成人模型增强70%
    B. 引入基频自适应补偿算法重构动态时间规整路径
    C. 利用6麦克风阵列驱动的波束成形算法实现声源空间定位与空间滤波
    D. 在Kaldi框架下实现儿童专属声学模型的精准建模，识别率提升至91.3%

（二）判断题

1. 语音交互技术中，语义理解（NLP）系统能通过上下文场景优先级排序消解语义歧义，如在车辆行驶中优先响应导航指令。（　　）
2. 轻量化方言模型通过基于BERT基座的教师–学生知识蒸馏框架，参数量减少77%，推理速度提升3.2倍，方言词汇识别准确率降低至80%。（　　）

（三）填空题

1. 智能座舱是指通过整合先进的软硬件技术，将传统汽车驾驶舱升级为数字化、_____、人性化的交互空间。
2. 驾驶人状态监控是集成_____（如眼动追踪、面部识别），实时检测驾驶人疲劳、分心等异常状态，并通过声光提示或紧急制动干预。

人工智能 + 汽车基础与应用

第三章
AI 汽车变形工坊：
从设计台到 4S 店
的超能闯关战

　　在汽车产业智能化浪潮下，人工智能深度融入汽车从设计到销售的全流程。在设计阶段，人工智能辅助设计师跨界创新，突破传统创意与技术瓶颈；在生产环节中，人工智能能精准检测缺陷，保障产品品质；在销售与售后场景里，人工智能化身贴心管家，为车主提供个性化服务。本章将带你全方位解锁人工智能在汽车领域的多元应用，开启充满惊喜的探索之旅。

```
                                    第一节 AI赋能跨界    ┌ 生成式AI：让机器变身"创意魔法师"
                                    创新：设计师的      ├ 当AI遇见PS：一键生成概念车
                                    AI助手            └ 跨学科协作：机械+AI+艺术的碰撞

                                    第二节 工厂里的AI   ┌ 机器视觉：摄像头背后的AI福尔摩斯
AI汽车变形工坊：                     侦探：火眼金睛      ├ 毫米级"捉虫"大赛：焊缝检测挑战
从设计台到4S店的                     找缺陷            └ 预测性维护：给机器"把脉"的AI中医
超能闯关战
                                    第三节 4S店AI     ┌ 千人千面服务：AI猜你喜欢
                                    管家：比你更懂     ├ 4S店AI管家：汽车服务的"超级大脑"
                                    你的车           └ 维修AR助手：透视眼+知识库
```

知识目标

1. 通过生成式人工智能技术学习，理解 GAN、Transformer、扩散模型等生成式人工智能的核心原理，掌握人工智能生成汽车设计草图的提示词优化策略，并认知人工智能在汽车设计中的优势。
2. 通过机器视觉与质检学习，能描述机器视觉系统的四大核心组成，会列举焊缝检测的缺陷类型，并对比传统检测与视觉检测的差异。
3. 根据预测性维护原理和实战，能解释人工智能"望、闻、问、切"四大技术，并说明预测性维护的目标。
4. 结合智能服务与营销，会阐述用户画像构建方法并列举 AR 技术在 4S 店的应用。

技能目标

1. 结合人工智能设计工具应用，能使用 MidJourney 生成符合工程约束的汽车设计草图，并会通过调整提示词优化人工智能输出。
2. 根据数据分析与问题解决，能解析用户评论，提炼产品改进方向，并针对"经济型车用户"与"高端车用户"制定差异化营销策略。

素养目标

1. 树立创新与伦理意识，能够辩证地看待人工智能生成设计的版权归属问题，关注技术偏见对社会公平的影响。
2. 形成数据驱动思维，树立"数据即资产"理念，理解人工智能预测性维护对资源节约的意义。
3. 构建职业前瞻性，认识人工智能对传统岗位的变革，激发学生对"工业元宇宙""量子计算 + 人工智能视觉"等前沿技术的探索兴趣。

第一节　AI 赋能跨界创新：设计师的 AI 助手

智驱引擎舱：AI 设计的"减法艺术"

在通用汽车密歇根研发中心，工程师们曾面临棘手难题：凯迪拉克CT6的座椅支架需要30个钢制零件组装，既增加车身重量又抬升制造成本。当团队引入Autodesk的生成式AI设计系统后，算法像"会思考的雕刻刀"，在输入承重600kg、抗冲击等核心参数后，72h内生成超过150种拓扑结构方案。最终选定方案模仿树根分形结构，将零件整合为1个3D打印零件，重量直降40%且通过所有安全测试。这场"从30到1"的零件革命，如何重新定义汽车零部件的设计哲学？本节让我们打开生成式AI设计的数字工具箱。

一、生成式AI：让机器变身"创意魔法师"

生成式人工智能是人工智能领域中极具创新性的分支，它打破了传统AI仅进行分析、识别的局限，赋予机器"创作"的能力。

生成式人工智能的核心原理是通过对大量训练数据的学习，掌握数据的内在模式和规律，进而生成全新的、类似真实的内容。这些内容涵盖图像、文本、音频、视频以及3D模型等多个领域。例如，在汽车设计场景中，它能根据输入的设计理念，快速生成不同风格的汽车草图、3D模型，为设计师提供海量创意灵感。

扫一扫

生成式 AI 会如何影响汽车行业

（一）常见的生成式人工智能平台

我国常见的生成式人工智能平台有DeepSeek、豆包、kimi智能助手、腾讯元宝等，如图3-1-1所示。

DeepSeek　　豆包　　kimi智能助手　　腾讯元宝

图3-1-1　我国常见的生成式人工智能平台

（二）核心技术与模型

生成式人工智能发展依赖于深度学习模型的突破，主要包括

想一想

生成式人工智能能做哪些创作？请列举2~3种。

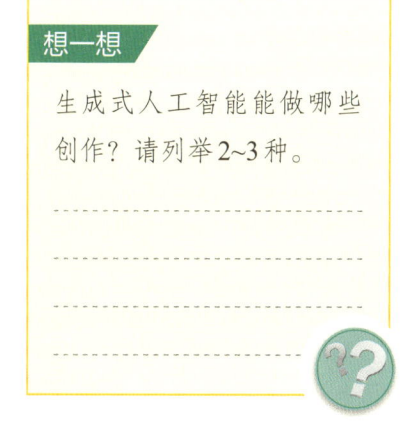

以下4类模型。

1. 生成对抗网络（Generative Adversarial Networks，GAN）

GAN的原理是通过"生成器"（创造内容）与"判别器"（判断真伪）的对抗训练，来提升生成质量。GAN的优势是擅长图像生成（如逼真任务、场景），早期广泛应用于艺术创作、虚拟角色生成。典型应用有NVIDIA的StyleGAN（生成高分辨率人脸图像）、汽车设计中概念车草图的生成。GAN原理框图如图3-1-2所示。

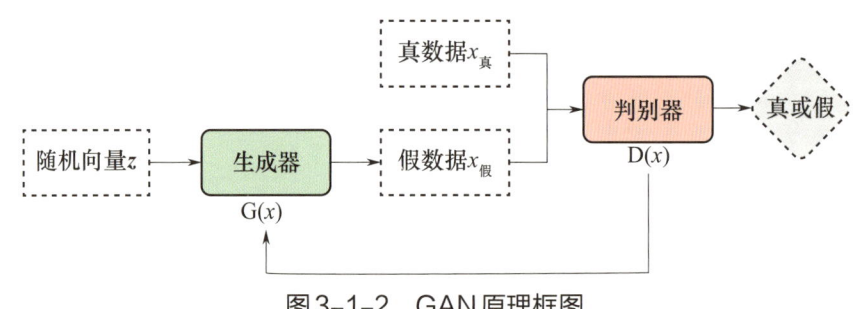

图3-1-2　GAN原理框图

2. Transformer模型

Transformer模型的原理是基于自注意力机制处理序列数据，支持长文本生成与逻辑推理。其优势在文本生成领域表现卓越，可创作故事、代码、诗歌等，兼具上下文理解能力，典型应用有OpenAI的GPT-4（生成连贯长文）、ChatGPT的对话交互。

3. 扩散模型（Diffusion Models）

扩散模型的原理是通过逐步"去噪"过程，从随机噪声中还原高质量内容，精度超越GAN。其优势是支持多模态生成（图像、视频、3D）、可控性强（通过提示词调整细节）。现阶段典型应用有Stable Diffusion（文本生成图像）、MidJourney（艺术创作）、汽车设计中的3D模型渲染。

4. 变分自动编码器（Variational Autoencoders，VAE）

变分自动编码器模型的原理是基于压缩数据到潜在空间并重构，生成具有统计规律的内容。其优势是适用于数据增强（如生成医学影像变体）、低维特征分析。

（三）优势与挑战

生成式人工智能优势在于，能实现高效创新，数秒内生成海量方案，突破人类创意瓶颈，如设计师用AI生成100版汽车设计草图；可进行个性化定制，根据用户需求生成专属内容，如定制化产品设计；能够降低成本，减少实物试错，如虚拟仿真替代汽车碰

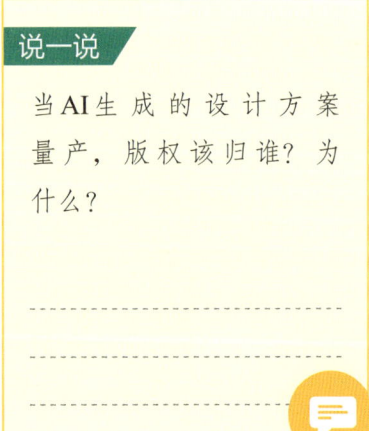

说一说

当AI生成的设计方案量产，版权该归谁？为什么？

撞测试，还能减少人力投入，如自动化标注；促进跨领域融合，打通"创意–工程–技术"壁垒，如汽车设计中美学与空气动力学的自动平衡。

而生成式人工智能在带来显著优势的同时也面临着诸多挑战，主要体现在对数据质量依赖度高，低质数据易导致生成内容偏差，如产生偏见、虚假信息；存在伦理风险，包括深度伪造、版权纠纷等生成内容归属权争议问题；对计算资源需求大，训练需要高性能算力，中小企业难以负担；部分模型生成结果不可预测，可控性不足，在安全关键领域需人工审核。

二、当AI遇见PS：一键生成概念车

（一）什么是手绘草图

在汽车设计领域，手绘草图是指设计师通过手工绘制的方式来快速、简洁地表达汽车设计创意和构思的一种图样，如图 3-1-3 所示。它是一种初步的设计表达形式，不追求精细的细节和严格的尺寸精度，重点在于将设计想法可视化。

图3-1-3　手绘草图

（二）使用AI一键生成草图

以"豆包"为例，在成功登录"豆包"后，在文本输入框下方单击"技能"，选择"图像生成"，再用文字描述的形式表达想要设计的车型外观，单击"发送"即可。流线型轿车、硬派SUV及概念跑车的草图提示词分别见表3-1-1、表3-1-2、表3-1-3。

表3-1-1　流线型轿车草图提示词

草图一：流线型轿车		
整体轮廓描述	车身侧面描述	车尾设计描述
车身呈现出流畅的线条，车顶从车头向车尾逐渐下滑，形成一个优美的弧线，整体看起来像水滴的形状，具有很强的流线型，以减少空气阻力。车头部分较尖，进气格栅位于中间偏下位置，形状为梯形，线条简洁。车灯狭长，向两侧微微上扬，内部有一些简单的线条来表示灯组的结构	车门把手与车身齐平，减少凸起带来的风阻。车窗线条流畅，前车窗与车顶的过渡自然，后车窗则有轻微的溜背设计。车轮较大，轮毂采用五辐式设计，线条简洁有力	车尾简洁，尾灯与车窗线条相呼应，同样狭长且微微上扬。尾部中间有一个小的扰流板，下方有双边共两出的排气管，体现运动感

表3-1-2 硬派SUV草图提示词

草图二：硬派SUV		
整体轮廓描述	车身侧面描述	车尾设计描述
车身高大，车顶线条相对平直，保证了车内空间。车头部分较为方正，给人一种稳重、大气的感觉。车头设计中，进气格栅较大，位于车头中央，形状近似矩形，内部有几条横向的线条装饰。车灯位于进气格栅两侧，形状饱满且方正，灯内有一些简单的线条表示光源的位置	车门线条硬朗，车窗周围有黑色的装饰条。车轮较大，轮毂设计为多辐式，线条粗壮，给人一种力量感。车身侧面下方有黑色的防擦条	车尾较为方正，尾灯同样饱满且方正，与车头灯相呼应。后保险杠宽厚，下方有银色的护板，排气管为双边共两出的矩形设计

表3-1-3 概念跑车草图提示词

草图三：概念跑车		
整体轮廓描述	车身侧面描述	车尾设计描述
车身低矮且宽大，呈现出一种蓄势待发的姿态。车顶线条流畅，中间低两侧高，形成一个低矮的弧形。车头部分向前延伸，进气格栅较大，位于车头下方，形状不规则，线条夸张。车灯设计独特，形状狭长且向上倾斜，内部有复杂的线条来表现科技感	车门采用剪刀门设计，车门线条流畅且富有肌肉感。车窗较小，线条流畅且向后上方延伸。车轮较大，轮毂采用复杂的多辐式设计，线条犀利	车尾宽大，尾灯细长且向两侧延伸，内部有复杂的线条。尾部中间有一个大型的扰流板，下方有双边共四出的排气管，排气管周围有复杂的空气动力学设计

在使用AI生成汽车设计草图时，很多同学会发现：输入"硬派SUV"得到的方案总是千篇一律，或是比例奇怪、细节模糊。这是因为AI需要清晰的"指令指南"才能精准理解你的创意。经过大量实践验证，设计师们总结出一套"提示词黄金公式"，能让AI快速抓住设计核心，详见"小贴士"。

（三）概念车诞生记

表3-1-4为传统设计流程与人工智能赋能设计流程的效率对比，可以明显发现，在人工智能赋能的背景下使用MidJourney生成的草图数量是传统设计流程的20倍，在模型和风洞测试的对比中效率提升90%，材料成本下降70%，优势非常明显。

> **TIPS 小贴士**
>
> 提示词黄金公式
>
> 风格描述（赛博朋克/极简主义）+功能关键词（低风阻/长续航）+细节限定（鸥翼门/悬浮车顶）+技术参数（轴距2900mm/离地间隙180mm）

表3-1-4　传统设计流程与人工智能赋能设计流程的效率对比

传统设计流程（3个月）	人工智能赋能设计流程（3天）	效率对比
手绘草图5版→油泥模型→风洞测试	MidJourney生成100版草图→Stable Diffusion细化30版→Blender自动生成3D模型	方案产出效率提升90%，材料成本下降70%
人工调整空气动力学参数	AI同步优化车身曲面，风阻系数自动降低15%	工程验证周期减少80%

实际案例：吉利汽车设计师在MidJourney平台输入"未来感轿跑，哑光钛合金车身，对开式车门，风阻系数<0.23"，MidJourney生成的方案经用户投票，最终量产转化率达40%。

三、跨学科协作：机械+AI+艺术的碰撞

在传统协作模式下，机械设计、工程验证与美学调整呈线性流程，跨部门沟通成本高昂。在实际操作中，各部门各自为政，信息传递不畅，导致项目推进效率低下。例如，空气动力学优化过程中，工程部门为了提升车辆性能，对车身线条进行调整，但这可能导致外观设计的失真，与设计部门的初衷相悖。此时，设计部门需要重新调整美学方案，而工程部门则需要重新验证优化后的设计是否能满足性能要求。这一反复修改的过程，不仅耗费大量时间，还增加了人力成本，且容易在部门间造成沟通误解和工作冲突，严重影响项目进度和最终产品质量。

1. VR与AI赋能内饰设计协作

在汽车研发过程中，设计师、工程师常因美学与工程问题反复沟通，导致项目延迟。某汽车企业借助虚拟现实（Virtual Reality，VR）实时渲染协作与人工智能技术解决了这一难题。

设计师佩戴VR设备调整内饰木纹纹理时，人工智能系统同步计算光线反射效果，为设计师提供实时反馈，帮助其更好地把握设计细节与整体效果。与此同时，机械工程师通过在线协作平台，实时获取设计师的调整方案，利用专业软件和工具对内饰结构的可行性进行验证，检查调整后的木纹纹理是否会影响零部件的安装和整体结构的稳定性等。

在整个协作过程中，各部门紧密配合，有效避免了因"美学与工程冲突"导致的多轮返工，大幅缩短项目周期，降低开发成

> **试一试**
>
> **汽车外观设计**
>
> 使用MidJourney平台设计一款梦想中的车，提示词参考"小贴士"，并记录使用MidJourney平台设计汽车的感受。
>
> ＿＿＿＿＿＿＿＿＿＿
>
> ＿＿＿＿＿＿＿＿＿＿

> **说一说**
>
> **模拟车企分组协作任务**
>
> 角色1（设计组）：使用MidJourney生成3版中职校园巡逻车外观。
>
> 角色2（工程组）：基于《汽车构造》的知识，提出车门开启角度≥90°、底盘离地间隙≥150mm等约束。
>
> 角色3（数据组）：用降噪自编码器模拟雨天传感器数据，检查车灯是否存在反光盲区。
>
> 产出：各组用思维导图呈现人机协作优化点，例如，设计组调整A柱倾角→工程组验证强度→数据组测试视野。
>
> 通过上述3个角色的任务协作，你觉得小组合作最重要的是什么？
>
> ＿＿＿＿＿＿＿＿＿＿

本，提升产品质量和竞争力，为行业协作模式优化提供范例。为内饰设计做技术支撑的"三驾马车"见表3-1-5。

表3-1-5 为内饰设计做技术支撑的"三驾马车"

技术模块	功能解析	汽车应用场景
虚拟仿真	用计算机辅助工程（Computer-Aided Engineering，CAE）软件模拟悬架刚度、车身应力分布，替代60%实车测试	底盘舒适性调校，减少50%物理样车制造
实时渲染	VR/AR技术呈现内饰材质、灯光效果，精度达0.1mm级	用户定制化配置实时预览
多学科优化	机械、人工智能、美学参数同步输入，算法自动平衡性能与设计	车身轻量化设计（强度提高10%、重量减少15%的最优解）

2.某车企的"18个月新车研发奇迹"

传统汽车研发周期长达48个月，需依次经历12个月设计、24个月工程验证和12个月测试。而借助数字孪生与人工智能协作模式，生成式技术可产出200版概念方案，设计师从中筛选10版进入虚拟仿真环节，机械工程师通过数字孪生平台同步优化车身结构，系统自动匹配碳纤维与铝合金等材料的最优比例。通过VR实时评审内饰细节，跨部门协作效率提升3倍，最终将研发周期缩短至18个月，研发成本降低40%。

3.当设计师成为"AI协作大师"

（1）职业能力重构　传统设计师的手绘功底与工程图纸解读技能正逐步向人工智能提示词设计、多模态数据判读及跨学科协作沟通等核心能力转型。例如某车企新设立的"AI设计协调员"岗位，要求从业者同时掌握MidJourney生成逻辑、CATIA工程建模及Python数据可视化，其薪资水平较传统设计师高出30%，凸显了人工智能时代复合型技能的价值。

（2）创新边界拓展　人工智能通过激发"反常识设计"突破传统局限。例如，Diffusion模型生成的"无B柱对开式车门"方案，经数字孪生技术验证，通过强化侧梁结构确保安全性达标，最终成功量产并成为某高端车型的标志性设计，展现了人工智能在推动汽车设计创新中的突破性价值。

延伸补给包

未来展望：从"效率革新"到"移动智能体"的范式重构

人工智能正在重构汽车设计全链条，推动机械产品向"移动智能体"进化。在设计流程上，人工智能打破传统线性模式，例如，阿尔特汽车的AI工具"TAI"整合创意生成与多视角渲染；现代汽车联合西门子基于20万次仿真，将底盘参数优化周期从7天压缩至15min。除效率提升外，麻省理工学院（MIT）的DrivAerNet++数据集支持人工智能秒级生成兼顾美学与性能的方案；东软睿驰的AIOS系统升级交互体验，通过AI Agent实现车机、手机、云桌面无缝联动的情感化多模态感知。在技术融合领域，人工智能成为材料科学与工程实践的桥梁：通用汽车借人工智能算法与3D打印，实现座椅支架减重40%且强度提升20%；吉利汽车联合北京理工大学搭建人工智能材料数据库，贯通热成形钢开发到零部件性能的全流程数字化。在空气动力学方面，中汽中心的AeroSES系统结合特斯拉FSD的AI建模，推动风阻系数进入实时优化时代。

学习评估站

一、基础测试题

（一）选择题

1. 生成式人工智能（如GAN）在概念设计中的核心优势是（　　）。
    A. 精确绘制工程图纸
    B. 快速生成海量创意方案
    C. 替代设计师决策
    D. 降低渲染成本

2. 数据工程师用GAN进行数据增强的主要目的是（　　）。
    A. 减少数据存储量
    B. 生成极端场景训练数据
    C. 提升数据标注速度
    D. 压缩模型体积

3. 数字孪生技术对跨学科协作的最大价值是（　　）。
    A. 实现物理样车零测试
    B. 实时同步多领域参数并优化
    C. 提升VR渲染精度
    D. 降低设计师绘图工作量

(二)判断题

1. 生成式人工智能只能生成图像，无法生成文本、音频、视频以及3D模型等内容。（　　）
2. 我国常见的生成式人工智能平台只有DeepSeek、豆包、kimi智能助手、腾讯元宝这几种。（　　）
3. 数据工程师利用降噪自编码器技术进行数据清洗，能够完全消除车载传感器产生的数据噪声。（　　）

(三)填空题

1. 凯迪拉克CT6座椅支架通过生成式人工智能设计，零件数量从30个减少到_____个。
2. 生成式人工智能的核心模型包括_____、_____、_____。
3. 汽车设计中"提示词黄金公式"需包含_____、_____、_____。
4. 数字孪生技术_____替代60%的实车测试。
5. 某车企通过数字孪生与人工智能协作将研发成本降低了_____。

二、创新拓展题

人工智能辅助手机壳设计：

工具：MidJourney（提示词：极简主义外观、磨砂质感、嵌入《西游记》元素、配色莫兰迪色系）。

流程：生成10版方案→人工筛选3版→用Blender添加防滑纹理→3D打印实物测试。

成果：对比人工智能生成方案与传统手绘方案的创意丰富度，总结提示词优化策略（如加入"防摔结构"等功能关键词）。

第二节　工厂里的AI侦探：火眼金睛找缺陷

智驱引擎舱：AI福尔摩斯秒探案

凌晨2点，某零部件厂警报骤响。第7批次的变速器齿轮出现神秘划痕，质检员经过连续2h的排查仍毫无头绪。于是，工程师启动了秘密武器——位于流水线上方的人工智能视觉检测系统。该系统迅速调取所有检测点数据，短短2s内精准定位问题根源。原来是传送带上一粒直径0.2mm的金属碎屑所致。无论是发动机活塞的细微裂纹，还是车漆表面的微小气泡，均无法逃脱人工智能视觉检测系统电子"鹰眼"的监测。本节将深入探究这位"侦探"——人工智能视觉检测系统的奥秘，揭开其"火眼金睛"般的技术原理与过程。

一、机器视觉：摄像头背后的AI福尔摩斯

随着信息技术的发展，人类不遗余力地将视觉能力赋予计算机、机器人或各种智能设备。机器视觉（Machine Vision）作为实现工业自动化和智能化的关键核心技术，正成为人工智能发展最快的一个分支。机器视觉对于人工智能的意义，正如眼睛之于人类的价值，重要性不言而喻。

在工厂里，人工智能视觉检测系统就像一位聪明的侦探，它通过摄像头观察产品的每一个细节，寻找可能存在的缺陷。这个过程就像福尔摩斯通过观察和推理来破案一样。

扫一扫

机器视觉技术在汽车制造业的应用

（一）什么是机器视觉

人类通过眼睛对物体进行观察和捕捉，图像信息经视觉神经传给大脑进行分析理解，大脑对物体自动进行空间分离，得到物体位置、尺寸、色彩和运动状态等特征信息，从而快速判断物体的名称、类别和分类等属性。机器视觉就是用机器代替人眼，对事物进行观察、测量和判断。通过使用光学系统、工业相机和图像处理工具模拟人的视觉能力，并做出相应的决策，再通过执行装置执行决策。

说一说

机器视觉相比于人类视觉有什么优点？

（二）机器视觉的组成

机器视觉系统架构如图3-2-1所示。"视"是将外界信息通过成像来显示成数字信号反馈给计算机；"觉"则是计算机对数字信号进行处理和分析，包括传统的数字图像处理算法和基于深度学习的图像处理软件算法。典型的机器视觉系统由工业相机与工业镜头、光源、传感器、图像采集模块、计算机平台、视觉处理器、控制单元组成。

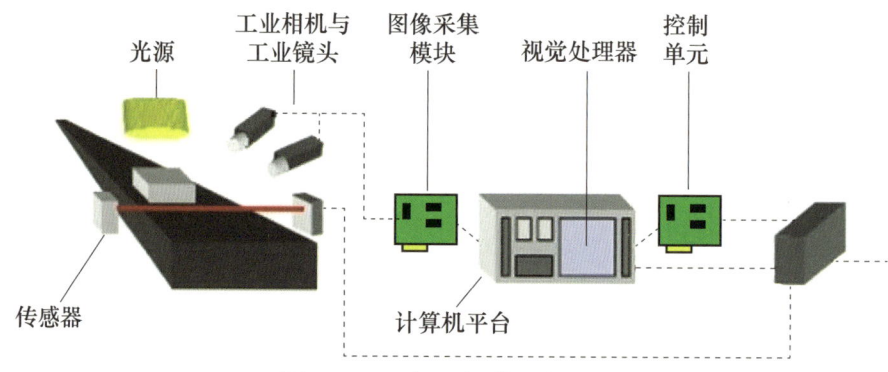

图3-2-1 机器视觉系统架构

下面主要介绍其中的4个组成部分：

（1）工业相机与工业镜头　工业相机主要承担着捕捉和分析对象的重任，如图3-2-2所示。安装于生产线上的工业相机，取代人眼进行作业，摄取目标并转换为图像信号后，传送给图像处理系统。它广泛应用于生产流程中的精确测量与判断环节。

图3-2-2 工业相机

工业镜头的种类丰富，按功能可细分为定焦、变焦、变光圈及普通、广角、远摄等类型，此外还有显微、微距、紫外、红外等特殊用途镜头。

（2）光源　在机器视觉系统中，光源的作用主要有三点：一是照亮目标，提高目标亮度；二是形成最有利于图像处理的成像效果；三是克服环境光干扰，保证图像的稳定性。适当的光源可降低图像处理的难度。不同光源的成像效果如图3-2-3所示。

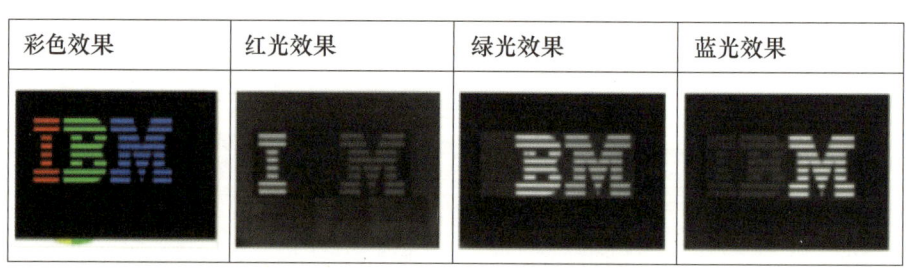

图3-2-3 不同光源的成像效果

（3）图像采集模块　图像采集模块如图3-2-4所示。将工业相机拍摄的图像转换为可被计算机处理的数据格式，这个过程通常涉及图像的预处理，如噪声消除、对比度增强等，以提高图像质量。

> **想一想**
>
> 机器视觉光源能不能随意选择？或者，有没有一款万能的光源？

图3-2-4　图像采集模块

（4）视觉处理器　视觉处理器是机器视觉系统的"大脑"，负责进行高级的图像处理和分析。它通常包括一个或多个高性能处理器，以及用于存储和交换数据的内存和存储设备。

（三）机器视觉的应用

机器视觉在汽车领域中的应用主要有四大类：识别、检测、测量、定位与引导。

（1）识别　机器视觉系统通过读取二维码、字符等进行零部件的识别，或者基于颜色、形状、尺寸来识别。例如，在汽车车身涂装车间，可识别漆面颗粒、缩孔、焊渣等多种缺陷，甚至能穿透高反光曲面，检测精度较高。

（2）检测　机器视觉系统可检测产品是否存在缺陷、污染物、功能性瑕疵等。例如，北京微链道爱科技有限公司研发的工业视觉大模型"DaoAI World"可以检测新能源汽车电池金属颗粒污染、焊接气孔等隐患，通过优化反光问题，提高了表面异物检测准确率。利用DaoAI World检测电池表面异物，如图3-2-5所示。

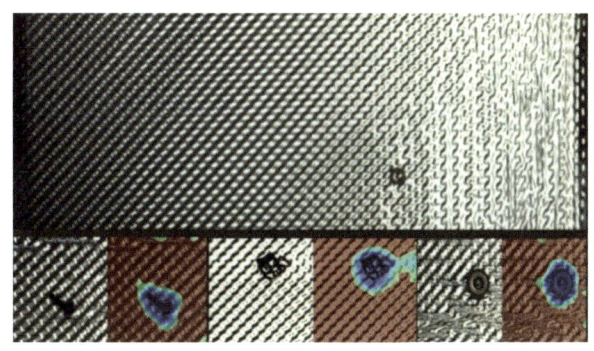

图3-2-5　DaoAI World检测电池表面异物

图3-2-6 识别轮毂上缺失的螺栓

> **议一议**
>
> 除了以上应用,你还能想到机器视觉在哪些方面的应用?

(3)测量 机器视觉系统通过计算被测物几何位置之间的距离,确定其是否合规。例如,准确检测发动机缸体平面度,避免不符合要求的发动机进入后续生产环节,减少次品产生和返工成本。机器视觉非接触式的测量还能避免传统接触式测量带来的二次损伤。

(4)定位与引导 机器视觉系统能够定位元件的位置和方向。例如,DaoAI World的"AI驱动轮毂螺柱检测系统",可在螺母安装前准确识别缺失的螺栓,如图3-2-6所示。该检测系统能高度适配多种轮毂,无论存在凸出还是凹陷,都能确保安装的精确。

(四)机器视觉智能检测的原理

机器视觉智能检测的工作流程可概括为"看→学→判→优"四步闭环。

(1)"看"——感知环境 像侦探搜集线索一样,高精度摄像头获取目标对象的图像、尺寸、温度等多维度数据。例如,长安汽车利用海康机器人CH系列相机检测汽车焊接点,降低了人工检测的工作量与强度。

(2)"学"——自主学习 通过投送海量数据,人工智能算法能自动提取关键特征,学习正常与缺陷的特征差异。例如,易思维科技股份有限公司在漆面检测中,通过微米级三维感知技术,获取大量漆面数据,并利用算法进行分析,学习正常漆面与有微小凹陷、凸起等缺陷漆面的特征,实现对漆面缺陷的精准检测。

(3)"判"——动态响应 人工智能对新采集的数据进行分类,如划痕、锈斑、尺寸偏差等属于哪种缺陷,并进行分级。广州瑞松智能科技股份有限公司的"AI车身外观采样检测系统"可对车身漆面瑕疵、装配缝隙不均、零部件错位等细微缺陷进行高速精准的识别。

(4)"优"——自我进化 人工智能可以在线学习并通过大数据分析,根据检测结果反馈优化模型。例如,重庆中科摇橹船信息科技有限公司与赛力斯汽车合作的人工智能视觉质检系统,运行过程中积累的数据直接反哺算法进行迭代。该系统不断根据新问题和检测结果进行优化,从而更好地适应复杂多变的汽车生产检测场景。

(五)视觉检测对比传统检测

当"老师傅"用放大镜般的传统检测撞上人工智能的电子

"鹰眼",结果到底会是谁胜谁负呢?视觉检测与传统检测的对比见表3-2-1。

试一试

_____≈养了台"烧钱"但靠谱的电子监工。

表3-2-1 视觉检测对比传统检测

性能	视觉检测	传统检测
学习能力	海量学习案例,秒变"老师傅"	受限于人,知识传递慢
精确性	强,可观测微米级,支持量化评估	差,不能分辨微小目标
效率	毫秒级检测,效率提升50~200倍	低,数据无法量化
环境适应性	需严格控制光照、洁净度,复杂工况需增配3D激光/多光谱传感器	对振动、粉尘、油污等干扰容忍度高,可进行触觉辅助判断
质量控制	可100%全检,适用于安全关键件	通常采用抽检,存在漏检风险

二、毫米级"捉虫"大赛:焊缝检测挑战

(一)什么是焊缝

典型焊缝如图3-2-7所示。焊缝是利用焊接热源的高温,将焊条和接缝处的金属熔化连接而成的缝。当两种或两种以上的材料通过焊接工艺连接在一起时,就形成了焊缝。

图3-2-7 典型焊缝

想象你是一名质检员,在密密麻麻的焊缝中找出比芝麻还小的气孔、裂纹或虚焊点,累到眼花还有可能漏检。但是现在,人工智能带着显微镜级的视力和过目不忘的大脑进入赛场,开启了一场"毫米级捉虫大赛"!它能在复杂环境下快速、准确地发现焊缝的微小缺陷,确保每个焊缝都符合质量标准。

(二)为什么焊缝检测至关重要

在汽车制造中,车身框架、底盘、排气管等汽车中约70%的

> **想一想**
>
> 如果一辆汽车的排气管焊缝有0.1mm的虚焊，可能导致什么后果？
>
> 提示：长期振动下虚焊点扩大→_____→尾气倒灌→_____！

关键零部件都依赖焊接，其焊缝质量直接决定车辆安全。气孔、裂纹等缺陷肉眼难辨，像慢性病一样逐渐扩散，最终导致零部件断裂产生严重后果（比如汽车高速行驶中底盘开裂）。因此，焊缝检测是汽车制造过程中不可或缺的一环。焊缝缺陷类型、特征及危害见表3-2-2。

表3-2-2　焊缝缺陷类型、特征及危害

缺陷类型	特征	危害
气孔	焊接时气体残留形成的小孔	降低结构强度，易引发应力集中
裂纹	焊缝表面或内部的断裂线	直接导致零部件断裂
虚焊	焊材未完全熔合	长期振动后脱焊，造成功能失效
焊渣残留	焊接过程中杂质嵌入焊缝	腐蚀金属，加速老化

（三）汽车焊接质量AI视觉检测应用

汽车制造对焊接质量要求极高。以汽车制造领域为例，焊接质量人工智能视觉检测过程可以分为以下4个关键环节。

（1）图像采集　比亚迪汽车的焊装车间采用海康威视高分辨率工业相机与专用机械臂协同作业，通过优化成像装置的安装角度，配合环形多角度补光系统，有效解决金属表面反光问题，确保获取完整焊接接头的数字化图像。该成像系统可捕获0.1mm级表面特征，为质量分析提供高保真影像数据。

（2）图像预处理　对原始影像数据实施多级优化处理：①应用中值滤波技术（图像中像素点排序后取中间位置的像素值）消除瞬时干扰，有效抑制焊接过程中产生的火花、飞溅等干扰；②通过二值化分割技术（图像的像素点只有0和1，即只显示黑白两色），精确提取焊缝几何轮廓与纹理特征。

（3）缺陷特征智能识别　比亚迪汽车与我国高校基于卷积神经网络技术合作开发了专用焊缝检测模型，能精准识别焊缝缺陷特征，如气孔表现为圆形灰度均匀区域，裂纹呈现细长且灰度突变的线条。该模型对常见焊缝缺陷的识别准确率达98.7%，为质量检测提供了可靠保障。

（4）在线质量监控　通过集成化的检测系统实现制造过程闭环控制，当车身进入检测工位后，成像系统在400ms内完成图像采集与处理,并同步输出质量评估结果,系统会自动标注缺陷位置并生成三维坐标数据。该技术的应用提升了焊接工序一次合格率,检测效率达到行业领先水平。

三、预测性维护:给机器"把脉"的AI中医

同学们可曾想过,未来的汽修厂里会有一位"AI中医"——预测性维护。它不需要听诊器,却能通过"望、闻、问、切"精准诊断机器的"亚健康"状态,能在机器故障发生前预知未来,让生产线上的设备永远活力满满。

(一)什么是预测性维护

传统的机器维护方式有两种:救火式维护和定期维护。

救火式维护是机器坏了才修理,就像人生病了才去医院,费时又费钱。定期维护则是不管机器状态如何,都要定期拆开检查,这样可能导致"过度治疗",也可能"漏诊"。

预测性维护则是一种基于数据驱动的维护策略,通过传感器、物联网(Internet of Things,IoT)和人工智能技术,实时分析设备运行状态,预测潜在故障,并制定最优维护计划。就像一位"AI中医",通过实时监测机器的"脉搏"(传感器数据),结合"大数据药方"(历史故障记录),在故障发生前精准预警,并开出精准的"调理方案"。它的终极目标是把维修从事后抢救变成提前保养,让机器永不"生病"!

(二)AI中医"望、闻、问、切"四大绝招

人工智能能够提前"诊治"机器的关键在于"望、闻、问、切"四大绝招。

1."望"——用传感器当"眼睛",看透机器内部

比亚迪汽车的动力电池生产线,视觉传感器阵列以0.1mm精度持续扫描焊点,通过对比预设标准图像,可及时发现虚焊、焊瘤等缺陷。宁德时代运用红外热成像仪监测电芯充放电过程,当某区域温度异常上升时,系统自动锁定异常电芯,从而避免热失控风险。

2."闻"——用声音识别技术当"耳朵",听声辨故障

上汽集团研发的超声波异响检测系统,通过频谱分析实现故障预判。该系统可捕捉到轴承润滑不足时产生的高频啸叫,在新能

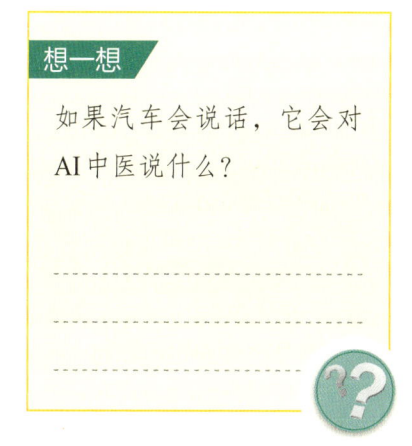

想一想

如果汽车会说话,它会对AI中医说什么?

试一试

传统师傅:"这台发动机的声音不对劲,_____爆燃!"

AI中医:"根据声纹分析,第3缸点火角偏差5%,建议校准!"

非AI检测:单体电池电压差一超过_____就发出警告,可能误报。

AI检测:结合电压差变化趋势、历史记录,综合判断是否真故障。

源汽车电驱动系统测试中,成功将减速器故障检出时间提前,避免因轴承干磨导致的系统性损坏。

3."问"——用物联网当"嘴巴",实时对话机器

物联网让每台设备通联,实时上传运行数据。在蔚来汽车的智能工厂,每台冲压机均配备物联网终端,实时上传压力曲线、滑块位移等多项参数。工程师可远程查看设备的各项关键指标,当某台设备的压力波动超出±5%阈值时,系统会自动将维护信息推送给维修人员。

4."切"——用算法模型当"手指",把脉数据流

机器学习模型和时序异常检测算法就是智能诊断的"切"。机器学习模型本质是一种基于数据进行学习、预测的数学模型,它通过大量分析处理数据,自动提取数据的特征和规律,从而实现对未知数据的预测和分类;时序异常检测算法旨在发现数据中与正常模式不一致的点、段或模式,这些异常表示系统故障、设备异常、数据错误。

在奇瑞汽车的发动机耐久性试验中,机器学习模型通过分析发动机历史故障数据,建立特征参数的健康评估模型,从而能精准预测活塞环的磨损趋势。长安汽车运用时序异常检测算法实时分析新能源汽车的电池管理系统数据,当单体电池电压差连续30min超过预警值时,系统会自动触发降功率保护,并生成故障溯源报告。

(三)预测性维护的应用

1.整车检测的智能革新

在智能化检测技术的推动下,我国车企正逐步实现整车检测的全面升级。在智界汽车的整车测试环节,如图3-2-8所示,新车需在模拟颠簸路面的试验台上进行耐久性测试。测试过程中,车辆安装的高精度加速度传感器实时采集车辆行驶时的振动数据,人工智能系统通过振动数据的异常波动,提前发现了后悬架衬套的装配问题,避免了潜在的质量风险。

在发动机检测方面,比亚迪汽车建立了基于声纹识别的智能检测体系。每台发动机在出厂前,都会录制运行声音,形成独特的"声纹身份证"。人工智能系统将这些声音数据与数据库中标准的"健康声纹"进行比对,能够识别出0.1dB级别的细微差异。

图3-2-8 智界汽车整车下线智能检测

2. 涂装工艺的智能优化

在汽车涂装生产线上，智能化检测技术同样发挥着重要作用。长城汽车的涂装车间配备了先进的智能喷涂机器人。这些机器人的喷枪气压变化监测精度达到0.1%，若气压出现0.5%的微小波动，人工智能系统能迅速捕捉到异常。人工智能算法还能通过对油漆流量、喷涂厚度等数据综合分析，准确判断出气管漏气、喷头堵塞等潜在问题。

3. 电池性能的智能管理

针对新能源汽车冬季续航缩水的难题，国产车企积极探索智能化解决方案。小鹏汽车研发的电池智能管理系统，通过实时监测电池温度、充放电电流、电压等参数，结合历史数据和环境信息，运用人工智能算法预测电池性能变化。在寒冷环境下，当系统检测到电池温度降至0℃以下，会自动启动低温预加热模式，提前将电池温度提升至适宜工作区间。测试表明，该系统可使车辆在冬季的续航提升15%，有效缓解了"续航焦虑"。

> **想一想**
>
> 比亚迪用声纹识别检测发动机，那能不能借鉴类似声纹识别的方法检测汽车的其他零部件？你觉得能检测哪些零部件？

延伸补给包

AI视觉在汽车后市场及召回管理中的应用

一、AI视觉在汽车后市场的应用

在汽车后市场，人工智能视觉技术为消费者提供个性化的外观定制服务和汽车内饰的虚拟升级体验。例如，广汽埃安推出基于人工智能的在线配置器，消费者上传喜欢的图片后，人工智能系统分析图片色彩和纹理，生成个性化车身涂装方案，并在虚拟环境中预览定制效果，满足消费者个性化需求；奇瑞汽车开发了一种AR应用，消费者通过手机或平板电脑在车辆内部进行虚拟内饰升级，人工智能系统根据车辆实际情况，实时渲染不同内饰材料和颜色方案，消费者在实际车辆中体验不同的内饰效果，选择心仪配置后再进行实际改装。这项技术减少了实体样品制作成本，提升了消费者的购买体验。

二、AI视觉在汽车召回管理中的应用

人工智能视觉技术在汽车召回管理中发挥了重要作用。例如，上汽集团利用人工智能视觉系统分析召回车辆的缺陷数据，通过图像识别技术快速定位生产问题环节。人工智能算法分析生产线上的图像数据，识别潜在缺陷模式，提前预警召回风险。这项技术减少了召回事件发生，提高了生产质量控制效率。

在召回事件发生时，人工智能视觉技术可以快速识别受影响的车辆。例如，比亚迪汽车利用人工智能驱动的车牌识别系统和车辆特征识别技术，在服务中心快速识别召回车辆。人工智能系统自动记录车辆信息，并引导车主进行相应的维修或更换服务。这种快速处理方式提高了召回效率，减少了对消费者的影响。

学习评估站

一、基础测试题

（一）选择题

1. 机器视觉的五大核心组成不包括以下哪一项？（　　）
   A. 工业相机　　　B. 光源　　　C. 图像采集模块　　　D. 机械臂

2. 以下哪项是机器视觉智能检测流程中的第一步？（　　）
   A. 自主学习　　　B. 感知环境　　　C. 动态响应　　　D. 自我进化

3. AI中医"望、闻、问、切"四大绝招中的"望"代表（　　）。
   A. 用传感器当"眼睛"　　　　　　B. 用声音识别技术当"耳朵"
   C. 用物联网当"嘴巴"　　　　　　D. 用算法模型当"手指"

4. 比亚迪焊装车间的图像采集系统中，成像装置安装角度的优化主要是为了（　　）。
   A. 提高图像分辨率　　　　　　　B. 解决金属表面反光问题
   C. 增加机械臂的灵活性　　　　　D. 加快图像采集速度

5. 在汽车制造中焊缝检测至关重要，是因为汽车中有多少比例的关键部件依赖焊接？（　　）
   A. 30%　　　　　B. 40%　　　　　C. 60%　　　　　D. 70%

（二）判断题

1. 传统检测与人工智能视觉检测相比的显著优势是检测效率高。（　　）
2. 超声波异响检测系统可通过频谱分析实现故障预判。（　　）

（三）填空题

1. 传统的机器维护方式有救火式维护和_____两种。
2. 预测性维护的终极目标是把维修从事后抢救变成_____。

（四）简答题

在汽车领域中，你还能想到机器视觉有哪些应用？

二、创新拓展题

纸板焊缝"侦探大赛"

用黑色胶带在纸板上制作模拟焊缝，白色笔模拟点出气孔和裂纹。传统组用眼睛观察并标记缺陷，科技组用手机拍照，通过高对比度模式或标记功能圈出缺陷。比较两种方法的检测速度和准确率，讨论科技工具的优势。

成果展现：焊缝模拟照片+标记缺陷的截图；检测结果对比表；讨论科技工具的优势。

第三节　4S 店 AI 管家：比你更懂你的车

智驱引擎舱：你的车，其实"更懂你"？

当你走进4S店，是否曾被排队等候、服务滞后、信息不对称困扰过？一辆车的维护记录、驾驶习惯、使用频率等信息如果能被准确地识别和分析，是否可以带来更便捷、更贴心的服务体验？如今，人工智能正悄然走进4S店，变成你和爱车之间的"智能管家"。它不仅能主动发现问题，还能预测需求、优化流程。那么，人工智能是如何做到"比你更懂你的车"的？这一切，会给未来的汽车服务带来怎样的变化？

一、千人千面服务：AI 猜你喜欢

在数字化领域，长安汽车通过整合"云—网—平台—场景"140余个业务系统，将构建100余个数字化场景，为用户提供2850种可供选择的定制服务，从而让汽车做到真正的"千人千面"，每一个人的个性需求均能够得到相对应的满足，这也将会是未来场景化汽车进化的一大方向。

（一）精准用户画像：智能服务的基础

随着数字化时代的来临，企业的营销策略正从"广撒网"的大众营销，向"千人千面"的个性化营销转变。借助人工智能技术，企业可以通过分析大量用户数据，深入洞察每一位用户的独特需求和行为，进而推送定制化内容与服务。精准用户画像结构如图3-3-1所示。

（二）AI驱动的数据采集：构建多维度数据基石

在千人千面的智能营销体系中，数据是驱动个性化策略的核心要素。人工智能技术的精准分析、趋势预测及决策优化，均依赖于海量高质量数据的支撑。因此，从多样化渠道获取可靠数据，成为人工智能个性化营销的重要基石。

1. 问卷调查和访谈获取

通过问卷、访谈及观察，企业能获取用户对产品的主观反馈。借助自然语言处理（NLP）技术，人工智能解析开放式问卷答案，

> **议一议**
> 让汽车做到真正的"千人千面"的基础是什么？

> **查一查**
> 人工智能所需的数据通过哪些方式获取？

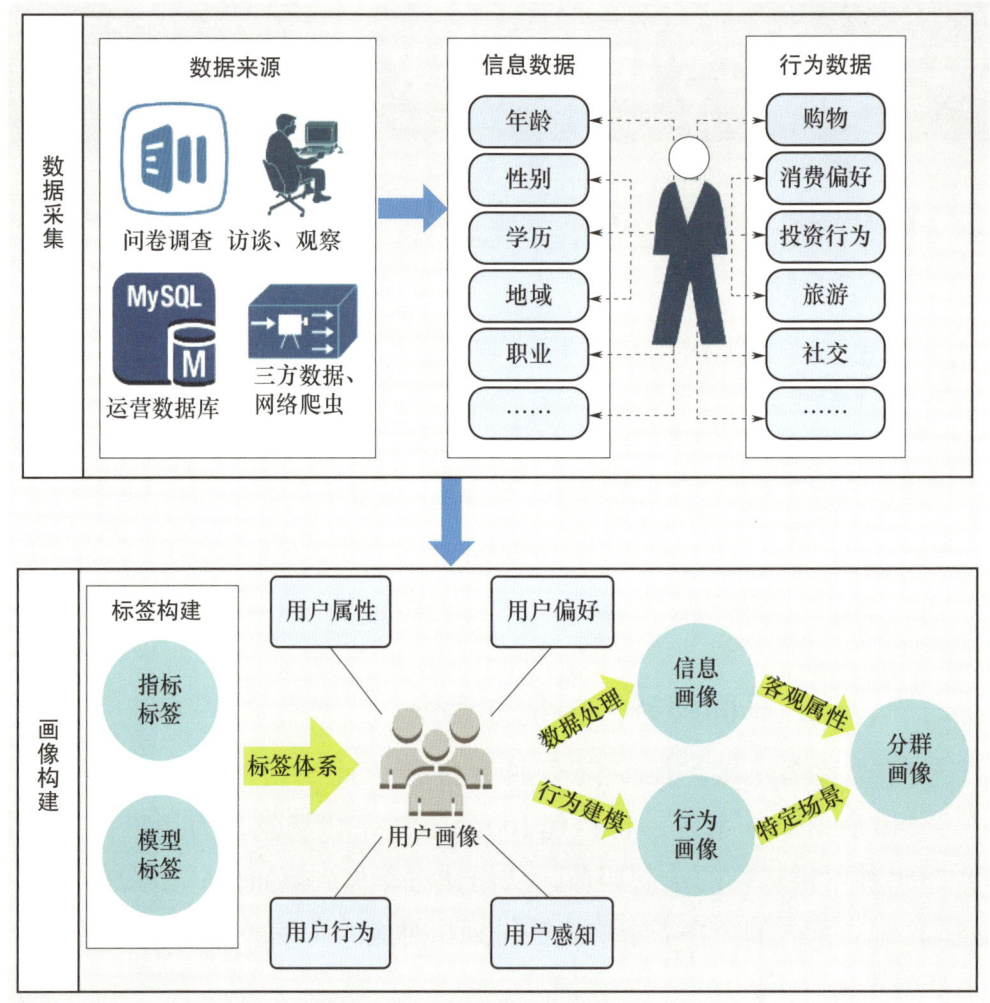

图 3-3-1 精准用户画像结构

提炼情感倾向、关键诉求与潜在需求，并将定性数据量化，为大规模分析奠基。例如，某汽车品牌通过 NLP 分析用户对新款 SUV 的评论，发现用户对智能驾驶辅助功能的改进建议，以此优化产品研发方向，提升用户满意度。

2.运营数据库积累

企业运营积累的数据极具价值。人工智能从数据库提取分析用户行为数据，挖掘消费历史、车辆使用习惯，识别潜在需求与趋势，还能整合结构化与半结构化数据，实现全景分析。例如，某新能源汽车厂商通过分析用户充电频率、行驶里程等数据，优化电池续航技术，并为用户推送个性化的电池保养服务，提高客户忠诚度。

3.第三方数据和网络爬虫摄取

第三方数据和网络爬虫技术为企业提供了丰富的外部数据资

源。通过人工智能爬虫抓取汽车论坛、社交媒体等平台上的用户讨论、口碑评价等公开信息，结合内部数据，全面勾勒用户的汽车品牌偏好、购车预算范围等。例如，某汽车营销平台通过分析社交媒体上用户对不同品牌车型的讨论热度，精准定位潜在购车用户，推送符合其需求的车型促销信息。

（三）AI标签构建：精确捕捉用户偏好

1.标签体系的构建

标签体系是实现汽车个性化营销的关键，人工智能技术使其更智能动态。汽车用户标签分为指标标签与模型标签。其中，前者基于用户静态信息，如年龄、职业、所在地区等进行基础分类；后者依据用户浏览车型、参与试驾活动等行为数据，生成购车倾向、品牌忠诚度等动态标签。人工智能还能通过训练模型，输出如"豪华车潜在购买者""新能源汽车爱好者"等精细标签。

2.人工智能在标签体系优化中的应用

人工智能不仅能生成初始标签，还能通过机器学习持续优化。当汽车用户的消费观念、用车需求随时间变化时，人工智能依靠最新行为数据自动更新标签。例如，某汽车品牌发现用户频繁浏览混动车型资讯后，及时将用户标签从"燃油车关注者"更新为"混动车型潜在客户"，确保营销推送的准确性与时效性。

3.标签驱动的千人千面营销

标签体系是实现个性化营销的基础。汽车企业通过人工智能技术为用户打上个性化标签后，能够为不同用户群体推送定制化的内容。例如，4S营销平台可以根据用户的购车款式、产品偏好等标签，为高价值用户推送个性化的促销信息，同时为新用户提供首次购车优惠。

（四）AI用户画像：驱动汽车营销智能化决策

1.双维画像整合与汽车用户洞察

汽车用户画像由静态信息画像和动态行为画像构成。人工智能融合二者，信息画像基于用户年龄、收入水平等实现基础分类与市场细分；行为画像通过分析用户浏览汽车网站时长、参与车展活动等数据，预测用户购车行为，助力企业制定个性化营销策略。例如，某汽车集团通过分析用户购买中低端车型的记录及近期浏览高端车型的行为，为用户推送置换补贴活动，成功实现客户升级

想一想

你在生活中遇到过哪些差异化营销？

说一说

设计场景（如"充电失败"场景）人工智能应答话术，要求包含安抚话术与技术指导。

转化。

2.汽车用户分群与差异化营销

人工智能运用聚类算法对汽车用户分群，将具有相似行为偏好的用户归类，针对不同群体制定差异化策略。通过分析用户购车频率、车型关注点等数据，区分"经济型车刚需用户"与"高档车品质追求者"，推送对应车型推荐与金融方案。例如，某汽车金融公司针对"高档车品质追求者"推出低息贷款政策，有效提升高档车型的分期购买率。

二、4S店AI管家：汽车服务的"超级大脑"

新能源汽车的人工智能管家如同"超级大脑"，深度融合感知、计算与决策能力，构建起"监测—服务—运营—优化"的全链条智能体系。它通过车载传感器、语音交互、大数据算法与物联网技术，实现车辆健康实时预警、客户需求秒级响应、门店资源精准调度及驾驶行为科学引导。

（一）车况诊断与故障预警：车辆"私人医生"

基于车载传感器网络与云端大数据分析，实时监控车辆核心部件状态，涵盖电池、电机、胎压等200多项参数。传感器采集数据（如比亚迪汉EV的电池组电压）后，人工智能对比云端历史故障模型（如电池过电压、电机过热等特征曲线），通过算法判断异常阈值。可将其理解为"车辆全天候体检"，人工智能像"听诊器"一样捕捉隐患。

 **实际案例**：某辆比亚迪汉EV在行驶过程中，人工智能检测到电池模块电压波动超出安全范围，立即触发三级预警：①车载屏幕弹窗提示车主；②生成维修建议代码（如BMS-07）；③数据同步至4S店工单系统。维修人员凭代码快速定位故障模块并更换，避免电池热失控风险。

（二）智能客户服务：24小时的"金牌顾问"

融合自然语言处理（NLP）与远程诊断技术，支持语音、APP、车机多端接入。车主语音指令（如"充电失败"）触发人工智能语义解析，调用知识库匹配解决方案（如充电协议重置），复杂问题通过5G传输车辆日志至云端诊断。

实际案例：蔚来ES8车主使用家用充电桩时出现"握手失败"，

语音助手NOMI自动检测到充电桩固件版本过低，引导车主扫码升级桩端系统，同时临时切换充电模式保障应急使用。若遇电机故障等难题，人工智能自动转接专家客服并推送故障定位流程图，维修效率提升40%。

（三）智慧运营管理：门店的"调度指挥官"

依托人工智能预测算法与物联网设备，优化备件仓储、工位调度及客户管理。系统分析历史工单（如理想ONE夏季空调维修率增长25%）、季节因素、区域车型分布，动态调整库存；通过车牌识别自动关联预约信息，分配工位与技师。

实际案例：理想汽车4S店通过人工智能预测上海地区梅雨季底盘检测需求激增，提前备货传感器组件200套，并在APP推送"雨季底盘养护套餐"，当月售后产值提升18%。同时，系统根据预约车辆的故障码自动分配擅长三电维修的技师，以减少客户等待时间。

（四）驾驶行为分析：你的"副驾教练"

通过控制器局域网络（Controller Area Network，CAN）总线获取车辆控制信号（如加速踏板深度、制动压力），结合高精地图生成驾驶画像。

工作原理：人工智能以100km为单位统计急加速、长怠速等行为，对比同车型能耗标杆值，通过机器学习推荐个性化优化方案。

实际案例：小鹏G9车主收到月度报告显示"夜间高速路段急加速频率超标"，人工智能建议开启智能巡航模式，并推送附近充电站优惠信息。针对新手驾驶人，系统检测到连续变道时转向盘抖动异常，触发"车道保持辅助强化练习"教学视频。教学中可拓展"驾驶评分算法"设计，如紧急制动次数权重占30%，能耗效率占50%。

三、维修AR助手：透视眼+知识库

AR技术通过实时计算摄影机影像的位置与角度，将虚拟世界信息与真实世界场景进行无缝叠加融合，实现两者的交互与协同。随着AR技术的不断发展与成熟，其在汽车产业链的设计开发、生产制造、营销服务、维修保养、培训展示等多个环节均展现出显著

> **说一说**
>
> 汽车中AR技术在哪方面有应用？

应用价值，未来发展前景广阔。

AR技术凭借直观的可视化呈现与便捷的交互特性，为汽车产业各领域从业者带来新的工作模式与效率提升路径。例如，研发工程师借助AR技术创新用户体验，制造工程师通过AR实现远程协作装配，营销人员利用AR展示炫酷的车内科技，维修工程师依靠AR快速诊断故障等。接下来，我们将详细探讨AR技术在汽车产业链中的具体应用实例。

（一）汽车研发：创新驾驶体验

在汽车研发领域，增强现实抬头显示（Augmented Reality Head-Up Display，AR-HUD）系统是AR技术的典型应用成果。AR-HUD作为HUD技术的进阶版本，能够将超高清连续图像投射至整个风窗玻璃，使显示信息与实际道路场景深度融合，显著提升传统HUD功能，并增强汽车科技感。

以极氪7X车型为例，其搭载的ADAYO华阳AR-HUD如图3-3-2所示，实现了增强显示信息与真实场景的完美契合。AR-HUD不仅可显示车辆转向提示，还能将车道偏离预警、碰撞预警、跟车距离提示等驾驶辅助信息，以及车速、导航、交通标志等车辆指示信息，以动态3D化形式叠加于外部真实环境中。这一技术使得驾驶人无须频繁低头查看仪表盘或中控屏，即可获取关键行车信息，有效提升了驾驶的便捷性与安全性，重新定义了人车交互模式。

图3-3-2 极氪7X AR-HUD显示

（二）汽车制造：追求更高的QTC

汽车制造工厂规模庞大、工艺复杂，对质量（Quality）、效率（Time）、成本（Cost），即QTC指标有着极高要求。在流水线生产中,任何疏漏或故障都可能引发整线停产、安全事故或产品质量问题。

AR技术为汽车制造环节提供了高效解决方案。通过直观的画面指引,现场技术工程师与一线工人能够清晰获取工作步骤与操作路线,同时查看设备或物品的详细参数信息,实现标准化作业,减少操作失误,提高生产效率,缩短工人培训周期。当遇到技术难题时,一线工人可借助AR技术与远程专家进行实时连线,专家通过工人视角了解现场状况,远程指导问题解决。AR识别如图3-3-3所示。

图3-3-3　AR识别

沃尔沃卡车公司的柴油机制造厂引入Vuforia公司的AR套件,助力质量保证工作人员在8min内完成发动机40次检查、200项质量合规内容的检测工作。AR套件头戴显示如图3-3-4所示。该套件支持操作人员快速浏览发动机最新3D配置,减少纸质文件查阅负担,提升质量控制与整体流程效率。此外,AR体验还能捕捉生产过程中的缺陷信息,并反馈至上游,推动制造工艺与发动机设计的优化升级。

图3-3-4　AR套件头戴显示

（三）汽车营销：丰富展示体验

AR看车已成为吸引消费者的重要手段。消费者可通过AR应用实现720°全方位立体看车，进行开车门、开车灯、更换车身颜色、切换轮毂样式、模拟试驾等操作，并查看车型详细参数。

在汽车销售终端，经销商可通过AR技术实现"一车多展"，仅需展示一辆实车，借助AR应用程序即可呈现多种车身颜色与配置效果，如图3-3-5所示。同时以虚拟画面展示车辆内部技术细节，降低展示成本。英菲尼迪利用AR技术向消费者展示车辆B柱采用超高强度钢材的构造，如图3-3-6所示，从而增强消费者对车辆安全性的直观认知，提升购车决策信心。

图3-3-5　汽车换色显示

图3-3-6　AR透视展示

（四）汽车售后：服务人员的贴心助手

在汽车售后市场，AR技术的应用有效提升了服务质量与用户体验。AR说明书通过智能手机对汽车部件的识别，以三维动态形式详细解析汽车构造与功能，帮助用户快速掌握车辆操作技能，了解隐藏功能，便于处理突发问题。

在汽车维修环节，技术人员佩戴智能眼镜，结合AR系统实现维修辅助，如图3-3-7所示。当查看汽车特定部位时，智能眼镜会显示数字叠加层，提供技术细节、转矩设置、维修流程等信息，支持错误诊断、远程协助、零部件识别等功能。AR技术的应用显著缩短了车辆故障诊断与修复时间，降低了维修成本，为维修服务商与客户带来了双重效益。

> **想一想**
>
> AI+AR技术将在未来如何重塑汽车应用？

图3-3-7 汽车维修AR辅助

 延伸补给包

AI+AR技术：开启汽车行业元宇宙融合新征程

未来，AI+AR技术将助力汽车行业深度融入元宇宙生态。汽车厂商可通过AR技术构建虚拟展厅，如图3-3-8所示。消费者无须到店即可体验不同车型的外观、内饰，甚至进行虚拟试驾。AI驱动的虚拟销售助手能够根据消费者的偏好与需求，实时生成个性化的购车方案。在元宇宙世界中，用户还可以定制专属的虚拟汽车形象，并将其映射到现实车辆的外观、内饰设计上，实现真正意义上的个性化定制。

此外，AI+AR技术将促进车与车、车与环境之间的元宇宙交互。车辆在行驶过程中，可通过AR技术与周边车辆、基础设施进行信息共享与互动，如虚拟车队编队行驶、道路信息实时交换等。同时，元宇宙中的虚拟场景与现实驾驶场景相结合，为用户带来全新的驾驶娱乐体验，如在虚拟赛道上进行竞速挑战、参与沉浸式的驾驶游戏剧情等，彻底改变人们对汽车出行的认知与体验。

图3-3-8 AI+AR虚拟展厅

学习评估站

一、基础测试题

（一）选择题

1. 长安汽车为实现"千人千面"服务，整合了多少个业务系统构建数字化场景？（   ）
   A. 100个　　　　　B. 140余个　　　　　C. 2850种　　　　　D. 600多项

2. 极氪7X车型的AR-HUD技术不具备以下哪项功能？（   ）
   A. 车道偏离预警　　　　　　　　　　B. 碰撞预警
   C. 自动泊车　　　　　　　　　　　　D. 导航信息叠加

3. 汽车用户标签体系中，"新能源汽车爱好者"属于什么类型的标签？（   ）
   A. 静态指标标签　　　　　　　　　　B. 动态模型标签
   C. 基础分类标签　　　　　　　　　　D. 第三方数据标签

（二）判断题

1. 第三方数据采集仅包括问卷调查和用户访谈。（   ）
2. AI标签体系中的"豪华车潜在购买者"属于动态模型标签。（   ）

（三）填空题

1. 通过_____可获取车辆控制信号（如加速踏板深度）。
2. AR-HUD的中文全称是_____。
3. 用户画像分为静态信息画像和_____两个维度。

二、创新拓展题

1. 假设你是某汽车品牌分析师，需通过NLP技术解析用户对新款电动汽车的评论，并提炼改进方向，请写出具体步骤。

2. 某汽车金融公司通过人工智能聚类算法将用户分为"经济型车刚需用户"和"高档车品质追求者"，请结合两类用户特点制定差异化策略。

第四章
黄金赛道：人工智能 + 汽车岗位通关指南

　　当转向盘开始自主旋转、城市道路在数字孪生中延展、驾驶座舱能预判人类情绪时，人工智能与汽车的深度融合正从科幻走向现实。本章将带领大家驶入"人工智能 + 汽车"的黄金赛道，解密支撑智能出行革命的五大核心岗位：地图标注师以厘米级精度构建高精度地图，算法工程师搭建车辆感知环境的神经网络，驾驶行为分析师通过数据优化人机协作安全，车联网安全专家抵御智能系统的网络威胁，智能座舱交互设计师打造语音、手势联动的智能座舱体验。这些岗位协同推动汽车从机械工具向智慧终端进化。本章将通过技术解析与案例拆解，展现人工智能如何深度融入汽车设计、制造与服务的全链条，揭开未来出行背后的职业密码。

学习内容

黄金赛道：人工智能+汽车岗位通关指南

- 第一节 地图标注师：高精度地图的"数据建筑师"
  - 高精度地图：自动驾驶的"超级导航仪"
  - 地图标注师：绘制自动驾驶的数字蓝图
  - 车道线刺绣大赛：像素级标注的"数字针线活"
  - 交通信号灯信号解码：属性选择与几何表达

- 第二节 自动驾驶算法工程师：算法江湖的"指挥官"
  - 算法大脑：自动驾驶的"AI指挥官"
  - Linux操作系统：自动驾驶的"开源基石"
  - 国产鸿蒙系统：自动驾驶的"破局者"
  - CNN+激光雷达：环境感知的"黄金组合"
  - 伦理算法：自动驾驶的"道德指南针"
  - 预判轻功训练：用LSTM预测行人走位

- 第三节 驾驶行为分析师：驾驶安全的"数据解码师"
  - AI微表情追踪：从眼皮跳动预测疲劳驾驶
  - 危险驾驶基因库：紧急制动背后的性格密码
  - 人机博弈报告：当AI教练遇到赛道竞技高手

- 第四节 车联网安全专家：黑客帝国的"防火墙侠客"
  - CAN总线攻防战：用树莓派劫持转向盘
  - OTA守护结界：空中升级的防盗锁设计
  - 黑客猎人考试：找出自动驾驶的"致命漏洞"

- 第五节 智能座舱交互设计师：元宇宙的"五感魔法师"
  - 语音交互设计：让车机听懂方言
  - 多模态交互开发：隔空调节空调的AR手势
  - 情感化交互研究：根据心跳速率切换车内光影

学习目标

知识目标

1. 通过高精度地图与自动驾驶学习,学生能够理解高精度地图的定义、核心特点及其在自动驾驶中的作用,并掌握地图标注师的工作流程与技术要点。
2. 结合人工智能算法与汽车技术应用,学生能了解自动驾驶控制算法的原理与应用场景,掌握 CNN 与激光雷达融合技术的特点,并理解 LSTM 网络结构参数对行人轨迹预测精度的影响。
3. 通过驾驶行为与安全学习,学生掌握疲劳驾驶的生理特征及人工智能监测技术、理解驾驶行为与性格特质的关联。
4. 基于车联网安全知识,学生能够描述车联网安全威胁类型,理解人工智能在车联网安全中的作用。
5. 通过智能座舱交互学习,掌握语音交互系统的核心模块及多模态融合设计原则,理解情感化交互的基本原理。

技能目标

1. 能够列举高精度地图的车道数据模型,会讲述交通信号灯数据模型和几何表达。
2. 能通过驾驶行为数据分析驾驶人性格特质及风险,并依据给定场景和数据,设计人工智能系统的应对策略。
3. 能够通过案例分析拆解智能座舱交互设计师的核心职责。
4. 在人工智能安全防护机制下,掌握具体防护措施(如 CAN 总线加密、OTA 升级验证)。

素养目标

1. 培养学生对地图标注师、算法工程师等岗位的职业认同感,理解其对社会智能化发展的价值,激发学生对高精度地图、自动驾驶等技术的探索兴趣,增强科技素养与创新意识。
2. 树立安全驾驶观念,深刻认识疲劳驾驶、危险驾驶行为的危害,培养保护个人信息和智能设备安全的意识,理解网络安全的重要性。
3. 建立"以人为中心"的设计理念,关注用户体验与驾驶安全的平衡,培养对多模态交互、情感化设计的技术敏感度,提升跨学科协作能力。
4. 理解伦理算法设计的原则,在技术应用中体现人文关怀,关注自动驾驶技术的可持续发展,协调人、科技与环境的关系。

第一节 地图标注师：高精度地图的"数据建筑师"

智驱引擎舱：谁在绘制自动驾驶的"超能地图"？

2022年北京冬奥会期间，一辆自动驾驶汽车行驶在首钢园区，它借助厘米级精度的高精度地图，实时识别道路边界、红绿灯位置，甚至提前预判弯道坡度。这份让汽车"看得清、走得稳"的地图，是地图标注师们利用专业软件，将卫星图像、激光点云转化为结构化数据，逐点校准每一条车道线、每一个路标的位置，确保厘米级精准。同学们，这门站在自动驾驶技术背后的"硬核"技能——高精度地图标注，正在为你们铺就未来大展身手的舞台！

一、高精度地图：自动驾驶的"超级导航仪"

（一）什么是高精度地图

高精度地图（High-Definition Map，HD Map）是一种专门为智能网联汽车和自动驾驶系统设计的电子地图或数据集，其核心特点见表4-1-1。

表4-1-1 高精度地图的核心特点

序号	核心特点	说明
1	超高精度	达到厘米级（传统导航地图为米级），能精确描述车道线、路缘、交通标志等细节
2	信息丰富	包含车道级数据（如车道类型、曲率、坡度）、交通规则（如限速、红绿灯位置）及动态信息（如施工、拥堵）
3	实时更新	支持动态修正，确保与真实路况同步
4	机器可读	采用结构化数据格式（如矢量或点云），便于自动驾驶系统快速解析

> **想一想**
> 高精度地图与普通导航电子地图有什么区别？
>
>

（二）高精度地图与普通导航电子地图的区别

高精度地图与普通导航电子地图的本质区别在于，高精度地图是自动驾驶的"三维数字沙盘"，普通地图只是给人看的"二维路线示意图"。普通导航电子地图不会把道路形状的细节完全展现，而高精度地图为了让自动驾驶系统更好地识别交通情况，从而提前做出行驶方案，会把道路形状的细节进行详细、精确的展示，和真实道路完全一致。高精度地图示意图如图4-1-1所示。

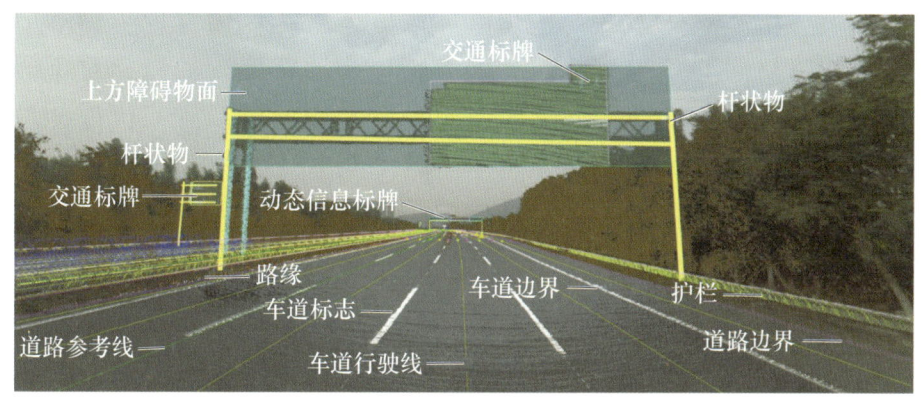

图4-1-1　高精度地图示意图

> **查一查**
>
> 道路通用属性表达（参考国标GB/T 42517.1—2023《智能运输系统智能驾驶电子道路图数据模型与表达　第1部分：封闭道路》）道路和车道的通用属性应包含纵向坡度、曲率、横向坡度、航向，具体规定如下：
>
> 纵向坡度：_____
>
> 曲率：_____
>
> 横向坡度：_____
>
> 航向：_____

（三）高精度地图的作用

1.厘米级定位与车道级导航

高精度地图可提供车道线、中心线、曲率、坡度等数学参数，使车辆能够精确识别自身在车道中的位置。它帮助车辆在变道、转弯时实现毫米级路径控制。相比之下，传统导航地图的定位误差可达10m，仅支持道路级导航。

2.辅助环境感知

在暴雨、大雾等恶劣天气或隧道、城市峡谷等复杂场景中，摄像头、雷达等车载传感器可能失效。高精度地图通过预先存储的静态数据（如交通标志、护栏位置），可有效辅助车辆增强环境感知能力。即使在环境感知传感器状态良好的时候，高精度地图也可以帮助环境识别系统极大减少车道线视觉识别等任务的算力负担，便于感知结果校验，从而提升环境感知可靠度。高精度地图辅助环境感知示意图如图4-1-2所示。

图4-1-2　高精度地图辅助环境感知示意图

> **议一议**
>
> 自动驾驶是否必须依赖高精度地图？

3. 车道级路径规划与辅助控制

车辆基于普通导航地图可实现车道级路径规划，高精度地图可为车辆进一步提供车道中心线、边界线信息，以及视觉之外的交通信息，如人行横道、低速限制等信息，为车辆提前规划车道和提供车速建议。另外，高精度地图可为车辆提供分钟级预判信息，如路口交通信号灯状态、前方路口交通状况等信息，对车辆提前进行加速、减速、变换车道等驾驶行为辅助控制，以保证行车安全。

（四）高精度地图的生产过程

传统导航地图主要依靠卫星图片产生，然后由全球定位系统（Global Positioning System，GPS）定位，可达到米级精度。高精度地图对精度及鲜度要求极高，因此采集和制作方式与传统导航地图也有很大的不同。高精度地图的生产流程一般分为数据采集—自动化处理—人工验证—平台发布四个环节。

1. 数据采集

目前主流的高精度地图数据采集主要通过采集车采集和众包设备采集两种渠道。图4-1-3所示为百度公司的一辆高精度地图数据采集车，搭载了激光雷达、摄像头、差分卫星定位系统和惯性导航系统等核心设备。在数据采集过程中，采集车会以60~80km/h的速度在道路上行驶，同时采集员需要实时监控采集系统和设备的工作状态，并且根据周围的环境情况适当调整摄像头的参数。

图4-1-3 百度高精度地图数据采集车

专业采集设备较昂贵，每辆采集车需要的设备成本甚至高达数百万元，出于成本考虑，专业的采集设备不能无限制地扩张。面对日益增长的市场需求及全区域覆盖的要求，以Mobileye为代表的众包设备采集模式成为高精度地图数据采集的另一个采集途径。

众包设备采集是指地图公司与整车厂合作，借助不同品牌众多车辆上的摄像头所获取到的数据，作为地图的数据来源，能够保证数据的更新率。随着车载传感设备的普及，地图制作的效率也会逐渐提升。这种收集方式可以改善"由整到零"的专业采集车采集方式所带来的高成本、速度慢的缺点。

2.自动化处理

所有采集到的地图数据称为原始数据，这些数据想要成为地图，还需经过整理、分类与清洗等专业处理过程。这个环节需要把不同传感器采集到的数据进行融合叠加，并进行道路标线、路缘、路牌、交通标志等道路元素的识别，对于冗余数据进行自动整合和删除。为了保证处理效率和准确性，通常依靠程序来自动化完成，所以对程序算法能力的要求非常高。图4-1-4所示为四维图新高精度地图制作自动化处理部分过程示意图。

3.人工验证

经过一系列完整的自动化处理过程后，为了确保程序处理的有效性，还会由专业的技术团队进行人工抽样检测，进行最后一步确认和完善，以找出自动化处理过程中出现的错误，并及时弥补数据的缺陷，从而提高精准度。

> **议一议**
>
> 在高精度地图的生产过程中，数据采集环节存在专业采集车采集和众包设备采集两种模式。未来的城市交通场景中，哪种采集模式更具发展潜力？或者如何将两种模式结合以实现优势互补？

图4-1-4　四维图新高精度地图制作自动化处理部分过程示意图

4.平台发布

验证无误的地图,需要进行转换编译,生成矢量母库,从而完成生产环节。由于高精度地图体量非常大,超过GB级的存储量已经不是传统物理存储可以承载的,此外高精度地图对数据更新的实时性要求非常高,这就决定了高精度地图需要借助云平台来实现发布及更新。

二、地图标注师:绘制自动驾驶的数字蓝图

地图标注师是专门从事高精度地图数据标注的技术人员,通过人工标注将道路环境中的车道线、交通标志、障碍物等信息转化为计算机可识别的结构化数据。他们以数据为砖瓦,用软件为工具,在数字世界为自动驾驶系统"建造"出厘米级精度的道路环境蓝图。如同建筑师用图纸构筑物理空间,他们为人工智能理解真实世界奠定坚实基石。地图标注师的工作流程与技术要点见表4-1-2。

表4-1-2 地图标注师的工作流程与技术要点

工作流程	技术要点
数据预处理	输入:激光雷达点云(10Hz采集频率)、摄像头图像(200万像素以上) 操作:点云去噪(给3D扫描得到的"点数据"做清洁,将灰尘、反光点等没用的点清理掉)、图像畸变矫正(修正鱼眼镜头等导致的变形,还原物体真实的形状)
要素标注	自动化标注:使用深度学习模型(如Mask R-CNN)初步识别车道线 人工修正:对复杂场景必须人工干预,例如特殊标线(如潮汐车道)、遮挡物后的隐含要素(如被树荫遮挡的停止线)等
逻辑校验	规则验证:确保交通标志与车道线逻辑一致(如"禁停标志"对应区域无停车位标注) 拓扑检查:验证车道连通性(避免生成"断头路"错误)

高精度地图并非包含周围所有的环境信息

以自动驾驶汽车需求的导向为例,高精度地图不包括具体地点属性和信息、障碍物属性建筑模型,只关注车辆行驶道路及其周边场景,其余场景如公园、商场、景区等非驾驶地图信息不在高精度地图的考虑范围内。

三、车道线刺绣大赛:像素级标注的"数字针线活"

车道线是自动驾驶汽车的"隐形轨道",而标注师就是为这些轨道绣上"金线"的工匠。他们的工作堪比在千米长的画布上绣出比头发丝还细的图案,既要精准,又要美观。

（一）什么是车道线标注

车道线标注是用数字工具在图像或点云数据中，将车道线的位置、类型（实线/虚线/双黄线）、颜色（白/黄/蓝）等信息一一标记出来，供自动驾驶系统识别。把激光雷达扫描的道路数据想象成一张黑白照片，标注师的工作就是用"数字绣花针"（标注工具），在照片上沿着车道线一针一线地"绣出"精准轮廓。车道线标注前后对比如图4-1-5所示。

（二）车道线标注的底层逻辑

通过激光雷达获取道路三维点云数据，经滤波去噪、灰度投影生成二维强度图像，利用亮度差异识别车道线轮廓，将物理世界的道路标线转化为机器可理解的矢量线段，通过绝对精度（≤1m）和相对精度（≤20cm）双重控制，最终形成厘米级数字化车道模型，为自动驾驶车辆提供精准的空间参照和路径规划依据。其本质上是以数据为针、算法为线，在数字世界中"绣"出机器视觉的生命导航线。车道线标注流程如图4-1-6所示。

> **想一想**
>
> 车道线标注需要将物理道路标线转化为机器可理解的矢量线段，且要满足绝对精度≤1m、相对精度≤20cm的要求。你觉得这种厘米级的精度控制，对自动驾驶车辆的安全行驶能起到哪些关键作用？

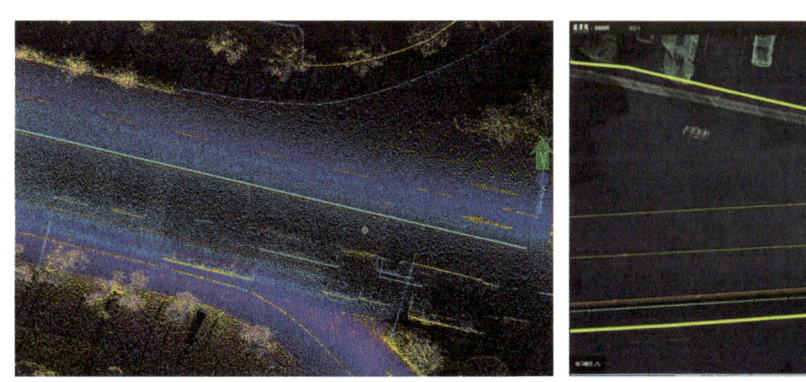

图4-1-5 激光雷达扫描点云图像车道线标注前、后对比

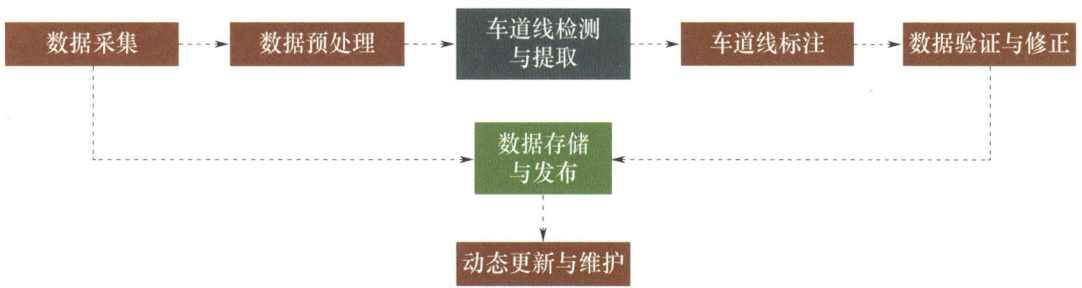

图4-1-6 车道线标注流程

（三）车道数据模型及几何表达

1.车道数据模型

根据GB/T 42517.1—2023《智能运输系统 智能驾驶电子道路

> **说一说**
>
> 日常过马路时，你是否注意过道路上的车道标线？不同颜色（白色、黄色）、不同样式的标线（实线、虚线、箭头）分别代表什么含义？

图数据模型与表达 第1部分：封闭道路》规定，车道数据模型如图4-1-7所示。

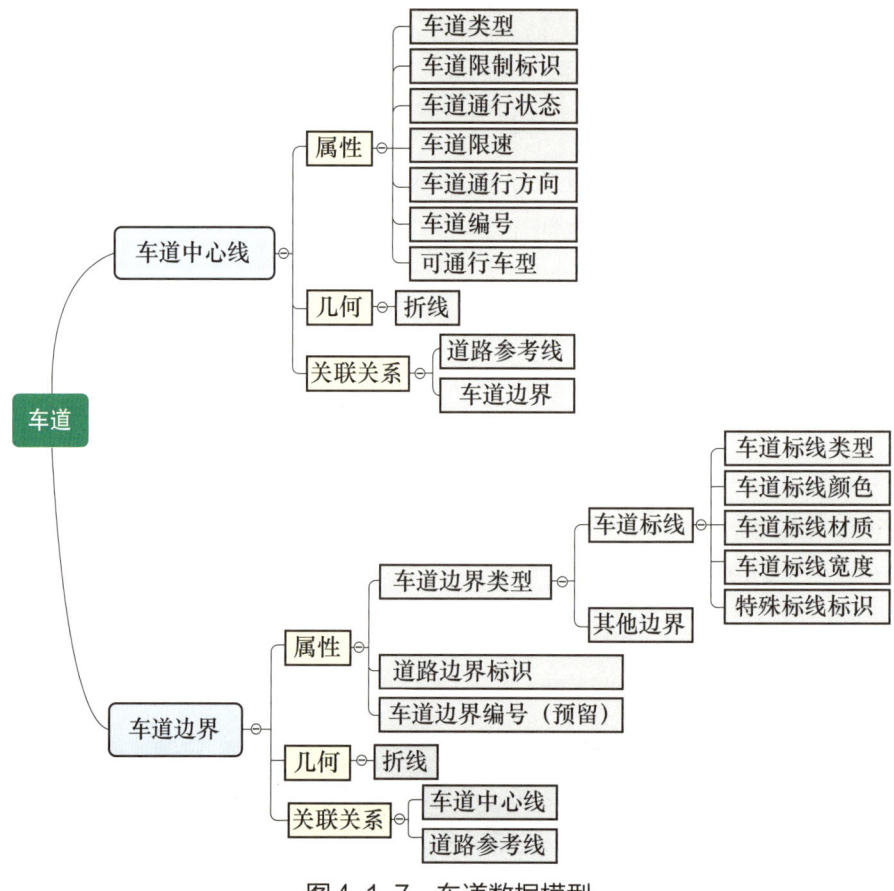

图4-1-7　车道数据模型

2.车道几何表达

（1）车道中心线　车道中心线是车辆在车道内行驶的参考引导线，一般在车道的中心位置表达，如图4-1-8中黄色实线所示。

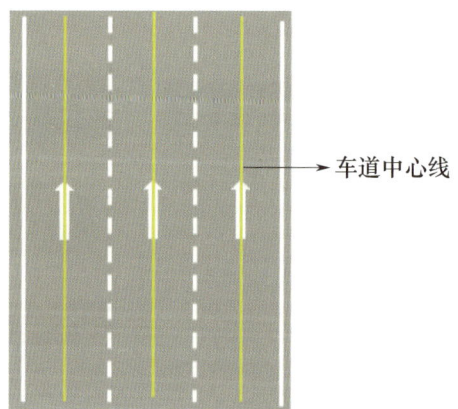

图4-1-8　车道中心线的位置

（2）车道边界

1）有车道标线时：矢量化车道标线表达如图4-1-9所示，车道边界用印刷线（图4-1-9a中白色线）的中心线表达。车道标线为双线（图4-1-9b中黄色线）时，制作在双线的中心位置。

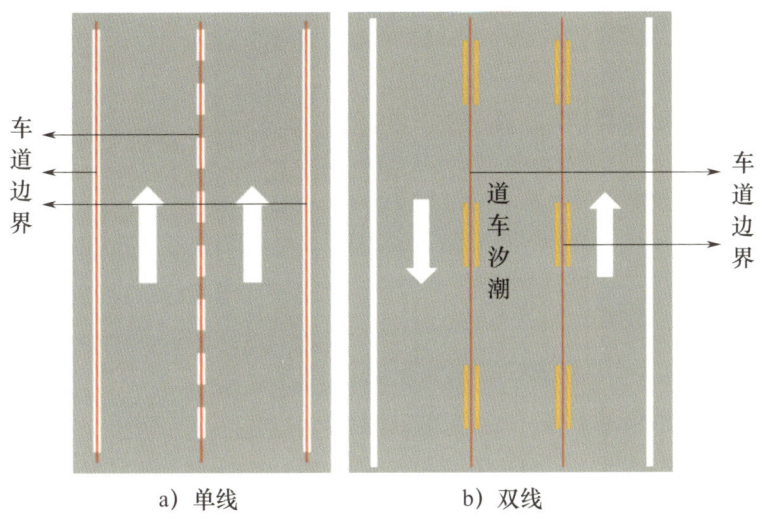

图4-1-9　矢量化车道标线

2）无车道标线时：无车道标线时，沿路缘石、护栏内侧边缘在路面上的投影制作车道边界，边界类型赋"路缘石"或"护栏"类型。两者同时存在时，以内侧的路缘石或护栏作为边界判断依据。参考路缘石制作车道边界的位置如图4-1-10所示。沿护栏绘制车道边界的位置如图4-1-11所示。

图4-1-10　参考路缘石制作车道边界

图4-1-11　沿护栏绘制车道边界

道路最外侧无车道标线、路缘石、护栏等车道边界时，应沿路面铺设边缘绘制虚拟车道边界。

（3）车道打断规则　在车道数量发生变化的位置，或车道类型发生变化时，以参考线为基准对车道边界垂直打断。在车道边界打断的位置车道中心线也应打断，车道边界和车道中心线打断方式如图4-1-12所示。

议一议

高精度地图数据中车道边界的确定需要考虑物理设施存在情况吗？

议一议

某路口因旧标线未彻底清除，导致自动驾驶车队集体"迷路"。标注师通过添加"失效时间"属性，标注新旧标线生效时段，从而解决了问题。

结合上述案例，请就"动态环境下的自动驾驶数据标注：技术可靠性与现实挑战"展开讨论。

图 4-1-12 车道边界和车道中心线打断示意图

（四）AI 辅助工具：从"绣花针"到"缝纫机"

人工智能技术正在重塑地图标注行业，将传统"一针一线"的手工标注升级为高效人机协作模式。通过深度学习算法，人工智能可自动识别 85% 的车道线、交通标志等常规目标，标注师只需专注修正复杂场景（如暴雨中模糊的潮汐车道或被积雪覆盖的停止线）。例如，在临时施工路段，人工智能能对比历史数据快速标记改道区域，标注师仅需核查施工许可证编号即可完成验证。

四、交通信号灯信号解码：属性选择与几何表达

（一）交通信号灯的数据模型

根据 GB/T 42517.1—2023《智能运输系统 智能驾驶电子道路图数据模型与表达 第1部分：封闭道路》规定，交通信号灯的数据模型如图 4-1-13 所示。

TIPS 小贴士

什么是"深度学习算法"？

深度学习算法是机器学习的一个分支，就像教一个机器人"自己学会做事情"。例如，你想让它学会认猫，但不用一条条告诉它"猫有尖耳朵、长胡子"，而是直接给它看几万张猫的照片，让它自己总结规律。

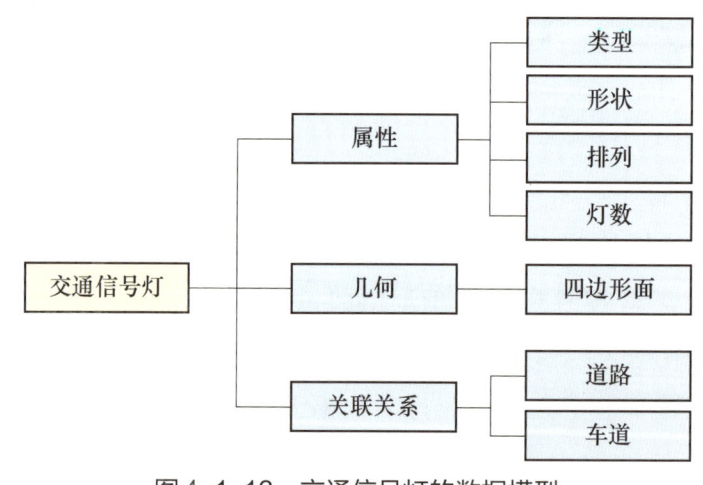

图 4-1-13 交通信号灯的数据模型

（二）交通信号灯的属性

交通信号灯的属性包括类型、形状、排列和灯数，具体见表4-1-3。

表4-1-3 交通信号灯的属性

交通信号灯的属性	内容
交通信号灯的类型	机动车路口信号灯
	非机动车信号灯
	人行横道信号灯
	车道状态信号灯
	闪光警告信号灯
	计时器
	其他
交通信号灯的形状	矩形
	圆形
	其他
交通信号灯的排列	横向排列
	纵向排列
	其他
灯数	交通信号灯子灯个数

（三）交通信号灯的几何表达

交通信号灯几何表达为三维的空中四边形面，面的顶点为交通信号灯的各个角点，坐标为大地坐标。交通信号灯几何表达分为矩形交通信号灯几何表达和圆形交通信号灯几何表达。

矩形交通信号灯几何表达为矩形交通信号灯的外接四边形面，矩形交通信号灯几何表达如图4-1-14所示。

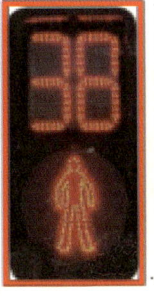
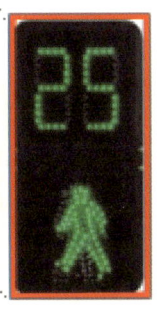

图4-1-14 矩形交通信号灯几何表达

趣味阅读

未来挑战：4D 动态标注

自动驾驶需要预测物体运动轨迹，标注师开始标注"时间维度"数据：

1）一只横穿马路的猫，未来 3s 会出现在哪个位置？标注师需标记其运动方向、速度，生成时空轨迹标签。

2）施工路段的临时障碍物，标注其生效时间（如"2025年4月23日—2025年5月1日"），供自动驾驶系统动态更新地图。

自动驾驶系统的核心在于预测，通过感知环境中运动物体的位置、速度、方向，生成其未来 3s 内的运动轨迹，即时空轨迹标签，这不仅帮助车辆预判风险，还能优化避让策略（如提前减速）。标注施工路段临时障碍物的生效时间，动态更新高精度地图，这种时间维度的标注是自动驾驶系统应对复杂城市环境的关键。

圆形交通信号灯几何表达为外接四边形面,圆形交通信号灯几何表达如图4-1-15所示。

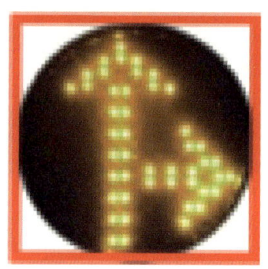

图4-1-15　圆形交通信号灯几何表达

为满足智能驾驶环境感知技术对于交通信号灯的融合需求,交通信号灯几何可简化存储为交通信号灯最小外接矩形框左上与右下顶点的三维坐标。

延伸补给包

自动化标注系统:腾讯THMA系统(Tencent HD Map AI System)

腾讯THMA系统是腾讯地图高精度地图团队提出的一种高精度地图AI系统。该系统通过人工智能算法对高精度地图进行预标注,以减轻人工标注的负担。THMA系统的主要功能包括数据收集、后端自动化、地图制作和地图检验、地图编译和地图发布等步骤。

THMA系统利用多种传感器,包括GPS、IMU、LiDAR和摄像头,来收集数据。GPS和IMU提供精确的轨迹定位,LiDAR收集厘米级精度的物体位置信息,而摄像头则用于采集RGB图像。这些数据经过后端自动化处理后,生成高精度地图,并通过地图检验和编译后发布。

THMA系统已经在自动驾驶领域得到了应用,能够为自动驾驶系统提供车辆周围静态环境信息的精确描述,帮助自动驾驶车辆进行厘米级定位并且避免环境干扰。该系统的应用不仅提高了自动驾驶的安全性,还推动了高精度地图制作技术的进步。

学习评估站

一、基础测试题

(一)选择题

1.高精度地图的核心特点中,与传统导航地图最本质的区别是(　　)。

　　A.包含实时拥堵信息　　　　　　B.厘米级精度与车道级数据

　　C.支持语音导航功能　　　　　　D.采用卫星图片制作

2. 在暴雨天气中，高精度地图主要通过哪项功能辅助自动驾驶车辆？（   ）
   A.提供分钟级预判信息　　　　　　　　B.存储静态数据（如护栏位置）增强感知
   C.自动更新动态图层　　　　　　　　　D.优化语音交互系统
3. 人工智能辅助工具可自动标注大部分车道线，但以下哪种情况仍需人工干预？（   ）
   A.标准高速公路直线车道　　　　　　　B.晴天下的清晰白色虚线
   C.被树荫完全遮挡的停止线　　　　　　D.普通十字路口的红绿灯

（二）判断题
1. 高精度地图需包含公园、商场等非驾驶区域的环境信息。（   ）
2. 众包设备采集模式（如Mobileye）通过量产车辆摄像头获取数据，可降低专业采集车成本并提升更新效率。（   ）
3. 车道边界标注时，若道路最外侧无标线且无路缘石/护栏，应沿路面铺设边缘绘制虚拟边界。（   ）

（三）填空题
1. 高精度地图的生产流程包含四个环节：_____、自动化处理、_____、平台发布。
2. 根据国家标准，车道中心线的几何表达位置应位于车道的_____。
3. 交通信号灯的几何表达需存储为_____左上与右下顶点的三维坐标。

（四）简答题
简述高精度地图在自动驾驶中的三大作用。

二、创新拓展题

校园里的"高精地图标注师"

任务背景：假设学校计划为无人车绘制校园高精地图，请你以地图标注师的身份完成简易标注。

工具：手机（拍照）、卷尺、纸笔、彩色贴纸（红/绿/黄）。

目标：标注一条从食堂到图书馆的路径，需包含车道线（用虚/实线区分）、人行横道（位置与宽度）、临时障碍物（如垃圾桶或施工区域）。

操作要求：
1）用手机拍摄路径关键点照片，在纸上手绘简化版地图。
2）用卷尺测量如人行横道宽度（标注误差≤10cm）。
3）用贴纸标记要素（如黄色贴纸代表临时施工区）。
4）撰写50个字的说明：解释临时障碍物标注如何体现"动态更新"需求（参考文中"4D动态标注"案例）。

第二节　自动驾驶算法工程师：算法江湖的"指挥官"

智驱引擎舱：算法江湖的"指挥官"

在城市早高峰时段，某双向六车道的十字路口车辆川流不息，行人、非机动车频繁穿梭，交通状况极为复杂。自动驾驶车辆缓缓驶向路口，一场多算法协同作战的智能交通"大考"就此拉开帷幕。北汽新能源汽车距离路口约50m时，安装在车顶的高清摄像头开始快速采集图像信息。算法率先启动，以80帧/s的速度对图像进行快速扫描。此时，画面中出现了左侧车道准备左转的出租车、斑马线上正在过马路的行人，以及远处高悬的交通信号灯，迅速定位出这些目标的大致位置，并将信息快速传递给决策系统。

一、算法大脑：自动驾驶的"AI指挥官"

在自动驾驶汽车的系统里，算法可是灵魂般的存在。它能够处理来自车辆传感器的大量数据，如雷达、摄像头收集的信息；然后通过算法分析这些数据，让汽车能自动跟车、变道，还能识别路标、行人等，确保行车安全又便捷。

在自动驾驶功能上，人工智能算法能够感知周围环境，决策行驶路线，这就是它的直接体现。还有自适应巡航，根据前车距离调整车速也是靠算法。车内智能语音助手能准确识别并执行命令，背后也有算法支持。

自动驾驶控制算法负责将规划模块生成的轨迹转化为车辆的实际控制指令（转向、加速、制动），确保车辆安全、平稳地跟踪目标路径。其核心挑战在于处理"动态环境"。

二、Linux操作系统：自动驾驶的"开源基石"

（一）Linux操作系统的介绍

自动驾驶算法需要操作系统的底层支持才可实现运行及控制功能，目前全球开发较早的系统是Linux体系。它是在1991年，由一位很有想法的芬兰大学生做出来的。当时，他特别想做一个超自由的UNIX系统，就像搭积木一样，想怎么玩就怎么玩，这个系统

> **说一说**
>
> 根据上面的内容，在自动驾驶汽车的系统中人工智能算法指的是什么？

就是Linux。它从网络这个"数据世界"里诞生，全球好多操作计算机的高手名家都来帮忙，一起努力让Linux变得越来越厉害。

Linux有很多突出的优点，它特别安全，就像是有位勇敢的小卫士保护着，而且还是免费公益的。它能让许多操作者一起用一台计算机，还可以同时做很多各自领域的事情。现在，Linux有很多"分身"，多个不同版本，有的是为了帮助服务器类的计算机，有的是用在小小的嵌入式系统里等多个场景。

当前，很多智能网联汽车里几乎都装着Linux操作系统。因为它的"秘密代码"是公开的，大家都能看到，就像一本百科全书，可以学习改进它。而且它很稳定，就像坚固的小房子，能一直工作不"罢工"。Linux操作系统还可以安装在计算机、路由器、电视盒、手机、平板里。它还有个超级属性，就是占用的"数据空间"特别少，所以在智能网联汽车里广泛使用着。

（二）Linux操作系统在智能网联汽车中的特点

在智能网联汽车里，Linux能让各种属性的应用程序"动起来"，还能和汽车的"身体"（硬件系统）配合得特别好，让乘员感觉舒服。这是因为Linux的代码是共享公用的，汽车制造工程师和开发软件程序师就能按照大家的需求，把汽车变得更好、更智能。而且Linux还有很结实的安全盾牌，能挡住网络攻击和恶意软件。

未来，Linux会在智能网联汽车里有更大发展，人们坐车就像坐在一个有操作系统、会算法的小房子里，可以和车聊天，还能自己"开车"。通过环境感知技术，智能网联汽车能够实现自动驾驶，其核心部件与各类传感器的协同工作，以及多传感器融合感知的算法，能通过Linux操作系统得以控制运行。

三、国产鸿蒙系统：自动驾驶的"破局者"

由华为公司开发出的国产鸿蒙系统（HarmonyOS），目前在智能汽车领域逐渐推广应用起来。如图4-2-1所示，阿维塔07智能网联汽车就采用了鸿蒙系统，此款车型在市场上获得许多好评。

图4-2-1 搭载鸿蒙系统的智能网联汽车

（一）分布式架构——无缝跨设备协同

鸿蒙系统的分布式能力允许多设备互联，可实现汽车与手机、手表、智能家居等设备无缝联接。例如，手机导航可自动流转至车机上，车内摄像头或传感器数据可与其他设备共享。鸿蒙系统将车载硬件（如摄像头、传声器）虚拟化为共享资源，供其他鸿蒙设备调用，从而提升资源利用率。

（二）人机交互革新——智能操作系统

鸿蒙车机版（HarmonyOS Automotive）统一操作系统如图4-2-2所示。该系统整合了仪表盘、中控屏、HUD等，实现多屏协同，降低了开发复杂度；AI语音交互集成了自然语言处理（NLP）和场景感知能力，支持多轮对话、免唤醒词指令，并可通过声纹识别提供个性化服务；场景化主动服务可基于用户习惯和车辆状态（如电量、位置），主动推荐充电站、预约保养等。

图4-2-2　鸿蒙车机版统一操作系统展示

四、CNN+激光雷达：环境感知的"黄金组合"

这是一种将卷积神经网络（Convolutional Neural Network，CNN）的图像处理能力与激光雷达的三维空间感知能力相结合，以提高目标检测、识别和环境感知的准确性和可靠性的高级算法。该算法在自动驾驶、机器人等领域有着广泛的应用前景。

（一）CNN与激光雷达融合的特点

（1）互补信息融合　激光雷达能够提供精确的三维空间信息，对于物体的位置、距离和形状等有很好的描述，但点云数据缺乏纹理和语义信息。而CNN在处理图像数据方面具有强大的能力，能够提取丰富的纹理、颜色等语义特征。两者融合可以将激光雷达的空间信息与CNN的语义信息相结合，互补优势，提高对环境的感知和理解能力。

（2）数据量与计算处理能力强　激光雷达和图像数据量都很大，融合处理需要强大的计算资源，可通过优化算法、采用高效的神经网络架构和专用的硬件加速设备来解决。例如，使用轻量化的CNN模型，采用模型压缩和量化技术，以及利用图形处理器

（Graphics Processing Unit，GPU）、现场可编程门阵列等硬件加速芯片进行并行计算。

（二）CNN与激光雷达融合的应用领域

1）自动驾驶领域：用于车辆对周围环境的感知，包括检测道路、交通标志、行人、车辆等目标，帮助车辆进行路径规划和决策，提高行驶的安全性和可靠性。

2）机器人领域：使机器人能够更好地感知周围环境，进行导航、避障和目标识别等任务，适应复杂的室内外环境。

3）三维建模领域：结合激光雷达的点云数据和CNN提取的图像特征，可实现更精确的三维场景重建和建模。

随着深度学习和人工智能技术的不断进步，融合系统将具备更强的自主学习和适应能力，能够自动优化融合策略和参数，以适应不同的环境和任务需求。

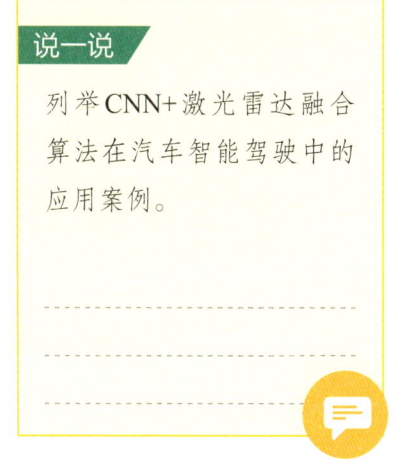

说一说

列举CNN+激光雷达融合算法在汽车智能驾驶中的应用案例。

五、伦理算法：自动驾驶的"道德指南针"

（一）伦理算法设计的原则

1）责任性：明确算法的责任归属，确保在出现问题时能够追溯责任。

2）安全性：确保算法系统在运行过程中不会对人类造成伤害。

3）隐私保护：保护个人隐私是伦理算法设计的重要原则之一。数据收集应遵循最小必要原则，仅收集与任务相关的信息，并确保数据的安全存储和传输。

4）尊重人类尊严和自主：算法系统应为人类服务，符合人类的价值观和整体利益，不能将人异化为工具和手段。

5）可持续发展：算法系统的研发、设计和应用要协调好人与人、人与自然的关系，实现人与科技、社会、环境的协同发展。

（二）伦理算法设计的方法

（1）价值敏感设计　将人们优先支持和主张的价值理念进行编码设计，嵌入到算法系统之中。通过数学逻辑运算将道德原则编码，让算法按照既定的道德理论进行推理及决策。例如，基于罗尔斯道德理论的优化自动驾驶碰撞算法，通过计算乘员在每次车祸中的生存概率，来预测每位乘员在初始公平谈判状态下会同意哪种行动。

（2）强化学习　通过"试错"让算法系统学习和生成道德经验或直觉，进而生成一个协同"人-机"决策的人工道德环境。

自动驾驶汽车的伦理算法设计需要综合考虑技术、法律、伦理和社会文化等多方面因素，通过透明、公平、尊重人类自主性的原则，结合多种解决方案，以实现更安全、更可靠、更符合伦理的自动驾驶系统。

六、预判轻功训练：用LSTM预测行人走位

（一）什么是LSTM

长短期记忆网络（Long Short-Term Memory，LSTM）是一种特殊的循环神经网络，由德国计算机科学家Sepp Hochreiter和Jürgen Schmidhuber于1997年提出，专门用于解决传统的长期依赖问题（即模型难以学习远距离信息关联）。其核心创新在于通过门控机制选择性保留或遗忘信息，堪称神经网络的"记忆管理大师"。如图4-2-3所示，LSTM可进行行人走位预测。

图4-2-3　LSTM预测行人走位

（二）LSTM主要参数及其影响

（1）神经元数量　增加神经元数量可以提高模型的拟合能力，使其能够捕捉更复杂的模式和特征，从而有可能提高预测精度。但神经元数量过多可能会导致模型过拟合，即模型在训练数据上表现很好，但在测试数据或新数据上表现不佳。这是因为过多的神经元可能会记住训练数据中的噪声和细节，而不是真正的规律。

（2）层数　增加层数可以使模型具有更强的表示能力，能够学习到更高级的特征。较深的网络可以自动提取数据中的层次化特征，对于具有复杂结构的数据，如自然语言文本或图像数据，增加层数可能会显著提高预测精度。然而，层数过多也会带来一些问题，如梯度消失或爆炸，这会使模型难以训练。此外，过多的层数还会增加计算成本和训练时间。

（3）时间步长　时间步长决定了模型在处理序列数据时考虑的历史信息长度。较大的时间步长可以让模型利用更长时间的历史数据进行预测，对于具有长期依赖关系的数据，如天气预报中的温度序列，较长的时间步长可能有助于捕捉到更准确的趋势，从而提高预测精度。但如果时间步长过长，可能会引入过多的噪声和无关信息，反而降低预测精度。而且，较长的时间步长会增加模型的计

算量和内存消耗。

（4）遗忘门、输入门和输出门的参数　遗忘门决定了从细胞状态中丢弃多少过去的信息。如果遗忘门的参数设置不当，可能会导致模型忘记重要的历史信息，或者保留过多的无用信息，从而影响预测精度。输入门控制着新信息进入细胞状态的程度。不合适的输入门参数可能会导致模型无法有效地学习到新的特征，或者过度更新细胞状态，破坏了已学习到的模式。输出门决定了细胞状态中的信息有多少可以作为模型的输出。输出门参数的不合理设置可能会导致输出信息不准确或不完整，从而影响预测结果。

（5）学习率　学习率决定了模型在训练过程中更新参数的步长。较大的学习率可以使模型更快地收敛，但如果学习率过大，可能会导致模型错过最优解，甚至无法收敛，从而降低预测精度。较小的学习率可以使模型更稳定地训练，但训练时间会更长，而且如果学习率过小，模型可能会陷入局部最优解，无法找到全局最优解，也会影响预测精度。

总之，行人轨迹预测依赖于算法创新（如更高效的时序模型）、数据融合（多源传感器+环境特征）和跨学科协作（计算机科学+社会科学）。随着技术进步，精准的行人预测将成为智能交通、智慧城市等领域的核心基础设施，推动人机共处场景的安全性与便利性迈上新台阶。

> **想一想**
>
> 怎样合理地设置LSTM模型的主要参数？

延伸补给包

小米SU7汽车：
拥有神奇本领的智能"战车"

小米SU7是一款组合辅助驾驶汽车，如图4-2-4所示。小米SU7通过多模态传感器融合与深度学习算法实现环境感知和决策。小米SU7搭载了高分辨率摄像头，可实时捕获周围环境图像，并利用神经网络对图像开展分析，以此来实现目标检测、道路标志的辨认、车道线的探测等功能。小米SU7的组合辅助驾驶系统能实现在城市道路上自主行驶，而且能在复杂的交通状况中实时判断与决策。

图4-2-4　小米SU7摄像头及布局图

学习评估站

一、基础测试题

（一）选择题

1. 汽车人工智能算法的数据主要来自哪里？（　　）
   - A. 车主的社交媒体
   - B. 车载传感器（如摄像头、雷达）
   - C. 天气预报
   - D. 广播电台

2. 激光雷达在自动驾驶中有什么作用？（　　）
   - A. 测量汽车与周围物体的距离
   - B. 给手机充电
   - C. 制造彩虹
   - D. 检测汽油质量

3. 自适应巡航控制跟车时自动调节车速，主要使用（　　）。
   - A. PID控制算法
   - B. 聚类算法
   - C. 决策树
   - D. 神经网络

（二）判断题

1. 自动驾驶汽车使用神经网络算法识别交通标志，就像人脑一样学习判断。（　　）
2. 长短期记忆网络(LSTM)可预测交通参与者的运动轨迹。（　　）

（三）填空题

1. 自动驾驶决策模块中，_____算法通过模拟人类专家操作记录来学习驾驶策略，比强化学习更安全。
2. 自动驾驶汽车用_____算法识别红绿灯，就像人眼分辨颜色一样。

（四）简答题

请说明在自动驾驶汽车中人工智能算法的应用主要有哪些。

二、创新拓展题

上网查一查，目前有哪些车型采用了华为的鸿蒙系统？你喜欢其中的哪款车？

第三节　驾驶行为分析师：驾驶安全的"数据解码师"

智驱引擎舱：别眨眼！AI正在扫描你的"驾驶表情包"

你是否想过，AI不仅能"看懂"路况，还能"读懂"驾驶人的内心？从眼皮跳动的微妙表情到紧急制动的危险习惯，再到与"赛道竞技高手"的斗智斗勇，驾驶行为分析师就像座舱里的"数据解码师"，用数据解码人类驾驶的"性格密码"。今天，我们将化身"数据侦探"，揭开驾驶行为背后的秘密！

一、AI微表情追踪：从眼皮跳动预测疲劳驾驶

（一）什么是疲劳驾驶

疲劳驾驶是指驾驶人因长时间连续驾驶车辆，出现身体疲劳、注意力不集中、反应迟钝等危险状态的行为，如图4-3-1所示。疲劳驾驶危害极大，驾驶人反应变慢，判断力下降，对车辆的操控能力减弱，可能使车辆偏离车道或失控，易造成严重事故。现在智能汽车已经可以通过监测驾驶人行为数据提醒驾驶人。

图4-3-1　驾驶人疲劳驾驶

（二）眼皮跳动的"摩斯密码"

当我们熬夜后，第二天眼皮总是不自觉地打架。这其实是人体自我保护机制在发出警告。眼睛就像精密的生物传感器，会通过一系列"摩斯密码"传递身体状态。眼睛的结构如图4-3-2所示。

1. 眼睑的"开合节奏"

1）正常状态：正常人在清醒且放松的状态下，每分钟眨眼约15~20次，每次眨眼时长约0.3s，可能因个体差异、环境因素以及

> **议一议**
>
> 同学们上课疲劳困倦的时候，面部表情有什么变化？生理状态有什么感觉？

个人习惯等略有不同。

2）专注状态：当人处于专注状态时，如阅读、驾驶等，眨眼次数会明显减少。例如，在专注阅读时，每分钟眨眼次数可能降至5~10次；使用计算机全神贯注地处理复杂任务时，可能每分钟只有7~12次。这是因为注意力集中时，人们会不自觉地减少眨眼动作，以保持对视觉信息的持续关注。

3）轻度疲劳：人在疲劳时，眨眼次数通常会增加，且眨眼的持续时间可能变长，会出现频繁的长时间眨眼。这是因为疲劳会导致眼睛干涩、不适，需要通过增加眨眼来缓解这种不适感，同时也是身体试图通过眨眼来提神的一种表现。此时，眨眼频率增至25次/min，闭合时间延长至0.5s。

4）重度疲劳：人在重度疲劳时，眨眼次数会大幅减少，出现"微睡眠"现象，眼睑闭合超过1s。而进入深度睡眠阶段后，通常不会有明显的眨眼行为。

2. 瞳孔的"光影魔术"

在清醒状态下，人类的瞳孔如同精密的"光学变焦镜头"，由虹膜肌肉群协同工作实现动态调节。当强光照射时，瞳孔直径缩小至2~3mm（相当于铅笔芯粗细），反应时长约0.2s；在昏暗环境中，瞳孔直径扩张到7~8mm（接近绿豆大小），整个过程如同相机光圈自动调节进光量。不同光线下的瞳孔如图4-3-3所示。

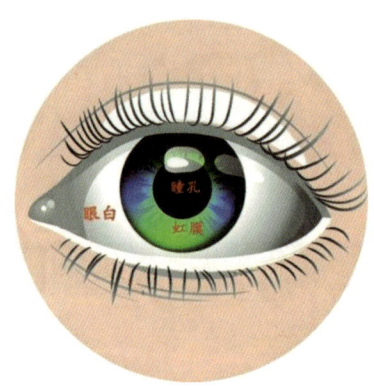

图4-3-2 眼睛的结构

试一试

盯着你的同桌，观察他（她）眼睛1min眨多少次，并由此判断其身体处于哪种状态。

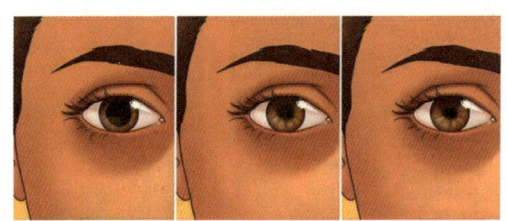

a）夜晚　　b）自然光下　　c）强光下

图4-3-3 不同光线下瞳孔变化

当人体进入疲劳状态时，自主神经系统功能紊乱会导致瞳孔调节机制"失灵"。瞳孔反应延迟，从强光切换到暗环境时，瞳孔扩张速度下降50%以上；瞳孔调节幅度衰减，最大收缩直径增加0.5~1mm，出现"夜间猫眼效应"；瞳孔边缘呈现0.1~0.3Hz的微小节律性震颤。这种现象类似于老式相机光圈叶片卡滞，既无法灵敏响应光线变化，又难以保持稳定开口。英国曼彻斯特大学的研究表明，连续驾驶4h后，驾驶人的瞳孔对突发强光（如对向车远光灯）的收缩反应时间会延长0.3s，这相当于在100km/h车速下制动距离增加8.3m！

（三）AI系统的监测黑科技

1. DMS让疲劳驾驶无所遁形

目前大部分智能汽车都已搭载驾驶人监控系统（Driver Monitoring System，DMS）。如图4-3-4所示，DMS利用安装在车内的光学摄像头和近红外摄像头全天候捕获驾驶人的面部信息。人工智能算法会定位面部70个关键特征点，具体包括以下区域：

1）眼部区域（8点）：上眼睑中点、下眼睑中点、内外眼角等。

2）眉毛区域（6点）：眉峰、眉尾等。

3）嘴部区域（20点）：嘴角、唇峰等。

图4-3-4 DMS的摄像头

同时配合红外传感器持续监测瞳孔直径变化，建立三维面部模型。利用卷积神经网络模型（CNN）提取眼部特征，计算每分钟眨眼次数（正常：15~20次；疲劳：≥30次）、嘴巴张开程度、面部肌肉松弛度等，分析驾驶人疲劳指数，如图4-3-5所示。当疲劳指数超过阈值时，触发系统响应，见表4-3-1。

 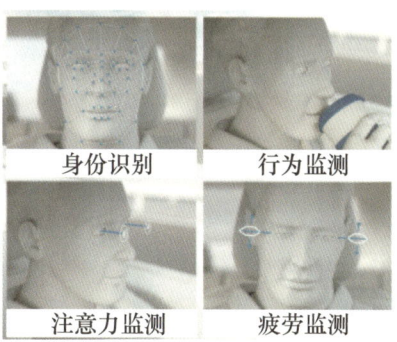

图4-3-5 疲劳监测

表4-3-1 疲劳等级分级响应

疲劳等级	预警措施	技术实现
一级（轻度）	语音提醒	文本转语音技术合成"建议休息"
二级（中度）	环境调节	空调降至18℃+播放快节奏音乐
三级（重度）	强制干预	座椅振动+双闪灯+导航自动规划休息站

以2024款蔚来ET7为例，其搭载的Aquila超感系统可在驾驶人出现连续3次"微睡眠"（眼睑闭合>1.5s）时，自动激活领航辅助功能（Navigate on Pilot，NOP），逐步降低车速并寻找安全停车

> **想一想**
>
> 除了疲劳驾驶，分心驾驶也严重影响行车安全，AI算法可能会通过哪些特征判定驾驶人分心驾驶？

区域。实测数据显示，该系统将疲劳驾驶事故率降低了67%。

2. 案例解析——AI疲劳监测系统如何守护行车安全

某物流公司积极响应交通运输部《道路运输车辆动态监督管理办法》要求，于2023年在所有长途运输车辆上安装了DMS，如图4-3-6所示。该系统通过多模态感知技术，结合车辆运行数据，构建了完整的驾驶人状态监测体系。

图4-3-6　安装有DMS的货车

2023年9月15日，该公司某运输车辆执行青岛至郑州的鲜货运输任务。凌晨03:28，在青兰高速K627路段发生以下关键事件序列：

1）持续驾驶监测：系统记录驾驶人已连续行驶3h52min（接近法规规定的4h时限临界点）。

2）生理特征分析：红外摄像头捕捉到右眼闭合时长2.3s（超过了安全阈值0.3s）；转向盘握力传感器检测到压力值下降40%；头部姿态传感器显示15°持续下垂。

3）环境风险评估：毫米波雷达检测到前车距缩短至52m，车道保持系统检测到3次压线行为。

4）分级响应机制：

①第一阶段：座椅振动+蜂鸣警报（持续8s无响应）。

②第二阶段：双闪警告灯自动开启。

③第三阶段：电子驻车制动系统介入，车速从85km/h缓降至40km/h。

5）事故规避结果：在降速后7s，前车因突发状况紧急制动，系统干预避免了可能发生的重大追尾事故。

该物流公司采用DMS后取得显著成效，事故率下降63%（同比2022年数据），保险费用降低22%，每月违规驾驶行为减少1500余次。

> **议一议**
> 如果在教室里安装具有人工智能算法的摄像头，都有可能实现哪些功能？

二、危险驾驶基因库：紧急制动背后的性格密码

有些人开车慢吞吞，有些人却横冲直撞，这不仅仅是驾驶技术的差异，更隐藏着性格的密码。通过分析紧急制动、急加速等行为数据，人工智能正在构建庞大的"驾驶基因库"，像福尔摩斯一样解码每个驾驶人独特的"性格DNA"。今天，我们就来揭开这背后的科学奥秘！

（一）紧急制动的"性格画像"

美国心理学家保罗·考斯塔和罗伯特·马克雷提出的大五人格理论将人的性格特质归纳为五个维度，分别是神经质、外倾性、开放性、宜人性和尽责性。心理学研究表明，驾驶行为与性格特质存在强关联，具体见表4-3-2。

表4-3-2 不同性格特质驾驶特点

性格特质	特质描述	高特质驾驶行为特点	低特质驾驶行为特点
神经质	情绪稳定性低，易焦虑、冲动、情绪化	情绪稳定性较差；易因小事焦虑、紧张或情绪失控，引发危险驾驶或事故	态度冷静；自我控制力强；能较好适应复杂路况
外倾性	外向、热情、寻求刺激，偏好社交互动	喜欢开快车、频繁超车或追逐车辆，事故风险较高	驾驶风格保守，较少冒险行为，事故风险相对较低
开放性	好奇、创新、喜欢探索新体验	倾向尝试新路线或驾驶方式；乐于使用高科技车载系统；易分心观察环境（如风景、建筑）	驾驶方式传统；较少尝试新事物；专注路况，分心概率低
宜人性	友善、合作、同理心强，避免冲突	适应复杂交通环境；注重礼貌沟通和让步；堵车时心态平稳	易引发道路冲突；短暂路怒情绪；事故可能性增加
尽责性	自律、有条理、责任感强，注重规则	谨慎观察周围环境；严格遵守交通规则；操作稳健，事故率低	驾驶行为冒险、轻率；忽视交通规则，易导致安全问题

（二）AI技术解码驾驶性格：从行为数据到性格密码

基于大五人格理论构建的驾驶行为与性格关联模型，为解析驾驶人的"性格密码"提供了理论框架。而随着智能汽车技术的发展，人工智能正通过多源数据采集与深度算法分析，将抽象的性格

> **说一说**
>
> 根据上面的大五人格理论，你觉得自己属于哪一种性格特质？
>
> _____
> _____
> _____

特质转化为可量化的"数字指纹"。下面将从技术实现的角度，揭示紧急制动等驾驶行为如何成为性格分析的关键线索。

1. 多源数据采集：构建驾驶行为"数字镜像"

当前汽车上搭载的智能系统如同一个"移动数据实验室"，通过传感器网络实时捕捉驾驶人与车辆、环境的交互数据，形成覆盖"人-车-路"的全维度信息网。

（1）OBD-Ⅱ接口：汽车的"神经系统" 作为汽车的核心数据枢纽，车载诊断系统第二代（On-Board Diagnostics-Ⅱ，OBD-Ⅱ）接口可实时采集23类关键运行数据，如图4-3-7所示，其中与性格分析强相关的指标见表4-3-3。

图4-3-7　车辆OBD-Ⅱ接口

表4-3-3　汽车驾驶数据采集

数据类型	采集指标	性格关联线索
加速踏板控制	踏板深度变化率/（%/s）	激进程度（瞬间深踩加速踏板反映冲动倾向）
制动控制	制动压力/Pa、紧急制动频率/（次/h）	风险偏好（频繁紧急制动显示决策冲动性）
转向操作	转向盘转角速率/（°/s^2）	决策风格（快速变道体现果断，反之显犹豫）
车速保持	与道路限速的标准差/（km/h）	规则意识（超速或过度保守的性格映射）
动力输出	电机转矩波动率/（N·m/s）	情绪稳定性（急加速与焦虑情绪关联）

（2）车载摄像头：驾驶人的"微表情捕手" 搭载视线追踪、面部识别和手势监测功能的DMS以60帧/s的频率捕捉驾驶人的细微行为，见表4-3-4。

表4-3-4　DMS监测技术

技术模块	监测维度	典型行为识别
视线追踪	注意力集中度	视线偏离路面、频繁看手机、观察车窗外
面部识别	情绪与疲劳状态	皱眉、打哈欠、闭眼、嘴角下垂
手势监测	危险操作与驾驶规范性	单手操作手机、抽烟、双手脱离转向盘

（3）环境感知系统：道路的"情景记录仪"　融合GPS轨迹、雨雪传感器和交通流数据，还原驾驶场景适应性。在急转弯路段的转向盘操作力度，体现开放性特质中的探索欲与风险应对能力；雨雪天制动力度的调整策略，反映神经质维度的情绪稳定性；跟车距离与车流速度的匹配度，映射尽责性中的安全意识与规则遵守度。智能汽车的环境感知识别如图4-3-8所示。

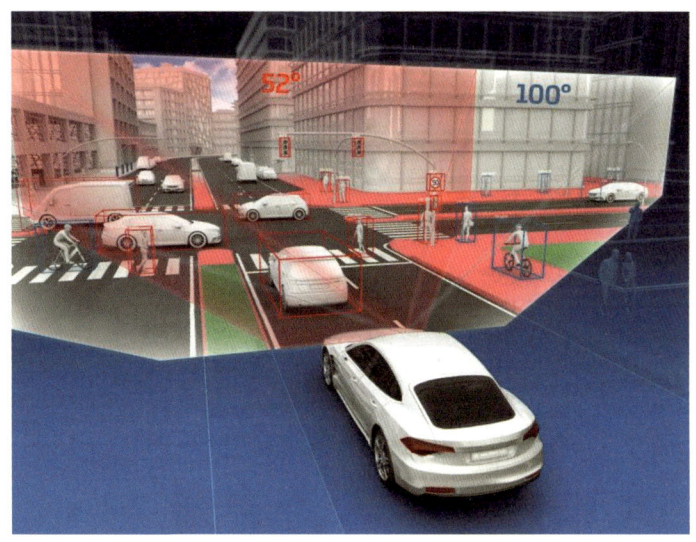

图4-3-8　智能汽车环境感知识别

2.从数据到"性格指纹"：算法模型的深度解析

海量原始数据需经特征工程与机器学习算法处理，才能转化为可解读的"性格密码"。

（1）关键特征提取　人工智能算法通过统计分析构建核心指标，建立数据与性格维度的直接映射关系，见表4-3-5。

表4-3-5　驾驶特征与心理学映射

特征类型	计算方法	心理学映射
激进指数	（急加速次数+超速时长/min）/（总驾驶时间/min）	外倾性（寻求刺激）与冲动性

趣味阅读

趣味阅读：UBI（Usage-Based Insurance）是基于使用量而定保费的保险，UBI车险可理解为一种基于驾驶行为的保险，通过车联网、智能手机和OBD等联网设备将驾驶人的驾驶习惯、驾驶技术、车辆信息和周围环境等数据综合起来，建立人－车－路（环境）多维度模型进行定价。

平安保险和中交兴路联合推出了基于UBI的物流责任险，通过大数据、人工智能手段来监测货车驾驶行为，判断其驾驶习惯好坏，从而将监测到的各种数据因子作为保险公司物责险的定价参考，让保险公司精准定价、快速理赔，让投保人享受价格低、理赔快、少出险的实惠。

（续）

特征类型	计算方法	心理学映射
分心系数	视线偏离路面时间占比×车速波动标准差	尽责性（注意力分散度）
风险容忍度	（平均跟车距离/m）/［当前车速/（km/h）］	谨慎性（安全意识强弱）

（2）时序模型与状态识别　借助LSTM神经网络分析制动行为的时序规律，捕捉"平稳驾驶→紧急制动"的突发变化模式，识别神经质维度的情绪失控风险；利用隐马尔可夫模型（Hidden Markov Model，HMM）解析驾驶状态转移（如从"正常跟车"到"路怒超车"的演变），构建动态性格分析模型。

三、人机博弈报告：当AI教练遇到赛道竞技高手

（一）人机博弈的本质：安全边界与驾驶自主性的动态平衡

在智能网联汽车里，人工智能教练和人类驾驶人之间存在着一种博弈，核心在于安全边界与驾驶自主性的动态平衡。

1. 驾驶人的需求：不只是操控快感，更是多样的驾驶体验

在驾驶行为研究中，驾驶人需求呈现显著的多样性与场景化特征。部分人群追求漂移、急加速等操控快感，但这并非需求全貌。实际驾驶中，驾驶人普遍期望自主掌控车辆，根据个人习惯与场景调整驾驶方式。日常通勤时，受城市交通与驾驶时长影响，驾驶人更倾向平稳舒适的驾驶体验，以降低疲劳、保障安全；而在赛道环境下，驾驶人则追求速度极限与精准操控带来的乐趣。由此可见，驾驶人的需求具有多元性，既包含对驾驶自主性的基本诉求，也存在基于不同场景的差异化驾驶体验期望。

2. AI系统的目标：在安全底线之上实现灵活干预

人工智能系统可不是简单地"死守安全底线"，它就像一个智能的教练，会根据不同的情况灵活调整策略。一方面，它要确保车辆在行驶过程中不突破安全边界，比如防止侧翻、保持安全车距、避免碰撞等；另一方面，它也要考虑驾驶人的感受，不能一味地限制，而是在安全的前提下，给驾驶人一定的自主空间。例如，在新手模式下，人工智能会严格一些，限制那些激进的操作，保护新手驾驶人的安全；而在赛道模式下，就会开放部分权限，允许一些可控的漂移，让驾驶人体验驾驶的乐趣。

> **想一想**
>
> 你知道什么是人机博弈吗？都有哪些典型的人机博弈案例？

3.博弈策略矩阵：不同行为，不同应对

博弈策略矩阵见表4-3-6。

表4-3-6　博弈策略矩阵

驾驶人行为	人工智能应对策略	技术实现
连续漂移过弯	限制转矩输出	电机控制器动态限功率，避免车辆失控
频繁变道超车	自动保持车道	通过车道居中辅助技术强制介入，维持车辆在合理车道内
无视疲劳警告	分级强制停车	云端同步交管平台发出警告，必要时采取强制停车措施，保障驾驶安全

> **议一议**
>
> 限制转矩输出在阻止连续漂移过弯时，会不会影响正常驾驶时的动力体验？如何优化这一人工智能应对策略？

（二）AI教练的"兵法秘籍"

AI教练之所以能在与驾驶人的博弈中做到游刃有余，靠的是三大"兵法秘籍"。

1.强化学习算法：在试错中变得更聪明

强化学习算法是一种机器学习方法，它就像一个不断学习的学生，通过与环境的交互来积累经验。AI教练在环境中执行各种行动，比如决定是否限制功率、是否介入转向盘控制等，然后根据行动的结果获得反馈，也就是奖励。如果采取的行动是正确的，比如成功避免了一次碰撞，就会得到正奖励；如果是错误的，比如过度干预影响了驾驶体验，就会得到负奖励。通过这种试错的方式，AI教练不断调整自己的策略，最终学会在各种驾驶场景下采取最优的行动。现在，智能汽车通过强化学习算法，已经可以存储10万多种驾驶场景的博弈方案，就像一个经验丰富的"老司机"，能应对各种复杂的情况。

2.多模态交互设计：全方位提醒，使驾驶人感知风险

为了让驾驶人及时了解车辆的状态和潜在的风险，AI教练采用了多模态交互设计，从以下多个方面给驾驶人提醒：

1）语音提醒：当检测到危险驾驶行为时，系统会发出语音警告，比如"您正在危险驾驶，系统将在10s后接管"，让驾驶人清楚地知道自己的行为存在风险，并且知道系统即将采取的措施。

2）触觉反馈：转向盘会根据风险等级的不同产生不同频率的振动。风险等级越高，振动频率就越高，通过触觉让驾驶人直观地感受到当前驾驶状态的危险性。

> **说一说**
>
> 人工智能技术有哪几种方式提醒驾驶人安全驾驶？

3）视觉警示：利用抬头显示（Head Up Display，HUD）技术，在风窗玻璃上投射虚拟护栏标线等信息，让驾驶人不用低头看仪表盘，就能清楚地了解车辆的位置和周围的安全边界。

3. 个性化适配引擎：不同模式，满足不同需求

考虑到不同驾驶人的驾驶水平和不同的驾驶场景，AI教练设计了个性化适配引擎，有以下三种不同的模式可供选择：

1）新手模式：对于刚拿到驾照的新手驾驶人，人工智能会严格限制激进操作。比如，规定最大侧向加速度值≤0.3g，防止车辆在转弯时发生侧翻等危险情况，帮助新手驾驶人养成安全驾驶的习惯。

2）赛道模式：在赛道上，驾驶人希望体验一下驾驶的乐趣，人工智能就会开放部分权限，允许一些可控的漂移。但这并不意味着完全放开，人工智能仍然会在安全的范围内进行监控和适当的干预，让驾驶人在享受乐趣的同时保证安全。

3）专家模式：对于驾驶经验丰富的专家型驾驶人，人工智能会更加"宽容"，仅记录数据，事后生成详细的驾驶报告。驾驶人可以通过报告分析自己的驾驶行为，不断提升驾驶技术，而人工智能在驾驶过程中不会进行实时干预。

延伸补给包

驾驶行为分析——让驾驶更安全

驾驶行为分析是指利用深度学习技术分析驾驶人的行为，包括驾驶人的注意力、情绪、疲劳程度等。驾驶行为分析利用深度学习算法处理驾驶人行为数据，以识别和评估驾驶人的行为模式、习惯和潜在风险。通过分析驾驶行为，可以提供驾驶人的实时反馈、风险警报和驾驶行为建议，以增强驾驶安全性和效率。

在驾驶行为分析领域，深度神经网络是核心技术手段。首先通过传感器，如摄像头、加速度计、陀螺仪等，采集车辆速度、加速度、转向盘角度、制动操作等驾驶人行为数据；随后对原始数据进行预处理，涵盖数据清洗、特征提取和数据标准化等流程，为后续分析筑牢基础；接着运用卷积神经网络（CNN）、循环神经网络（Recurrent Nearal Networks，RNN）等深度学习模型，对预处理后的数据进行训练和建模，挖掘数据背后的行为模式。训练完成的模型能够对驾驶行为进行精准分类与分析，实现超速、分神、疲劳驾驶等行为的判断。最终，依据分析结果输出实时反馈、风险警报、驾驶建议等内容，将分析成果切实应用于提升驾驶安全与优化驾驶行为。

 **学习评估站**

一、基础测试题

（一）选择题

1. 以下哪项不属于疲劳驾驶的生理特征？（　　）
   A. 瞳孔持续放大　　　　　　　　B. 眨眼频率降低
   C. 转向盘握力增强　　　　　　　D. 头部前倾角度增大

2. 以下哪项属于DMS监测的生理特征？（　　）
   A. 车辆轮胎气压　　　　　　　　B. 驾驶人瞳孔直径变化
   C. 车载空调温度　　　　　　　　D. 行李舱载重

3. 根据大五人格理论，频繁尝试新路线或使用高科技车载系统的驾驶人，最可能属于哪种性格特质？（　　）
   A. 神经质　　　　B. 外倾性　　　　C. 开放性　　　　D. 尽责性

4. 当人工智能检测到驾驶人连续3次"微睡眠"（眼睑闭合>1.5s）时，系统可能采取哪种措施？（　　）
   A. 播放轻音乐　　　　　　　　　B. 自动规划休息站并降低车速
   C. 关闭车载导航　　　　　　　　D. 调整座椅加热功能

（二）判断题

1. OBD-Ⅱ接口可以采集转向盘转角加速度数据。（　　）
2. 在重度疲劳状态下，驾驶人的眨眼频率会显著增加。（　　）
3. AI教练的"新手模式"允许驾驶人进行可控漂移操作。（　　）

（三）简答题

1. 简述人工智能如何通过多模态数据判断驾驶人的疲劳状态（至少列举3种数据源）。

2. 结合大五人格理论，解释"频繁紧急制动"行为与驾驶人性格特质的关联。

二、创新拓展题

1. 有人认为人工智能监控系统会侵犯驾驶人隐私，请从技术应用与隐私保护的角度提出平衡方案。
2. 假设你是一名人工智能算法工程师，如何设计一个既能保障安全又不剥夺驾驶乐趣的"赛道模式"？

第四节　车联网安全专家：黑客帝国的"防火墙侠客"

智驱引擎舱：红客反击战——智斗黑客保护汽车

清晨，在上班的路上，某新能源汽车车主小安发现，她的车突然自动播放奇怪的音乐，导航总指向陌生的地点。这时，汽车安全团队的"红客联盟"出手了，他们迅速锁定异常来源，原来，黑客想通过车联网漏洞控制她的车！团队凭借先进技术和丰富经验，一边阻断攻击链路以防止更多信息泄露，一边溯源追踪攻击者；经过紧张排查，揪出了藏在暗处的不法分子，成功修复了系统漏洞。汽车"红客联盟"不仅守护住了小安的用车安全，也捍卫了车联网安全防线。

随着人工智能技术的快速发展，车联网系统实现了智能交通管理、智能动态信息服务和车辆智能化控制，构建了"人－车－路－云"一体化的新型智能交通生态。通过车辆与网络的互联，实现了车与人、车、路、云平台（V2X）数据信息交互共享，当今我们熟知的无人驾驶、人机交互、软件升级等，都是车联网的体现。然而，这种高度的互联性也使得汽车面临前所未有的网络安全挑战，车联网安全问题也逐渐引发了广泛的关注。车联网安全专家主要负责智能汽车的安全体系架构设计、技术标准制定、数据安全治理及攻防技术研究，以应对车端漏洞、数据流动性等复杂挑战。其核心目标是保护驾驶人和乘员的安全，防止恶意攻击和数据泄露，筑牢智能驾驶的安全防线。

一、CAN总线攻防战：用树莓派劫持转向盘

（一）CAN总线概述

控制器局域网（Controller Area Network，CAN）是一种高效、可靠的通信协议，广泛应用于汽车电子系统中，相当于车辆的"神经系统"。它通过两根信号线（CAN-H和CAN-L）连接车上的各种电子控制单元（如转向盘转向、制动、仪表盘显示等），让它们能快速、可靠地交换数据。CAN总线采用广播式通信，所有设备共享同一线路，通过优先级机制避免冲突，确保关键指令（如

制动信号）优先传输。这种基于消息 ID 的传输模式虽提升了通信效率，但未内置身份验证机制，导致攻击者可利用物理接口（如车载 OBD）或无线模块（如 T-Box）接入总线，窃取或篡改数据，控制车辆功能。

（二）车联网 CAN 总线安全威胁分析

车联网安全威胁建模是一种系统化的方法，用于识别、量化和解决一个系统或应用程序中的潜在安全威胁。它涉及对系统的设计、架构和代码进行分析，以预测和防御可能的攻击，利用 CAN 连接。常见的安全威胁类型见表 4-4-1。

表 4-4-1　车联网安全威胁类型

主要威胁	具体描述	黑客工具
数据泄露	定位数据、行驶记录及车主信息可能被窃取，导致隐私暴露	树莓派、橡皮鸭
远程控制	黑客通过软件漏洞操控车辆，比如突然制动、转向，引发事故	树莓派、菠萝派
网络攻击	恶意软件或病毒感染车载系统，导致导航失灵、娱乐系统瘫痪	树莓派、菠萝派
伪造指令	攻击者可能伪造交通信号或云端指令，误导自动驾驶汽车	树莓派、橡皮鸭
供应链风险	车辆使用的第三方硬件或软件若存在漏洞，也会成为突破口	树莓派、橡皮鸭

趣味阅读

汽车世界中，车载诊断系统（On-Board Diagnostics，OBD），就像车辆的智慧守护者，它通过监测车辆的运行状态，及时发现并报告问题，为车主和制造商提供关键信息。

远程信息处理器（Telematics-Box，T-Box）是汽车智能系统及车联网系统中的核心组成部分，它集成了车身网络和无线通信功能，就像给车装了一个"联网大脑"。

OBD 系统与 CAN 总线集成，通过 CAN 总线进行车辆诊断，允许技师通过连接诊断工具访问车辆的电子控制单元，了解故障代码和问题的详情。

T-Box 通过 CAN 与整车进行通信，实时获取包括电耗、行驶里程、当前车速、电池状态、电机状态及车辆故障预警等数据，实现对车辆行驶数据的实时监控。

查一查

结合以上趣味阅读材料，搞清 CAN、OBD、T-Box 三者之间的联系。

TIPS 小贴士

黑客工具介绍

树莓派：是为学习计算机编程教育而设计，只有信用卡大小的微型计算机，其系统基于 Linux。外表"娇小"，内"芯"却很强大，视频、音频等功能通通皆有，可以与任何输入和输出硬件设备（如显示器、电视、鼠标或键盘）一起使用，可作为便携式渗透测试平台。

菠萝派：用于创建无线网络，诱骗设备连接到恶意网络来拦截敏感信息，如登录信息、电子邮件，甚至是机密数据。经常能看到有人说钓鱼 WiFi，其实他们大概率使用的就是这款设备，可以作为 WiFi 中间人攻击的测试平台，用于模拟各种攻击场景。

橡皮鸭：外观看似普通的 U 盘实际是一个强大的自动化工具，可以模拟键盘设备，自动执行预设脚本，绕过杀毒软件检测，可用于物理安全测试。

（三）人工智能在车联网安全中的应用

人工智能正深度赋能车联网安全体系构建，通过智能化的威胁感知、防御响应与数据保护技术，为汽车构筑起动态安全屏障。人工智能技术在从攻击研究到防御机制的所有领域都具有巨大潜力，传统保护模型无法应对日益复杂的网络攻击，将传统保护模型与机器学习、深度学习、人工神经网络以及其他人工智能技术相结合的安全模型，能够确保汽车有效抵御网络攻击。智驾系统通过人工智能算法，使汽车具备自动感知、决策与执行的能力，确保车联网的网络安全，提高行车安全性，减少交通事故。

1. 人工智能安全防护机制

人工智能安全防护机制就像给智能系统装上"安全卫士"，保护车内网、车际网和车云网的安全，通过人工智能实时监控、学习攻击模式，自动拦截异常行为。其中，CAN总线安全防护尤为重要，因为它是车辆内部通信系统的"神经网"，但缺乏加密，容易被黑客工具入侵，以"树莓派"接入车内CAN总线，监听CAN数据流，伪造指令的安全威胁最为典型。

2. CAN总线安全防护措施

（1）人工智能"加密通信" 当你的车与红绿灯、其他车辆或云端服务器交换数据时，人工智能会实时动态生成高强度的加密密钥，确保数据即使被截获也无法破解。人工智能宛如一位智能侦探，凭借强大的机器学习算法，对海量的车辆运行数据、网络流量数据进行实时分析，学习正常行为模式，一旦出现偏离常态的异常操作，如突然的远程控制指令群发、异常的车速与转向盘转角协同变动，便能立即发出风险预警，将潜在危机消弭于无形。人工智能大模型技术应用在CAN总线防护系统中，相当于给车辆通信装上"AI防火墙"，如图4-4-1所示。

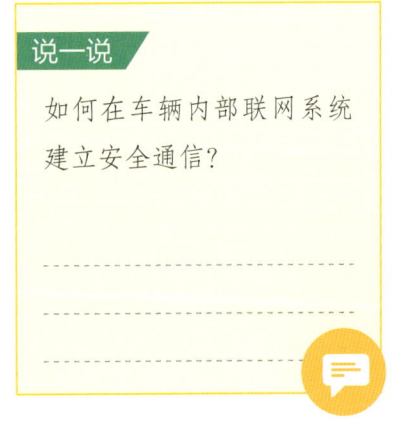

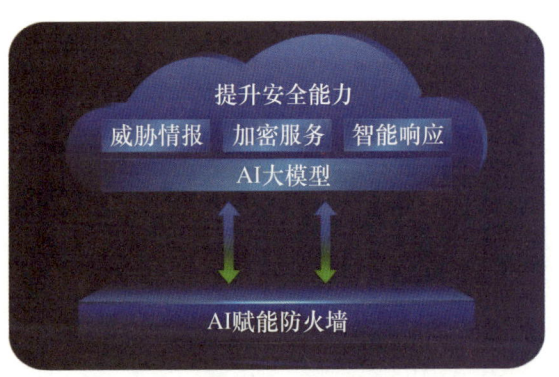

图4-4-1　AI防火墙

说一说

如何在车辆内部联网系统建立安全通信？

（2）入侵检测系统升级　通过深度学习车辆内部CAN总线的正常通信模式，如加速、制动、转向等指令的发送频率、时序和内容特征，建立起"通行规则库"。当黑客试图注入恶意指令时，人工智能会立刻发现异常，如转向盘信号与轮胎转角不匹配。系统采用"联邦学习（车企共享攻击模式但不暴露原始数据）+异常检测算法"，能在不泄露隐私的前提下，通过数百万辆车的行驶数据持续升级检测模型，像经验丰富的交警一样，瞬间识别出伪造的"假动作"，抓稳智能汽车的安全转向盘。

（3）OBD接口防护盾　通过限制授权人员的访问并采用防篡改外壳，增强CAN总线的物理安全性。人工智能驱动的防护系统采取双重保障。首先，通过硬件级隔离（如网关防火墙）将OBD-Ⅱ与核心控制系统物理分隔；其次，动态监测OBD-Ⅱ接口的访问行为，采用指纹识别+行为验证的智能认证。当检测到异常访问（如非授权设备频繁读取数据），系统会立即触发"自动上锁"，确保只有授权实体才能访问和修改CAN总线，抵御树莓派渗透测试攻击。

> **议一议**
>
> 结合CAN总线注入虚假指令，会导致智能音箱突然播放陌生音乐，举例说明设备身份认证的重要性。

二、OTA守护结界：空中升级的防盗锁设计

（一）什么是OTA

空中下载技术（Over-The-Air Technology，OTA）是一种通过无线网络（如WiFi或蜂窝网络）远程更新设备软件或固件的技术，广泛应用于智能手机、智能汽车、物联网设备等领域。其核心原理是将更新包从服务器推送至终端设备，自动完成下载、验证和安装，无须人工介入。OTA不仅能修复系统漏洞、优化性能，还能推送新功能，显著提升了用户体验和设备的安全性。

（二）OTA安全的重要性

通过OTA技术，可以将云平台上的软件升级包安全且完整地传输至车载终端，这一过程依赖于网络。然而，这一网络传输环节正是OTA安全性的薄弱点。若在传输过程中未对通信信息进行充分加密，或密钥信息被泄露或破解，那么车辆在OTA升级时将面临巨大的安全风险。OTA安全主要考虑三个部分的安全：第一部分是云端的服务器安全，第二部分是车端安全，第三部分是车和云之间的通信安全。在这三部分中，软件更新内容不仅需要认证，还需要加密，以保证数据在传输过程中不被仿冒和窃取。OTA守护

想一想

如果黑客伪造升级包，会出现怎样的情况？可以采取哪些措施防范？（比如把"系统升级"换成"病毒安装"）

者的使命就是保护每一次空中升级的安全，为数字世界筑起一道隐形长城。

汽车OTA升级就像我们给手机更新系统（比如华为鸿蒙系统从HarmonyOS 3.1升级到HarmonyOS 4.0）。但如果黑客把升级包换成"病毒糖果"，那么汽车可能会突然在道路上跳起"广场舞"（失控加速/制动）；把车门锁变成"密室逃脱游戏"（锁死不让出）；偷偷把你的GPS导航改成"海盗藏宝图"（窃取位置信息）。

（三）OTA的"防盗锁"设计

1. 威胁应对思路

针对不同环节的安全威胁，可采取分层次的综合防护措施：在云端（服务器）部署防火墙（WAF）和入侵检测系统（IDS）并实施加密分域管理；通信链路层面通过双向认证机制实现服务器与设备间的证书互验；设备端（车载终端）则通过安全启动环境以及包含校验单和数字签名的差分更新校验机制，构建端到端的安全防护体系。OTA安全防护体系如图4-4-2所示。

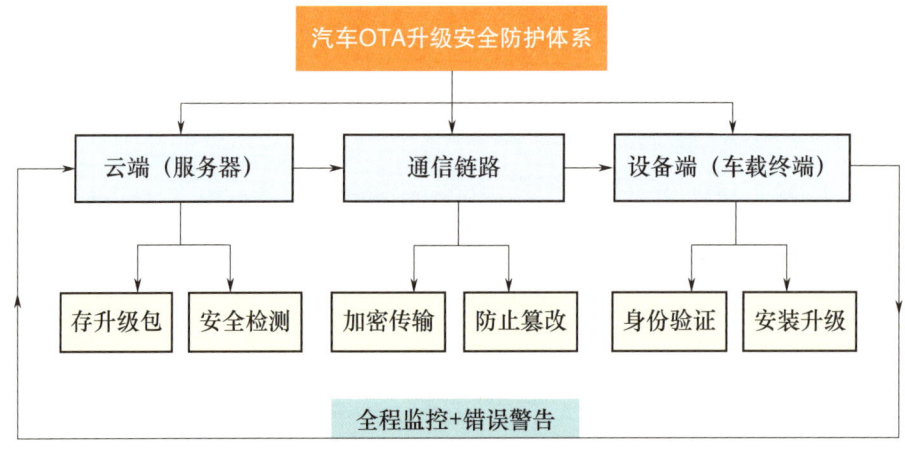

图4-4-2 OTA安全防护体系

OTA安全防护系统就像智能手机的"安全卫士"，建立基于人工智能的动态防护体系，突破了传统被动防御模式，实现了从系统层到应用层的立体防护，如同配备了会自主升级的智能盔甲。采用身份认证+动态签名+加密传输+区块链+人工智能风控五层防护体系，即使攻击者突破单一环节，也会被其他机制拦截，实现真正的"超级安全结界"。

2. OTA超级安全结界——三大"防盗锁"

（1）AI魔法印章锁：人工智能签名认证机制　在汽车OTA安全防护过程中，数字签名是一种基于签名和验证的方式，结合人工

议一议

如果升级包被调包，厂家签名被仿制，那么升级包的真假和传送的安全性就会难以辨别和控制。怎样才能让整个过程更安全呢？

智能技术后，可以实现动态防伪。AI魔法印章锁（人工智能签名）是OTA安全链路的基石，能够验证签署者的身份并确保签名文件的完整性。与传统数字签名不同，人工智能签名是通过使用复杂算法和机器学习模型创建的，并存储在安全的数字证书中，使其从静态防御升级为动态智能防护，结合加密隧道和双向认证，保护系统免受恶意软件的侵害，共同构建了"超级安全结界"。

（2）防拆封贴纸锁：哈希校验　哈希校验是一种用于验证数据完整性和安全性的技术，它通过哈希算法为数据生成唯一的"标识码"（哈希值），用于检测数据是否被篡改或损坏。OTA云端在发布软件更新包时，会预先计算软件包的哈希值，并将其存储在OTA云端上作为校验的标准。车端在下载完成升级包后，通过与OTA云端进行通信，获取这个预期哈希值，防止篡改，确保数据在传输过程中即使被截获也无法解密，就像给每个升级包加上一个独一无二的指纹，提高系统的可靠性和安全性。

（3）版本校验密码锁：时间控制+双备份保护　通过时间控制，防止攻击者将软件强制回滚到漏洞版本，升级后禁止"时间倒流"。再利用双备份保护，建立版本防火墙，允许设备在更新失败或新版本不稳定时，自动恢复到之前的稳定版本，确保设备的正常运行。既允许安全退回，又杜绝随意降级。

三、黑客猎人考试：找出自动驾驶的"致命漏洞"

（一）自动驾驶常见"漏洞"

自动驾驶就像"汽车机器人"，你的车突然有了一个"人工智能驾驶人"：它通过摄像头（眼睛）、雷达传感器（高级触角）来感知周围环境，再用大脑决定何时加速、制动、转弯。

自动驾驶系统虽然技术先进，但在复杂现实环境中可能因多种因素出现漏洞（Bug）或故障。图4-4-3所示为常见漏洞的触发场景和原因分类。

> **TIPS 小贴士**
>
> 哈希算法是一种将任意长度的输入数据转换为固定长度输出的算法，简单地说，就是给一堆复杂的信息取一个简单的、容易记的、固定长度的别名。
>
> 为什么要取一个容易记忆的别名？
>
> 1）为了保密，不让别人知道我的真实内容。
>
> 2）更少的记忆存储，不要记那么多东西。
>
> 3）大家都变成一样的长度，便于快速排序、查找检索。
>
> 哈希算法有以下特性：正向快速、不可逆性、避免冲突。哈希算法广泛应用于密码存储和文件校验领域。

> **试一试**
>
> 根据OTA安全守护行为衡量维度来判断以下行为，在属于保护者的后面画"√"、黑客的后面画"×"。
>
> 1）在一次升级过程中，人工智能系统检测到一个异常的升级指令，该指令伪装成官方升级包，但经过人工智能魔法印章锁的智能分析，发现其代码结构和数字签名与官方标准不符，成功拦截了此次疑似黑客的恶意指令。（　　）
>
> 2）某品牌新能源汽车云端服务器被植入恶意固件包，2.4万辆车制动数据遭篡改。（　　）

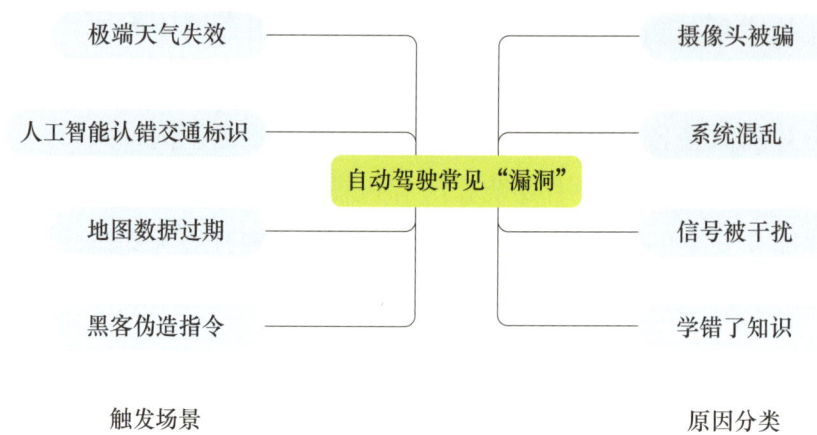

图 4-4-3　自动驾驶常见"漏洞"的触发场景和原因分类

自动驾驶技术的核心是通过算法分析传感器数据来模仿人类驾驶决策，但这一过程中的"漏洞"往往源于算法局限与数据缺陷。在算法层面，当突然有行人从视觉盲区冲出，算法要在 0.1s 内从数百万种可能中选出方案，这时可能陷入"道德难题"：该优先保护车内乘员还是行人？这类问题在实验室很难完全模拟。在数据层面，自动驾驶依赖海量数据训练，但总有"没见过"的场景——训练数据偏差，最棘手的是，这些漏洞往往在极端条件下才会暴露，就像手机平时流畅却在关键时刻"死机"。

（二）黑客猎人：数字世界的"正义猎人"

黑客猎人犹如防火墙侠客一样，通过在数字江湖中摸爬滚打积累攻防经验。他们潜伏于暗流涌动的网络深渊，以代码为剑，以漏洞为镜，在每一次与恶意程序的对决中淬炼技艺，见表 4-4-2。

表 4-4-2　黑客猎人的数字江湖

关卡	漏洞类型	生活例子类比	黑客猎人任务	防御技巧类比
第一关	传感器攻击	用激光笔照手机摄像头导致花屏	①摄像头欺骗；②雷达干扰，用热气干扰雷达检测出"幽灵障碍物"	人工智能学习数百万张真实路况照片，如同通过大量做题掌握题型
第二关	数据投毒	只给同学看橘猫照片，使其认为所有猫都是橘色	路标陷阱：篡改"禁止通行"标志为"冰激凌店"标志，误导人工智能，让激光雷达误判	多维防御+动态拆解，针对视频流等连续数据，分析帧间颜色突变规律，拦截渐进式投毒
第三关	无线入侵	有人黑进教室电脑播放搞笑视频	①蓝牙漏洞：通过车载音响系统入侵打开车门；②GPS欺骗：发送假定位信号误导汽车位置	行为分析检测伪装，预测漏洞并提前加固网络，自动阻断可疑设备接入

（三）黑客猎人的防御盾牌

常见的防火墙侠客需要防御的攻击类型见表4-4-3。

表4-4-3 防火墙侠客需要防御的攻击类型

攻击面	测试工具	风险等级
传感器	雷达或控制系统劫持工具包	★★★★★
深度学习模型	机器学习模型攻防库	★★★★☆
V2X通信	CANalyzer+定制转接头	★★★★☆

1. 强化学习优化驾驶策略

除了感知环境，自动驾驶汽车还需要做出决策，例如，如何变道、何时制动、如何应对突发状况。传统的规则驱动方法（基于预设规则的决策）在复杂环境下容易失效，而强化学习可以帮助系统不断优化驾驶策略。学习能够更好地应对高速公路上并线、前车突然制动，调整驾驶策略，使其更符合复杂路况的要求。

2. 预测性分析与行为建模

在真实驾驶环境中，除了感知当前情况，自动驾驶系统还需要预测其他道路使用者的行为，以做出更安全的决策。例如，识别前方车辆是否可能突然变道，或者预测行人是否会横穿马路。

3. 路侧单元与自动驾驶融合

路侧单元具备通信和感知能力，是实现安全自动驾驶的关键组件，使车辆能够相互通信并与周围基础设施通信。路侧单元拥有更多物理空间，可以沿道路安装更多高精度、高功率的传感器，如气象传感器、摄像头、雷达和激光雷达等。部署的算法可以基于视觉传感器信号对道路上特定物体进行定位和感知，实现车辆高精度定位、高精度地图分发和更新、事件管控数据的全息感知，人、车、路、云的协同互信；最终实现"聪明的车+智慧的路+强大的云"，如图4-4-4。

图4-4-4 "聪明的车+智慧的路+强大的云"

4. 异常检测与网络安全防护

安全和隐私保护也是自动驾驶系统面临的重要挑战。为了参与V2X系统，车辆不可避免地与其他车辆和基础设施共享信息。这种连接可能导致几个隐患：用户隐私可能通过信息传输泄露；黑客可能入侵V2X网络并对系统进行攻击，这可能导致故意的交通事故。因此，V2X系统应受到严格保护以防止上述情况发生。基于人工智能驱动的入侵检测系统，可以分析网络流量，检测是否存在恶意攻击行为，例如，黑客试图远程控制车辆或篡改导航数据。系统要确保车辆与云端之间的数据通信安全，防止篡改和数据泄露。

> **TIPS 小贴士**
>
> 1）路侧单元（Road Side Unit, RSU）是一种城市交通基础设施，是一种通过道路边缘单元提供互联网连接和交通信息服务的设备。RSU可以收集和传输行车数据，包括车辆流量、车速、交通拥堵情况、交通事故等，向车辆驾驶人、旅客和城市交通管理部门提供相关信息。
>
> 2）车对外界的信息交换（Vehicle to Everything, V2X）指的是车载单元与其他设备通信，包括但不限于车载单元之间通信（V2V）、车载单元与路侧单元通信（V2I）、车载单元与行人设备通信（V2P）、车载单元与网络之间通信（V2N）。

延伸补给包

1."长城防火墙"——华为量子加密通信

比亚迪汉EV搭载华为MH5000模组，采用抗量子计算加密技术，就像给数据传输装上"北斗导航"，黑客拦截会自动触发"数据自毁"。

2."多模态防御"——蔚来主动安全AES

独创"车-路-云"协同安全架构：车辆异常时自动向周围5km内车辆广播警报；云端人工智能每秒分析1200多个安全参数；蔚来汽车推出的自动紧急避让（Automatic Emergency Steering, AES）技术，目的是解决智能驾驶中的安全问题，开发基于对现有自动紧急制动（Autonomous Emergency Braking, AEB）技术局限性的认识。

传统AEB在高速场景下的效果有限，仅依赖制动难以避免所有碰撞，并可能增加后车追尾的风险，蔚来引入了紧急变道等额外的避险措施，以弥补AEB功能的不足。针对高密度交通环境中的特定风险，如"鬼探头"和前车紧急制动等情况，蔚来的AES技术提供了更全面的安全保障。AES利用大模型架构和多传感器融合感知系统，在60~150km/h的速度范围内提供避险支持，可以处理5类共14个具体场景，包括复杂的"鬼探头"和"夹心场景"。当检测到后方追尾风险时，AES能够迅速执行变道操作，减少连环追尾的可能性。

3."墨家机关"——吉利卫星守护系统

依托"吉利未来出行星座"（72颗低轨卫星），定位精度从米级提升至厘米级，即使GPS被干扰，仍可通过"天基互联网"保持通信，这意味着吉利辅助驾驶系统将与卫星功能实现深度融合。

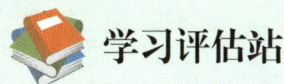 **学习评估站**

一、基础测试题

（一）选择题

1. 以下哪种攻击会让自动驾驶汽车突然"失明"？（   ）
   A. 激光干扰摄像头   B. 给轮胎充气
   C. 更换座椅颜色   D. 播放轻音乐

2. CAN总线被入侵时，黑客最可能做什么？（   ）
   A. 给车充电   B. 伪造制动指令
   C. 调整空调温度   D. 打开天窗看星星

3. 如果黑客想伪造一辆"幽灵车"让自动驾驶汽车紧急制动，最可能攻击哪个系统？（   ）
   A. 车载空调   B. V2X通信模块
   C. 座椅按摩功能   D. 天窗控制系统

（二）判断题

1. 机器学习能预测车辆CAN总线的潜在入侵行为。（   ）
2. 人工智能数字签名是一种基于签名和验证的方式，可以实现动态防伪。（   ）
3. 哈希校验技术可以用于验证数据的完整性和安全性，但不能用于检测数据是否被篡改。（   ）

（三）填空题

1. 人工智能可以通过分析车辆网络中的_____来识别潜在的网络攻击。
2. 在车联网安全中，人工智能可以帮助实现_____的实时监测和预警。
3. 路侧单元具备_____和_____能力，是实现安全自动驾驶的关键组件，使车辆能够相互通信并与周围_____通信。

二、创新拓展题

1. 现在很多汽车能通过网络实现自动驾驶、远程控制等功能，这也让汽车面临更多安全风险。如果你是车联网安全专家，会如何向普通车主解释"车联网安全"的重要性？

2. 车联网安全专家需要学习很多知识和技能。列举3个你觉得他们必须掌握的技能，并简单说明原因。

第五节　智能座舱交互设计师：元宇宙的"五感魔法师"

智驱引擎舱：懂你心意的五感魔法师

在美国拉斯维加斯举办的CES 2018展台上，奔驰公司重磅推出了全新MBUX智能用户体验系统，它不仅是一块触摸屏，更是座舱里的智慧魔方，让你和爱车之间的互动首次真正实现"无界"。想象一下，只要一句"Hey Mercedes"，导航、音乐、空调轻松选择，连复杂的菜单都能一键跨越；当你说"有点冷"，仪表板周围的氛围灯瞬间调为暖红色，就像车在"感同身受"地回应你的需求。更酷的是，这套氛围灯系统可选64种炫彩主题，随心切换，无论是静谧的深海蓝，还是激情的烈焰橙，都能随状态自动变换，营造专属驾乘氛围。此外，它还集成了Cerence Look前沿技术：通过车内摄像头实时捕捉视线和手势，哪怕只是朝车外的咖啡馆一瞥，也能识别并告诉你那家店的名字。这一切，让MBUX系统超越了单一的语音或触控，成为真正的"多感官"交互平台，它像一位懂你心意的五感魔法师，随时准备用智能和趣味点燃你的驾驶体验！

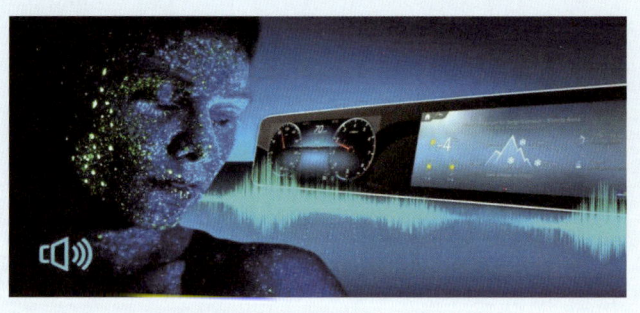

一、语音交互设计：让车机听懂方言

语音交互（Voice User Interface，VUI）是一种通过语音实现人机交互的技术，允许用户使用自然语言指令与设备或应用程序进行沟通，无须依赖物理接触或图形界面。汽车语音交互通过自然语言实现人机对话，为驾驶人提供"免手"操作体验，极大提升了驾驶安全性和舒适度。与传统图形界面不同，VUI依赖听觉输入与输出，需要重点关注语音识别的准确性、对话响应的自然度以及上下文理解的深度。

在智能座舱中，VUI可完成导航、空调、媒体控制等常见功能，还可与车内环境（氛围灯、座椅调节）联动，实现多维度反馈。

（一）设计原则——对话体验的"基石"

智能座舱交互设计应以驾驶安全为核心，通过系统性框架平衡功能效率与人性化体验。其设计原则需遵循"减少认知干扰、强化自然交互、适配多元场景"的核心逻辑，在语音、触控、视觉等多模态融合中构建可靠、灵活的人机协同机制，同时依托动态感知能力与包容性设计，覆盖不同驾驶环境与用户群体的差异化需求。

1）安全优先：设计应最大程度减少驾驶人的认知负荷，避免出现冗长对话与复杂指令，确保驾驶人在使用过程中保持目视道路。

2）简洁清晰：语句应自然且简短，禁止使用晦涩术语或多层嵌套命令，比如"导航到公司"要比"请帮我规划一条前往公司总部的最佳路线"更易识别与执行。

3）多模态支持：在语音识别失败或环境嘈杂时，系统应自动切换到触控或视觉菜单，保证交互不中断。

4）场景感知：结合车速、环境噪声、驾驶模式等信息，动态调整语音播报速度、音量和反馈方式，提升对话的适应性。

5）可用性与包容性：支持普通话及至少两种本地方言识别，兼顾不同驾驶人的语言习惯；同时遵循无障碍设计，考虑听力或发音不标准的用户场景。

（二）方言支持——"让车听得懂你说话"

在我国，不同地区的方言发音差异显著，例如"下"字，普通话中发音为xià，四川话则保留古音特点，声母不发"x"而发"h"，读作hà。如果语音系统听不懂方言，那就很难服务所有用户。

技术上，工程师通过"本地语料库"+"迁移学习算法"，让语音系统能听懂多个地区的方言。一般车机系统支持粤语、四川话、湖南话等方言。例如，普通话说"我要去地铁站"，粤语用户说"我想去地铁站啊"，系统一样能听懂。

> **说一说**
>
> 教师说出东北话指令（如"整点儿音乐"），学生5s内转译标准指令（如"播放音乐"），讨论识别难点（词汇歧义/语调差异），并投票选出最佳优化方案（如添加方言词库/多轮纠错），总结方言VUI设计要点。

说一说

学生分组抽取驾驶场景卡（如"雨夜导航"），在 3min 内从"声/视/触/光"组件库勾选适配方案（如 HUD+座椅振动+蓝光），并说说"调低暖风"（四川话"把烘烘儿关小"）的识别逻辑。

设置"方言切换"开关，用户可选择普通话、粤语、四川话等。系统可弹出语音示例（带拼音），帮助用户准确发音，如图 4-5-1 所示。

图 4-5-1 "方言切换"开关

（三）对话管理与错误处理——"对话别卡壳，出错能补救"

语音系统说到底，是"能交流"的系统。当我们和车对话时，它要"懂流程"，更要"会补救"。

1. 确认策略：重要的事要问一声

比如打开天窗、起动发动机这类操作不能随便执行，系统会先二次确认："你确定要打开天窗吗？"这样能避免误操作。比如你只是说了"天窗"两个字，系统不会立刻执行。

2. 错误回退：出错不要"死循环"

有时系统听不清、没识别出你的意图，会自动进入"回退流程"："我没听清，请再说一遍，或选择触控操作。"你可以选择：重新说一遍/用手点击屏幕/自动跳转菜单页。这样，系统不会"卡住"，也不会让你反复说。

3. 快捷命令：随时能"打断"系统

预设几个任何时候都能说的万能指令，见表 4-5-1。

表 4-5-1 万能指令

指令	作用
停止	立即终止当前对话
返回主页	回到主界面
帮助	弹出语音使用提示

二、多模态交互开发：隔空调节空调的 AR 手势

多模态交互是指将不同感官通道（如语音、手势、触控、视觉、触觉、氛围灯）有机结合，如图 4-5-2 所示，实现信息输入与

输出的多路并行和互补,提升系统鲁棒性与用户体验。研究表明,结合语音与手势的多模态交互,在驾驶模拟环境中可提高互动效率30%以上,同时降低识别错误率。多模态交互具有以下典型应用场景:

1)行驶中:驾驶人通过语音"下一首"切换音乐,同时用手势在空中滑动确认,双重保险。

2)停车辅助:倒车时,手势划过中控屏即可切换后视摄像头视角,并伴随转向盘轻微振动提示距离。

3)紧急提示:遇到胎压过低,系统语音播报"胎压异常",仪表氛围灯闪烁红色并振动转向盘提醒。

图 4-5-2　多模态交互

(一)设计原则

智能座舱交互设计遵循"四融二稳"原则,以多模态协同、场景适配、空间整合为核心,构建安全高效的交互体系。"四融"聚焦交互通道的融通性(信息同步)、场景权重的融合性(动态适配)、人机界面的融入性(自然映射)及环境感知的融智性(智能决策);"二稳"则通过操作稳定性(流程连贯)与驾驶安全性(风险规避)双维度保障,基于实时环境感知与用户需求覆盖,实现交互效率与行车安全的有机统一。

1)融通:不同通道的反馈须协调一致,语音播报与屏幕文字同步显示,避免混乱。

2)融合:根据场景动态分配交互权重,如高速行驶优先使用语音,低速或静止时手势/触控优先级更高。

3)融入:界面布局与实体空间自然融合,虚拟按钮位置与物理按键对齐,降低学习成本。

4)融智:系统通过传感器实时感知车速、噪声、光照等环境信息,智能切换最优交互模式。

5)稳定:模式切换过程平滑,不出现闪烁或延迟卡顿,确保用户体验连贯。

> **试一试**
>
> 教师给出5个手势动作(如上滑=调高温度)和语音指令卡,学生分组在3min内将手势与正确语音指令配对(如隔空说"升温"),并演示误触时如何用触控补救,最后投票评选最符合"安全+流畅"原则的方案。

6）安全：任何时刻以驾驶安全为第一要务，禁止在高速状态下弹出长文本或进行多轮复杂对话。

（二）系统架构与技术组件

本系统构建于清晰的三层架构之上，实现多模态交互闭环。输入层整合语音麦克风阵列、手势摄像头、触控屏及转向盘振动传感器，精准捕捉用户意图；融合引擎通过时间同步模块对齐多源信号，并运用意图融合算法统一解析操作指令；输出层则协同屏幕图形界面、抬头显示、触觉反馈及氛围灯，向用户提供直观、低干扰的状态确认与交互响应。系统架构与技术组件见表4-5-2。

表4-5-2 系统架构与技术组件

系统架构	技术组件
输入层	语音麦克风阵列：利用多麦克风波束成形技术，精准捕捉驾驶人语音，并抑制发动机、风噪等干扰
	手势摄像头：深度摄像头实时识别手部动作，如滑动、挥手、捏合等基本手势
	触控屏：高灵敏度触控屏支持多点触控，用于备选交互
	转向盘振动传感器：用于触觉反馈，增强指令确认感
融合引擎	时间同步模块：对所有传感器数据打上统一时间戳，确保多路输入可对应到同一交互事件
	意图融合算法：基于规则或轻量神经网络，将多路输入合并为单一操作意图，如同时检测到"音量+手势向上"，优先判定手势为主
输出层	屏幕图形界面：在中控屏或HUD上展示当前指令状态、确认按钮和简要文字提示
	抬头显示（HUD）：仅投射关键信息，如"导航中"或"距离剩余500m"，减少低头分心
	触觉反馈：转向盘或座椅轻微振动，提示"指令已接收/执行失败"
	氛围灯：识别中→蓝灯缓闪；成功→绿灯常亮；失败→红灯闪烁

> **想一想**
>
> 简述一个你设想的智能汽车多模态交互场景，至少包含三种感官通道（如语音、视觉、触觉等），并说明它们在该场景中的作用。

（三）开发流程与关键技术

多模态交互的开发流程涵盖从场景驱动的需求分析与融合方案的确定，经过交互原型设计、关键传感器选型、参数标定与性能测试，到融合算法实现、与车载系统的指令对接，最后完成基于事件总线的多通道同步反馈机制的全链条关键技术环节，旨在显著提升复杂驾驶环境下的交互鲁棒性与用户体验。

（1）需求分析

1）列出目标场景和单一通道的局限：如在驾校模拟环境中，语音在风噪下易失效，必须引入手势或触控备选。

2）确定融合方案：选择语音+手势+触觉三通道组合，提高互动成功率。

（2）原型设计

1）纸面流程图：画出从用户"发出语音唤醒"到"反馈灯光/振动"的完整流程框架。

2）Figma/Axure原型：实现多态界面状态切换动画，包括识别中、待确认、执行成功、执行失败四种状态。

（3）传感器选型与标定

1）麦克风阵列距离：测试最佳拾音距离（建议40~60cm），保证收音清晰。

2）手势摄像头视角：调整在转向盘上方或中控区域，覆盖驾驶人手部活动范围。

3）振动电机频率：选择100~200Hz振动频率，增强但不妨碍驾驶。

4）实验室标定：模拟不同车速（0km/h、40km/h、80km/h）环境，测试语音和手势识别准确率并记录。

（4）融合算法实现

1）规则引擎：定义优先级规则，例如，当同时接收到语音"下一首"和手势右滑时，以手势为主；若无手势，则执行语音。

2）简单模型：基于决策树或轻量神经网络，对输入特征（语音置信度、手势置信度、环境光照）进行意图判定。

（5）前端与车载系统对接　在Android Automotive或QNX平台上，调用CarPropertyManager或CAN总线消息，将融合后的意图映射为空调、媒体、导航等控制指令。

（6）多通道反馈实现

1）事件总线：前端监听融合引擎事件，触发图形用户界面（Graphical User Interface，GUI）更新、HUD投射、振动和氛围灯切换，保证响应一致。

2）同步策略：设置"反馈延迟"阈值（<200ms），超过即发

议一议

随着智能驾驶技术的发展，多模态人机交互系统（融合语音、手势、触觉、视觉等）已广泛应用于智能汽车中。请你结合具体案例，谈一谈你对"多模态交互是否能真正提升驾驶安全与用户体验"的看法。

出"正在处理"提示，避免用户误触二次指令。

（四）典型应用

（1）奔驰公司的MBUX系统　MBUX系统整合语音"Hey Mercedes"、触控屏、氛围灯和手势检测，实现了语音、手势与视觉的无缝切换。当用户说出"导航到华南理工大学"，同时向右滑手势取消，系统优先识别手势操作。

（2）通用汽车的GM WOO项目　GM WOO项目将车窗打造成多触点显示，支持手势绘图、环境信息互动，结合语音提示，为乘员带来沉浸式体验。

三、情感化交互研究：根据心跳速率切换车内光影

情感化交互（Affective Interaction）是指系统通过识别、理解并回应用户的情绪状态，实现"懂你心"的人机对话与反馈体验。

在智能座舱中，情感化交互可让车辆在驾驶人疲劳、紧张或愉悦时，主动切换语音语调、氛围灯颜色或座椅振动，营造贴心的驾驶氛围。常见应用场景包括：

1）驾驶疲劳安抚：当系统检测到驾驶人心率下降或驾驶行为紊乱时，播放舒缓音乐并振动座椅提醒休息。

2）情绪灯光调节：根据面部表情和语音情感判断驾驶人心情，将氛围灯切换至暖色或冷色，营造"愉悦"或"平静"氛围。

3）个性化媒体推荐：分析语音语速与音高，识别驾驶人情绪，如"烦躁"时自动推荐放松音乐并提示深呼吸。

（一）设计原则——"三感两稳"

在设计智能座舱的情感化交互功能时，必须遵循"三感两稳"的基本原则，既要让系统"会感受、有温度、够自然"，又要"反馈稳定、确保安全"。

（1）同理心（感知他人）　系统应具备初步的情绪识别能力，能主动察觉驾驶人的情绪变化，并以温和的语气和合适的动作做出回应。当检测到驾驶人疲劳时，系统用柔和的语音播报："您看上去有些累，要不要休息一下？"同时调暗灯光或播放舒缓音乐。

（2）直观性（感受明显）　情感反馈要简洁明了，不能让驾驶人"猜"系统的意思。反馈方式应以视觉灯光、语音语调或简洁图标为主，避免长段文字和复杂提示。当驾驶人心情愉快时，氛围灯

可渐变为亮黄色，并在屏幕上显示微笑表情，增强"快乐"氛围。

（3）自然性（感觉顺畅） 系统的语气、节奏、灯光变化等都应贴近人类自然交流方式，避免突兀、机械感强的切换，让驾驶人觉得"是在和人互动"。不要突然闪亮所有灯光或播放突兀音乐，而是渐变切换灯效、语音语调柔和变化。

（4）稳定性（稳健无误） 情绪识别算法要足够稳健，不能因为一次误判就频繁改变反馈内容。情绪变化处理要"有缓冲"，让体验更连贯。如果驾驶人只是短时间皱眉，不应立刻切换成"愤怒"状态，而是观察是否持续发生后再决定反应。

（5）安全性（稳妥驾驶） 一切情感化反馈都必须以行车安全为前提。特别是在高速或复杂路况下，系统只可给予简短语音或视觉提示，严禁进行长时间交互。例如，在车速超过80km/h时，仅显示仪表"您状态正常"或简单蓝光提示，避免长对话或动画分散驾驶人注意力。

> **说一说**
>
> 请结合所学内容，简要说明"情感化交互"在智能座舱中的三种典型应用场景，并分析其背后的设计原则"同理心、直观性与自然性"是如何体现的。
>
>

（二）情感识别技术

（1）生理信号采集 利用心率传感器、皮电传感器等生理测量设备，监测驾驶人的心率和皮肤电导变化，以判断其紧张或疲劳程度。研究表明，心率超过100次/min或皮电显著波动时，多数人处于情绪激动或压力增大状态，系统可据此预警并提供安抚交互。

（2）面部表情分析 车内摄像头实时捕捉驾驶人面部图像，通过计算机视觉算法识别眉目、嘴角等细微表情变化，对应Ekman提出的六大基础情绪（喜悦、悲伤、恐惧、愤怒、厌恶、惊讶），如图4-5-3所示。当检测到"疲倦"或"皱眉"表情时，系统可提醒驾驶人打开车窗或调整座椅。

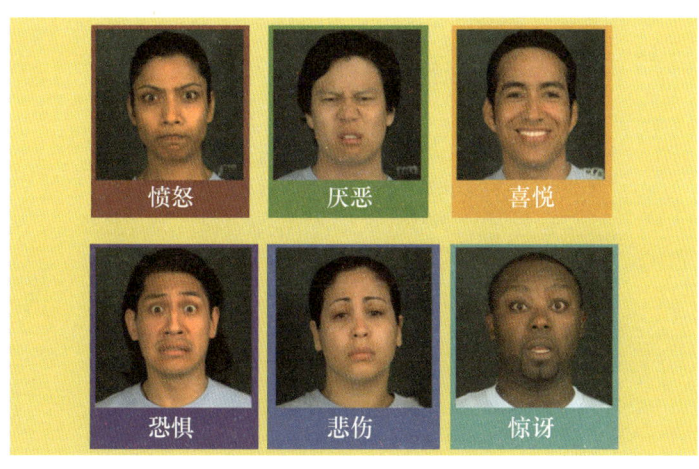

图4-5-3 微表情

> **想一想**
>
> 1. 情感化交互技术通过多种传感器采集驾驶人的生理信号、面部表情、语音情感和行为数据，进而判断驾驶人的情绪状态。生理信号采集通常使用_____传感器来监测驾驶人的心率，以及_____传感器来测量皮肤电导变化，进而判断驾驶人的紧张或疲劳程度。
>
> 2. 在面部表情分析中，车内摄像头通过计算机视觉算法捕捉驾驶人的面部表情，识别出_____、_____、_____、_____、_____、_____六种基础情绪，系统可根据不同情绪调整反馈策略，如喜悦时播放欢快提示音，悲伤时切换柔和灯光。

（3）语音情感识别　基于语音信号的音高、语速、音量等特征，使用深度学习等模型判定驾驶人当下情绪，如"声音颤抖"多为紧张或焦虑。在实际驾驶中，系统可结合ASR和情感分析，先识别指令意图，再根据情感结果调整反馈方式。

（4）行为数据监测　通过分析转向频率、紧急制动次数、车道偏离等驾驶行为指标，判断驾驶人驾驶风格与情绪状态，如频繁紧急制动常伴随心烦意乱。系统将这些行为特征与生理和表情数据结合，提高情感识别的准确性。

（三）情感模型与计算

（1）OCEAN人格情绪映射　OCEAN模型（开放性、尽责性、外向性、宜人性、神经质）可将用户情绪维度映射至基础个性特征，辅助系统提供更精准的长期个性化交互。

（2）算法实现方式

1）规则+阈值法：针对心率、皮电或表情捕捉设定阈值，如心率>100次/min，则认定为"紧张"。

2）机器学习：利用决策树或支持向量机（Support Vector Machine，SVM）对标注数据训练分类器，实现多特征融合判别。

3）深度学习：采用CNN或RNN端到端训练面部表情和语音情感，实现更高的鲁棒性与泛化能力。

（四）系统架构与技术组件

系统架构与技术组件见表4-5-3。

表4-5-3　系统架构与技术组件

系统架构	技术组件
感知层	生理传感器：心率带、皮电贴片
	摄像头：用于面部表情捕捉
	传声器：采集语音情感特征
	车辆总线：获取转向、制动等行为数据
分析层	信号预处理：滤波去噪并同步各通道时间戳
	情感分类模型：基于规则、机器学习、深度学习的多模态融合模型
决策层	情感策略引擎：将识别结果映射至交互方案，如"播放安抚语音"或"切换灯效"

（续）

系统架构	技术组件
反馈层	语音播报：根据情绪调整语速与语调
	氛围灯：暖色系/冷色系渐变灯效
	座椅振动：轻微振动舒缓或提示休息
	香氛机：释放舒缓香氛，营造放松环境

（五）典型应用

（1）蔚来汽车的NOMI情绪氛围灯　当驾驶人携带有效智能钥匙靠近车辆时，NOMI会点亮外部灯光，并在车内根据驾驶人情绪切换256种双色氛围灯模式，打造"移动情感舱"。升级后的NOMI GPT还集成了"情感引擎"，能根据驾驶人的面部与语音情绪自动调整灯光与语音交互策略。

（2）奇瑞汽车的情感化健康助手　奇瑞星途星纪元ET搭载了科大讯飞的星火大模型，它能支持语音、视频、图文多模态交互。其健康助手能通过车内影像数据监测驾驶人疲劳状态，并结合医疗数据进行健康预警；支持中英文混合说及粤语、四川话方言交互，并可模拟真人情感化回复，从而提升自然交流体验。

（3）广汽昊铂的"随行导游"　广汽昊铂HL采用了科大讯飞的星火大模型与ADiGO SPACE 6.0智能座舱系统，获得了"AI智能座舱能力A+级"认证。车外摄像头识别环境可实现"随行导游"和天气安全建议，车内座舱融合"端云一体"人工智能技术，提供实时出行攻略和儿童模式，适配家庭场景需求。

（六）智能座舱交互设计师职业能力拆解——以"情绪安抚系统"开发为例

1. 职业定位认知

智能座舱交互设计师=用户体验研究员+数据科学家+算法工程师+视觉设计师，需具备用户共情、技术理解、美学表达的综合能力。其主要的岗位技能包括：用户研究与需求分析、多模态数据采集与分析、交互算法开发、系统原型实现、迭代优化能力等。

2. 案例实践

开发"驾驶人情绪安抚系统"，通过生理数据实时监测驾驶人的情绪，触发智能座舱的交互反馈（灯光、语音、香氛等），见

> **想一想**
>
> 1. 情感化交互在智能座舱中的作用是什么？
> 2. 请简述智能座舱情感识别技术中的四种主要方式。

议一议

在情感化交互系统的设计与实现过程中，需求调研和数据采集对系统的效果有什么重要影响？请结合实际应用讨论这些步骤在情感化交互系统中的作用和挑战。

表 4-5-4。

表4-5-4 职业能力分解与教学实践

岗位技能	核心能力	职业实践
用户研究与需求分析	建立同理心与场景洞察	①设计访谈提纲（驾驶场景痛点、情绪触发点、期望的安抚方式） ②绘制用户旅程图（起动、行驶、驻车不同阶段的情绪波动）
多模态数据采集与分析	数据驱动设计思维	①设计实验场景（直线路段、倒车入库等） ②同步记录生理数据与行为视频 ③建立情绪标签体系（紧张、烦躁、专注）
交互算法开发	技术方案选型与验证	对比不同算法在疲劳检测中的表现： ①决策树：准确率82%（特征工程关键） ②LSTM：准确率89%（计算延迟较高）
系统原型实现	全链路交互开发	编写安抚反馈逻辑： if连续5min焦虑检测：启动座椅振动+播放自然音效 Else if突发愤怒检测：激活香氛系统+调暗氛围灯
迭代优化能力	闭环验证思维	收集测试数据发现：新手驾驶人更倾向可视化反馈（仪表盘表情符号+进度条） 更新交互方案：增加AR-HUD情绪可视化组件

延伸补给包

脑机接口（BCI）与蔚来汽车的"意念交互"

一、什么是脑机接口（BCI）

脑机接口（Brain-Computer Interface，BCI）是一种通过技术手段直接连接人脑与外部设备（如计算机、智能汽车）的系统。它能够捕捉大脑活动产生的电信号（即脑电波），并将其转化为机器可识别的指令。简单来说，就是"用大脑控制设备"，驾驶人只需"想一想"，就能让车辆执行操作，无须动手或说话。

二、帝仪科技：便携式脑机接口驾驶安全智能防控系统

帝仪科技开发的"便携式脑机接口驾驶安全智能防控系统"通过智能脑电帽实时采集驾驶人的脑电信号，结合人工智能算法（如模式识别、机器学习）精准识别疲劳状态，并在疲劳驾驶发生前发出预警。系统还集成摄像头、测速雷达、智能手环等设备，实时监测分心驾驶、超速等危险行为，形成"事前预警、

事中警告、事后追溯"的全方位防控体系。

该系统自2020年起在山西省太原市、晋城市规模化试点，覆盖48家企业的866辆渣土车、货车等重型车辆。数据显示，试点后疲劳驾驶预警次数从2021年的5.5万次降至2023年的8478次，违法率和事故率也显著下降。此外，系统通过自动录制视频、抓拍照片并上传至监管平台，为执法部门提供依据，推动了疲劳驾驶检测标准的完善。

三、BCI如何实现"意念交互"

驾驶人只需在脑中默念"导航到学校"，车辆即可自动规划路线并启动导航。脑机接口（BCI）通过三个核心步骤实现"意念交互"：首先由植入式或非植入式传感器（如头戴设备）采集脑电波信号；接着通过人工智能算法对信号特征进行模式识别，将神经活动转化为可理解的指令（如"打开导航"）；最终通过车载系统执行相应功能。

学习评估站

一、基础测试题

（一）选择题

1.当驾驶人说"我有点冷"时，氛围灯自动变为暖红色，这种多感官反馈属于哪种交互设计？（　　）

　A.多模态交互　　　B.情感化交互　　　C.HUD增强现实交互　　D.普通触控交互

2.下列哪一项不是多模态交互中常见的"输入方式"？（　　）

　A.语音识别　　　B.手势识别　　　C.香氛播放　　　D.触摸操作

（二）判断题

1.MBUX系统能通过语音+氛围灯+手势实现多模态交互。（　　）

2.情感化交互系统通过检测驾驶人的脑电波信号来判断其情绪状态。（　　）

（三）填空题

1.在智能座舱交互中，"提高行车安全、减少驾驶分心"的设计原则属于_____设计考虑。

2.情感化交互设计中，通过_____技术手段可以识别驾驶人是否疲劳。

（四）简答题

请说明智能座舱交互设计中"多模态融合"的主要技术组件及其功能。

二、创新拓展题

设计任务：我的"Hello Car"语音助手原型。以小组为单位，完成一个简单的车载语音助手原型设计，内容包括：

1）唤醒词设计（如"你好，小车"）。

2）至少3条常用语音指令（如导航、调温、播放音乐）。

3）简要描述语音识别后对应的屏幕、灯光、声音反馈（可画流程图或草图）。

人工智能+汽车基础与应用

第五章
未来交通局：AI 驾驶人的星际文明闯关计划

当转向盘转入算法控制，当汽车依靠传感器与算力自主决策，智能驾驶正重塑出行本质。这场革命在解放人力的同时，也带来深层挑战。本章聚焦智能出行三大核心命题：重构自动驾驶的法律责任框架，搭建车联网数据安全防护体系，剖析车路协同的生态逻辑与立体交通技术路径。这场变革不仅是技术迭代，更是推动法律、隐私、产业与人文价值的系统性重构。唯有在技术创新中锚定责任边界，在数据流动中坚守人文底线，构建多方共治的协同生态，才能让智能出行驶向安全可持续的未来。

学习内容

未来交通局：AI驾驶人的星际文明闯关计划

- 第一节 当自动驾驶汽车"闯祸"，责任在谁
  - 自动驾驶责任解码：技术、法律与伦理的"平衡术"
  - 实战工坊：从技术缺陷到伦理法律的探索

- 第二节 隐私与安全：数据金库攻防战
  - 隐私保护：当汽车成为"数据收集者"
  - 安全防护：给自动驾驶装上"数字铠甲"
  - 防御措施：构建"主动防御体系"
  - 法律法规：给数据收集"划定边界"
  - 未来挑战：当技术突破"现有防线"

- 第三节 绿色革命：从能源捕获到生态共生
  - 星际燃料特攻队：能源采集黑科技
  - 银河能源调度局：V2G与换电特工行动
  - 低碳出行：汽车与碳排放的绿色交响曲

- 第四节 智慧出行：反重力交通指挥部
  - 空域争夺战：设计你的飞行汽车航线图
  - 变形汽车挑战：把汽车叠成魔方塞进书包
  - 虫洞通勤局：量子导航绕开早高峰

知识目标

1. 根据自动驾驶责任划分，能区分 L0~L5 级自动驾驶的责任边界。
2. 能列举自动驾驶数据收集类型并分析隐私风险场景。
3. 能解释制动能量回收、太阳能车顶、无线充电路面的工作原理，说明 V2G 算法、智能换电站对电网优化的作用。
4. 能阐述飞行汽车的发展历程与现状，并描述变形汽车的定义与主要变形方式。
5. 能定义量子导航的核心组成。

技能目标

1. 能通过案例分析划分事故责任主体，并识别自动驾驶涉及的敏感数据。
2. 对比换电与充电技术的适用场景，并规划低碳出行路线并估算减排效果。
3. 会分析飞行汽车在空域管理中的应用。
4. 会模拟关闭非必要数据权限和设计匿名化处理方案。

素养目标

1. 理解技术创新与公共安全的平衡，在争议性案例中运用辩证思维，建立社会责任感与伦理意识。
2. 树立数据安全观，认识保护个人隐私的重要性，增强对生物特征滥用、数据泄露风险的防范意识。
3. 践行绿色出行理念，关注新能源汽车技术动态与政策趋势，打开环保与科技视野，激发对前沿科技的探索兴趣。

第一节　当自动驾驶汽车"闯祸",责任在谁

智驱引擎舱: 一场车与人的"路权辩论赛"

2024年7月,某L4级无人类驾驶人的自动驾驶出租车在武汉市汉阳区鹦鹉大道与国博大道交汇处发生一起典型交通事故。事发时正值早高峰,车辆在绿灯亮起后以约15km/h的速度起步,行至路口中央时,一名骑电动自行车的行人突然闯红灯横穿机动车道。自动驾驶系统传感器识别到行人但未紧急制动,最终与行人发生轻微碰撞,导致行人倒地擦伤。这场事故不禁引发我们的思考:算法逻辑是否应优先遵守"行人违章担责"原则?车企是否需对传感器的识别延迟负责?

一、自动驾驶责任解码:技术、法律与伦理的"平衡术"

当自动驾驶汽车"闯祸"变成技术与法律的"交叉题",责任划定就像一场需要"法律工具"与"技术说明书"配合的"破案游戏"。

无论是判断"该谁赔"的责任主体,还是追溯"哪里错"的技术漏洞,都需要一套清晰的逻辑框架。接下来,我们将从驾驶自动化分级这个"责任分水岭"、全球立法的差异、责任判定的三大核心原则,再到算法伦理困境,逐步解锁责任划定的关键知识。它们就像工具箱里的"螺丝刀"和"扳手",能帮我们在复杂案例中理清头绪;也像技术说明书上的"功能描述",告诉我们不同场景下的责任边界该如何界定。

(一)驾驶自动化分级:责任划分的"分水岭"

国际汽车工程师学会(SAE)将驾驶自动化分为L0~L5级,驾驶自动化的分级是评估车辆自动化程度的重要标准,同时也是责任划分的关键依据。SAE将驾驶自动化从L0~L5分为六个等级,每个等级对应不同的自动化水平和人类驾驶人的角色变化。随着自动化程度的提升,驾驶任务从人类驾驶人逐步转移至系统,责任主体也从驾驶人个人转向车企或运营方。这种分级不仅为技术发展提供

了清晰的路径，也为法律、伦理和保险等领域的责任划分提供了基础框架。表5-1-1是对驾驶自动化分级的详细说明。

表5-1-1 驾驶自动化等级分类及责任主体对照表

驾驶自动化等级	人类驾驶人角色	典型场景示例	默认责任主体
L0~L2	全程操控，系统辅助	自适应巡航、自动紧急制动	驾驶人（需随时接管+技术缺陷可追溯）
L3	系统主导，需响应接管请求	高速路自动变道（提示"请接管"）	驾驶人+车企共担
L4、L5	完全脱离，系统自主决策	无人驾驶出租车在园区内行驶	车企/运营方

（二）责任划分立法：从"驾驶人负责"到"技术担责"的演进

基于驾驶自动化分级与现行法律体系综合推导得出的责任划分基本原则、事故认定程序以及特殊情形处理如下。

1. 责任划分基本原则

（1）技术分级对应原则

1）L0~L2级辅助驾驶：适用传统机动车责任体系，由驾驶人承担主要责任，系统提供者仅在证明存在产品缺陷时承担补充责任。

2）L3级有条件自动驾驶：系统激活期间发生事故，车辆制造商承担首要责任，但驾驶人未及时接管或违规操作可减轻厂商责任。

3）L4、L5级高度、完全自动驾驶：系统提供者承担严格责任，除非证明事故由第三方网络攻击、用户擅自改装等外部因素导致。

（2）多方责任联动机制　建立"技术缺陷证据链"制度，要求算法开发商、传感器供应商、高精度地图服务商等自证技术合规性，否则承担连带责任。

道路基础设施缺陷导致事故，交通管理部门需按过错比例分担责任。

2. 事故认定程序

（1）数据证据优先规则　强制调取车载事件数据记录系统

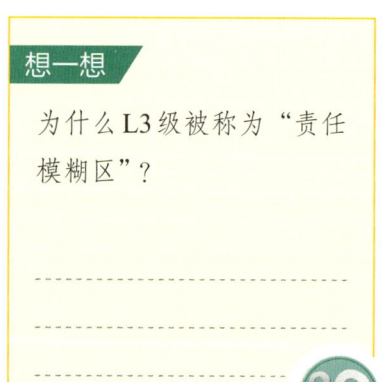

想一想

为什么L3级被称为"责任模糊区"？

（Event Data Recorder，EDR）和云端行驶日志，数据存储需符合《汽车数据安全管理若干规定》第八条要求。

未按规定保存数据或篡改记录方，直接推定其过错责任。

（2）双轨鉴定制度　技术归因方面，工信部指定机构通过测量系统是否处于设计运行域（Operational Design Domain，ODD），并评估算法决策合理性。

法律归责方面，司法机关结合技术报告，依据"风险控制能力"标准判定责任分配比例。

3.特殊情形处理

（1）伦理困境场景　系统遵循"最小必要伤害"原则作出的避险决策，不得作为追究技术责任的依据。

（2）网络安全事件　黑客攻击导致事故，系统提供者若能证明已实施符合《中华人民共和国网络安全法》的安全防护措施，可免除责任。

（3）新旧系统过渡期　自动驾驶系统升级后12个月内发生算法相关事故，厂商需承担更高举证责任。

> **议一议**
>
> 假设一起自动驾驶事故中，涉事车辆的车载EDR数据被部分删除，而云端日志因存储期限未达标被覆盖。根据事故认定程序规则，这会产生什么法律后果？

4.各地区试点政策对比

由于自动驾驶技术变革速度快，法律存在滞后性，同时社会也有风险防范的需求，在这些多重因素的共同作用下，关于自动驾驶事故责任划分相关的法律在持续完善中，我国正通过"地方试点—司法解释—国家标准"三轨并进模式加速法律完善，见表5-1-2。

表5-1-2　各地区试点政策对比

地区	政策名称	责任规则亮点
北京	《北京市智能网联汽车政策先行区管理办法》	①首创"保险+基金"双重保障机制 ②明确系统升级导致事故的责任回溯期（升级后1年内事故加重车企举证责任）
上海	《上海市智能网联汽车测试与应用管理办法》	①要求车企建立"算法决策可追溯"机制 ②事故后需提交完整决策日志（含5年算法运行数据）
广州	《广州市智能网联汽车道路测试管理规范》	①引入第三方技术鉴定机构名录库 ②规范事故技术鉴定流程（鉴定时限≤30日）
深圳	《深圳经济特区智能网联汽车管理条例》	①首创"全链条责任"机制（使用者先行赔偿→生产者或技术供应商追偿）；首次在法律层面将自动驾驶系统定义为"技术驾驶人"（第4条明确自动驾驶系统法律主体地位） ②突破传统驾驶人定义

(三)责任判定的三大核心原则

1. "谁在开车"原则

(1)核心思想　责任首先取决于车辆处于哪种驾驶模式——是主要由人控制,还是主要由人工智能控制。

(2)责任划分

1)有人监督或控制驾驶(通常指L0~L3级别):驾驶人必须时刻保持注意力,准备随时接管车辆,如图5-1-1所示。即使车辆有辅助功能(如自适应巡航、车道保持),驾驶人仍然是车辆的"总负责人",因此驾驶人是第一责任人。

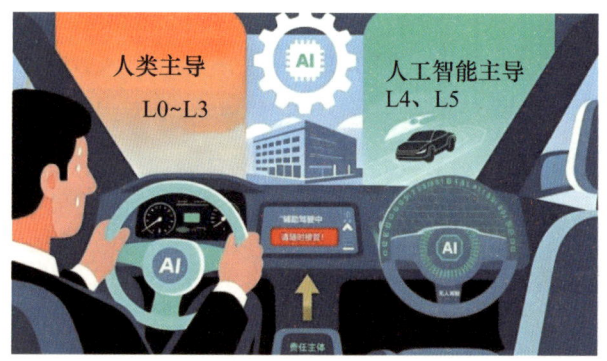

图5-1-1　驾驶模式与责任主体对比图

2)自动驾驶(通常指L4及以上级别):在这种模式下,车辆能在特定区域或条件下完全自主行驶,不需要人类驾驶人干预(甚至可能没有转向盘和踏板),因此汽车制造商或车辆运营方是主要负责人。

2. 技术缺陷追溯原则

(1)核心思想　如果事故是由自动驾驶系统本身的技术故障或缺陷直接导致的,那么提供该技术的企业要承担责任。

(2)责任划分　通常由汽车制造商承担主要责任,因为他们是整车系统的集成者和最终责任方。如果能明确证明是某个特定供应商(如传感器供应商、算法提供商)的部件或软件存在根本性缺陷,制造商在承担责任后可以向该供应商追偿。

3. 场景适用性原则

(1)核心思想　使用自动驾驶功能时,必须在车辆设计允许的环境和条件下(即"适用场景")。如果用户在不适合的场景下强行使用或依赖自动驾驶,从而导致事故,则责任认定会有所不同,用户可能要承担更多责任,如图5-1-2所示。

图5-1-2 场景适用性边界

（2）责任划分 如果事故发生在明确不适用自动驾驶的场景下，而驾驶人仍然开启并过度依赖该功能，则驾驶人的责任会显著增加，甚至成为主要责任人，而车企的责任可能相应减轻（除非能证明即使在适用场景下系统也必然失效）。

如果车企未充分警示某些场景的风险，或者系统在说明书写明的适用场景内依然因环境因素失效（且非上述第二项原则的技术缺陷），责任判定会更复杂，可能需要根据具体情况分析各方过错比例。

（四）伦理困境：算法决策的价值冲突与社会选择

随着智能驾驶技术的普及，汽车工程领域正面临前所未有的伦理挑战。当技术系统开始承担部分决策功能，其背后的算法逻辑、数据处理与责任分配，本质上折射出技术发展与人类价值体系的深层互动。对于汽车专业学习者而言，理解这些伦理困境不仅是技术素养的延伸，更是职业责任的重要组成部分。

1. 智能驾驶的"生死选择题"AI怎么选

智能驾驶汽车里的算法，就像汽车的"大脑"，它要在危险时刻代替人类驾驶人做决定。例如，当汽车眼看就要撞上东西，来不及制动，这时候该优先保护车里的乘员，还是路上的行人呢？这就像经典的"电车难题"，现在变成了真实的技术问题！

（1）AI做决定的伦理争议 现在很多车企用的算法，会像"小算盘"一样计算风险。例如，一辆车配备L3级智能驾驶系统，如果它算出来乘员受伤概率低于30%，行人存活概率低于40%，就会选择保护乘员，让车转向。但欧盟却不允许这么做，他们规定不管怎样，都得先保护行人安全。

还有车企想出了新办法。德国一家车企研发的算法，会根据

> **议一议**
>
> 若自动驾驶系统按欧盟法规优先保护行人，导致车内乘员受伤，乘员家属起诉车企，从法律与伦理角度，车企是否应承担责任？

交通规则调整决策,例如,当看到小朋友突然跑出来,就算可能让车失控,也会立刻制动。不过,大家还是会担心:机器真的能替我们决定谁更重要吗?它做决定的界限又在哪里呢?

(2)职业场景中的伦理考量　对于汽车技术人员而言,调试自动驾驶系统时需特别关注算法的"合规性校验"。例如,在传感器标定环节,需确认系统是否正确识别"特殊道路使用者"(如孕妇、残障人士)并赋予相应优先级;在故障诊断中,若发现系统存在"保护乘员优先"的隐性逻辑,需依据《智能网联汽车伦理设计指南》要求企业提供合规性证明。这些操作不仅涉及技术参数,更需建立基本的伦理审查意识。

2.汽车收集的数据到底归谁管

智能汽车搭载的传感器每日产生大量数据,涵盖用户生物特征(如疲劳监测摄像头采集的人脸信息)、行程轨迹(高精度地图定位数据)及环境感知数据(如交通流信息)。这些数据的归属权界定、使用边界及安全保护,构成数字时代"数据权利"的核心争议。

(1)数据权属的法律界定与技术实现　当前国际立法普遍遵循"数据分类管理"原则。

1)个人隐私数据(如驾驶人生物特征、私密行程信息)归属用户,受《中华人民共和国个人信息保护法》严格保护。欧盟《数字罗盘计划》要求车企在用户端设置"数据控制权面板",允许用户自主选择向维修企业、保险公司开放数据的范围与期限。

2)公共安全数据(如事故前10min的传感器日志、道路缺陷信息)纳入政府监管池,车企需按《智能网联汽车数据安全管理办法》实时上传匿名化数据,用于优化交通基础设施。

3)企业技术数据(如算法核心参数、传感器标定模型)作为商业秘密受知识产权法保护,但在事故调查中需向司法机关提供必要的技术说明。

在技术实现层面,百度Apollo研发的"隐私计算平台"采用联邦学习技术,在不泄露原始数据的前提下完成事故模拟,汽车维修技术人员在检查故障时,能看到处理过的传感器数据,却看不到车主的人脸信息。这样,车主的隐私就得到了保护。

(2)职业场景中的数据合规操作　汽车技术人员在处理车载数据时,需严格遵循"最小必要"原则。调试传感器时,仅采集与

> **说一说**
>
> 汽车事故调查需要调取你的驾驶数据(比如去过哪里、开多快),但这可能泄露隐私。那么,你愿意让数据被查看吗?怎么才能既查清楚事故,又不泄露隐私?

故障相关的环境数据，避免获取用户隐私信息；上传诊断报告时，应自动剥离车牌、人脸等敏感标识；发现数据异常流向（如境外服务器传输请求），需立即触发《中华人民共和国数据安全法》规定的应急预案。2025年，某4S店因违规上传用户行程数据至海外服务器，被处以年营业额4%的罚款，相关技术人员被列入行业失信名单。这是对从业者的警示：数据合规是不可逾越的职业红线。

> **想一想**
>
> "最小必要"原则在车载数据处理中的具体含义是什么？

二、实战工坊：从技术缺陷到伦理法律的探索

（一）案例分析：L2级辅助驾驶分心事故

1. 事故背景

时间：2024年5月

地点：上海市浦东新区某城市快速路

车辆：某品牌L2级辅助驾驶车型（具备自适应巡航+车道居中功能）

场景：车主王先生在早高峰开启辅助驾驶，以60km/h跟随前车行驶。途中因低头查看手机导航，未注意前方出租车突然变道，车辆未及时减速，与出租车发生碰撞，造成两车轻微损伤，如图5-1-3所示。

图5-1-3　L2级辅助驾驶分心事故

2. 事故经过

（1）用户操作与系统状态　车主出发前勾选"辅助驾驶"模式（实际为L2级），双手轻搭转向盘，视线多次偏离路面（车载摄像头记录显示低头看手机累计15s）。

前方出租车因避让行人突然变道，车速从65km/h骤降至40km/h，距离本车仅12m时，本车自适应巡航系统才识别到前车减速，紧急制动后仍发生碰撞（制动距离需10m，实际反应距离12m）。

（2）技术局限性暴露　单目摄像头方案在强光下误判出租车尾部反光为"路面标识"，延迟0.8s识别到变道车辆。

算法逻辑设定"优先保持车道居中"，未及时触发"跨车道紧急制动"（因变道车辆属"相邻车道"，非正前方目标）。

3.关键证据链

驾驶人：转向盘转矩数据（双手轻搭，无主动干预）、车载摄像头录像（视线偏离路面）。

车企：传感器原始数据（强光下识别率下降）、算法代码日志（未触发跨车道制动逻辑）。

从道路交通法规和人机分工原则角度，分析驾驶人在事故中的责任及过错依据。结合案例中的技术局限性（传感器误判、算法逻辑缺陷），论述车企是否需承担责任？为什么？若你是事故责任认定专家，如何划分双方责任比例？请说明理由。

（二）模拟"责任调查员"——L4级AI驾驶事故分析

情境创设：某日，一辆开启L4级自动驾驶功能的汽车，在路口因人工智能系统误判红绿灯（将红灯识别为绿灯）导致闯红灯，撞上正常绿灯通行的电动自行车，造成骑车人轻伤。作为未来的汽车行业从业者，你被邀请加入"责任调查小组"，共同分析这起事故，并提出责任划分建议。

1.任务发布

分组合作，共同扮演一个"超级调查小组"。每组会收到一份"调查任务卡"，包含需要重点分析的问题。

2.任务实施

事故原因任务卡见表5-1-3。

表5-1-3　事故原因任务卡

分析维度	核心问题	行动指令
事故直接原因	导致这起事故发生的直接原因是什么	小组讨论，用因果关系图梳理直接原因
人工智能系统错误排查	L4级自动驾驶汽车的人工智能系统犯了什么错误	结合事故场景，推测人工智能系统可能出现错误的环节
骑车人行为判定	电动自行车骑车人有没有做错什么	依据交通规则，判断骑车人行为是否存在违规之处
红绿灯状态核查	红绿灯本身工作正常吗	分析红绿灯的亮灯顺序、时长是否符合规范

责任讨论任务卡见表5-1-4。

表5-1-4 责任讨论任务卡

任务主题	思考问题	行动要求
车主责任判定	车主开启L4级自动驾驶功能后坐在车内，发生事故时，他是否需要对事故负责？说明原因	①独立思考并填写观点 ②小组内分享讨论，记录不同观点
车企责任剖析	车企设计制造L4级自动驾驶汽车及人工智能系统，若系统犯错导致事故，车企是否需要负责？说明原因	①小组讨论，分析车企责任相关因素 ②整理理由，准备汇报内容
人工智能责任思辨	人工智能系统本身能否承担责任以及它能否像人一样担责	①绘制思维导图，梳理人工智能责任观点 ②参与小组辩论，阐述支持或反对的理由
其他责任方探寻	除车主、车企外，还有哪些主体可能对事故负责（如红绿灯维护部门等）	可以列举潜在责任方

3. 成果展示

小组汇报，每组1人发言："我们认为主要责任在_____，因为_____。"

责任分析简报见表5-1-5。

表5-1-5 "责任分析简报"范例

项目	详细内容
简报标题	L4级无人驾驶事故责任分析简报
小组	_____
日期	_____年___月___日
事故场景	人工智能将[　　]灯误判为[　　]灯 电动自行车在[　　]灯时通行 骑车人伤势：□轻伤　□重伤
责任分析—车主责任	□须担责　□无须担责
责任分析—车企责任	□无须负责　□须主责 错误类型：□传感器故障　□算法错误　□数据问题
避免再发生—车企措施	_____ （例：优化算法模型/增加多传感器融合校验）
法律依据	

（三）未来职业小剧场

1.维修人员眼中的"责任证据"

假设你是4S店的维修人员，车主对你描述"在车辆开启自动驾驶模式行驶时，突然失灵撞墙"。作为一名维修人员，请你列出要检查的内容，作为关键证据用于责任的划定参考依据。

在自动驾驶汽车的事故责任认定中，由于涉及自动驾驶系统核心组件、车辆自身硬件、外部环境因素以及用户操作等多方面的复杂关联，需要借助全面细致的检查工具来厘清责任边界。表5-1-6是自动驾驶汽车事故责任检查表，从多维度对事故相关要素进行系统性排查。

表5-1-6 自动驾驶汽车事故责任检查表

检查类别	具体检查项目	检查内容
自动驾驶系统核心组件	传感器系统：摄像头	检查外观是否损坏、遮挡，安装位置是否偏移；读取实时数据流，查看画面是否异常；检查历史数据存储是否完整
	传感器系统：雷达（毫米波雷达、超声波传感器）	检测表面是否有异物覆盖，雷达支架是否变形；读取探测数据，分析参数准确性；检查与控制模块通信线路是否正常
	传感器系统：激光雷达（如有配备）	进行外观检查，查看是否有物理损伤；利用软件测试扫描范围和点云数据；检查校准状态及参数
	自动驾驶控制模块：软件层面	查看软件版本是否为最新，有无未安装补丁；读取故障码，分析相关故障信息；模拟输入数据，测试决策逻辑；测量供电电压和接地情况
	数据融合与算法：传感器数据融合效果	分析各传感器数据是否同步、一致；检查融合后数据能否准确反映环境
自动驾驶系统核心组件	数据融合与算法：人工智能算法运行状态	调取算法运行日志，查看工作模式；评估算法对障碍物的识别能力
车辆自身硬件系统	底盘与悬架系统	制动系统、转向系统、传动系统检查；检查底盘部件是否变形、开裂；测量车轮定位参数、轮胎情况
外部环境因素	事故现场环境	记录天气状况；测量光线情况；勘察路面状况
用户操作与系统设置	车主使用情况	询问车辆检查情况；了解自动驾驶激活和设置情况；确认车主接管状态
用户操作与系统设置	系统设置与权限	检查系统设置菜单；查看用户权限限制情况
用户操作与系统设置	历史操作记录	调取行车记录仪和操作日志；查看近期维修保养记录

2. 保险公司定损员的"责任判定清单"

假设你是保险公司的一名定损员,接到一起自动驾驶车辆撞护栏事故报案,车主称"开启L3级辅助驾驶时系统突然失灵"。你需要快速判断责任归属以确定理赔方案。

尝试列出3项需要完成的检查点,并根据检查的结果分析责任关联。示例:检查点——自动驾驶功能激活状态与系统等级。

调取车辆中控日志,确认事故发生时是否真实激活L3级功能(如是否勾选"自动变道""交通拥堵辅助"等功能)。核查车辆说明书及车企宣传资料,确认该车型是否通过国家L3级认证(防止车主误将L2级当作L3级使用)。

延伸补给包

美国出台全球首个Robotaxi法规草案

2024年12月20日,美国国家公路交通安全管理局(NHTSA)发布全球首个自动驾驶出租车(Robotaxi)法规草案AV-STEP,来规范自动驾驶车辆的运营。

AV-STEP规定只有"车内没有驾驶人"的车辆才算真正的无人驾驶车辆。其中,有安全员的Robotaxi可上路测试但不能载客,无安全员的车辆则可上路载客。

NHTSA会公开部分Robotaxi申请信息。车企需定期公开车辆使用自动驾驶系统(Autonomous Driving System,ADS)时的总行驶里程、在美国公共道路上的所有操作、急加速或急减速超过算法定制阈值的总次数等。

那发生事故了该怎么办?

根据AV-STEP,一旦发生重大经济损失或人员伤亡事件,以及系统故意违反交通规则,车企必须及时报告。

NHTSA将无人驾驶车辆事故分为"明显问题"和"严重明显问题"。对于"明显问题",建议运营商修改条款或条件,若10个工作日内未收到书面反对意见,则修改自动生效;针对"严重明显问题",NHTSA可能立即采取措施,包括暂停或撤销AV-STEP项目的参与资格。不过,这一规定中,针对的对象主要还是人,如果换成像Serve Robotics这样的"非生命体",结论尚不清晰。

学习评估站

一、基础测试题

（一）选择题

1. 根据国际汽车工程师学会（SAE）对驾驶自动化的分级，L3级的默认责任主体是（　　）。
   A. 驾驶人（需随时接管）
   B. 车企/运营方（系统自主决策）
   C. 驾驶人与车企共担责任
   D. 数据服务商

2. 我国针对L4、L5级自动驾驶汽车的事故责任规定是（　　）。
   A. 驾驶人需先承担责任，再追溯车企技术缺陷
   B. 车企/运营方直接承担主要责任
   C. 责任由数据服务商和车企平均分担
   D. 采用"举证倒置"原则，车企需自证无过错

3. 下列哪一项属于自动驾驶责任判定的"技术缺陷追溯原则"？（　　）
   A. 有人驾驶场景中驾驶人为第一责任人
   B. 传感器故障或算法漏洞导致的事故，车企/数据商担责
   C. 暴雨、强光等超出技术说明书的场景，责任可能从轻
   D. 事故中算法的伦理选择由用户承担后果

4. 在L2级辅助驾驶事故中，驾驶人的主要过错依据是（　　）。
   A. 车辆传感器在强光下误判目标
   B. 未履行全程操控义务，分心导致未及时接管
   C. 车企算法未触发跨车道紧急制动逻辑
   D. 系统未主动提示驾驶人接管

5. 欧盟《人工智能法案》对自动驾驶责任的核心规定是（　　）。
   A. 允许车企以"算法黑箱"为由拒绝公开决策逻辑
   B. 事故后车企需自证技术无过错，否则默认担责
   C. 责任主体按"谁激活功能谁负责"划分
   D. L4级以上事故责任完全由数据服务商承担

（二）判断题（判断正确打√，错误打×）

1. L3级自动驾驶事故中，若驾驶人未及时接管车辆，车企可完全免除责任。（　　）
2. 车载EDR数据被篡改时，事故责任可直接推定由篡改方承担。（　　）
3. 自动驾驶系统遵循"最小必要伤害"原则避险造成事故，车企仍需承担技术责任。（　　）
4. 黑客攻击导致事故时，车企若已符合网络安全防护标准，可免除责任。（　　）
5. L0~L2级辅助驾驶事故中，责任主体始终是驾驶人而非车企。（　　）

（三）填空题

1. L4、L5级自动驾驶的默认责任主体是_____。

2. 事故技术鉴定采用双轨制度：工信部机构负责_____归因，司法机关负责_____归责。

3. 个人隐私数据（如人脸信息）的权属归属_____，受《个人信息保护法》保护。

4. L3级自动驾驶的核心特征是系统主导驾驶但需驾驶人_____。

5. 深圳条例规定，L4级事故中若系统无缺陷，责任由_____承担（填"车企"或"用户"）。

二、创新拓展题

任务名称："人工智能道德委员会"

辩题：自动驾驶系统是否应该优先保护乘员？

自由辩论：学生分正反方，从技术、法律、伦理角度陈述观点（如"乘客付费应优先保护"对比"生命平等不可分级"）。

辩论后，全体学生共同起草一份《自动驾驶伦理决策建议》，需包含：①至少3条共识原则（如"透明化算法"等）；②1条争议保留项（如"是否允许用户自定义优先级"）。

第二节　隐私与安全：数据金库攻防战

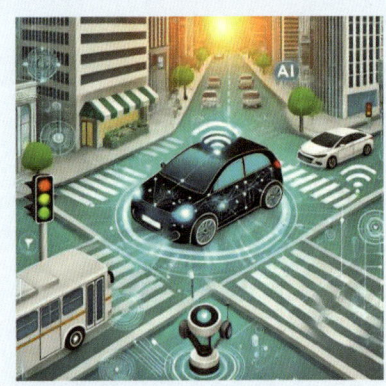

智驱引擎舱：你的AI驾驶人正在"出卖"你？

深夜，某科技论坛弹出一条匿名帖子："打包出售10万车主的驾驶档案——常去地点、紧急制动记录、车内对话片段，支持在线交易！"这条标题令人惊悚的"商品"迅速引发热议。一周后，某车主因行程数据泄露遭精准诈骗，骗子冒充4S店员工，以"车辆定位异常"为由诱导其支付"安全升级费"。自动驾驶技术依赖海量数据提供便利，但这些数据若落入黑手，则可能变为勒索工具。一场"数据金库攻防战"，已悄然打响。

一、隐私保护：当汽车成为"数据收集者"

汽车自动驾驶技术通过多种传感器和设备持续采集用户数据，以提供智能化服务，但同时也会带来隐私泄露的风险。

（一）数据收集：我们的驾驶行为正在被"记录"

1. 全方位的数据采集网络

清晨7:00，小明爸爸启动汽车时，转向盘上的指纹传感器正在验证车主身份——这是生物特征数据的采集起点。车辆行驶过程中，GPS模块每0.1s更新一次位置信息，绘制出从小明家到学校的精准路线；车内摄像头自动捕捉驾驶座画面，用于疲劳监测；麦克风记录"打开天窗"的语音指令，同时后台默默分析车主的语音习惯。这些数据构成了自动驾驶的"基础数据库"，却也像一张无形的网，笼罩着每位车主的出行隐私。

2. 汽车收集的数据类型

自动驾驶汽车借助大量传感器（摄像头、雷达、麦克风等）与联网系统行驶时，会产生规模庞大的数据，数据量堪比下载数百部高清电影。因此每辆自动驾驶汽车就像一个移动的数据金库。这个"移动数据金库"包含四大类隐私数据。

（1）用户生物特征数据　用户生物特征数据是通过车载设备采集的人体独特生理特征，如人脸、声纹、指纹等。

> **想一想**
>
> 该场景中，智能汽车收集了车主哪些核心数据？

1）技术应用。特斯拉 Model 3 搭载的 Face ID 功能可通过人脸识别实现车辆的无钥匙解锁，为用户带来便捷安全的进入体验；蔚来 NOMI 语音助手运用声纹验证技术，精准识别车主身份，在语音交互中提供个性化服务，构建人车之间的智能沟通桥梁；部分高档车型引入的指纹启动车辆功能，将指纹作为生物钥匙，简化启动流程的同时强化车辆的安全防护。这些技术从视觉、听觉、触觉多个维度，构建起多维度的生物钥匙体系，推动汽车交互向更智能、更安全、更个性化的方向迈进。

> **说一说**
>
> 生物特征数据为何属于高敏感隐私？其泄露可能带来哪些风险？

2）生活实例。小张使用"刷脸"启动汽车时，车载摄像头会扫描其面部轮廓生成 128 个特征点进行验证。

（2）行车轨迹与地理位置数据　行车轨迹与地理位置数据是指车辆行驶过程中记录的精确位置、路线、停留点等信息。

1）技术应用。导航系统可基于用户习惯与实时路况，自动推荐最优回家路线，让通勤规划更智能高效；通用汽车开发的安吉星（OnStar）系统搭载的紧急救援功能，在事故发生时能自动发送精准定位并联络救援机构，为行车安全构筑实时防护网；针对新能源车型的充电站智能推送技术，可根据车辆剩余续航动态规划充电路线，有效缓解续航焦虑。这些技术从路线规划、安全响应到能源管理，形成完整的智能出行生态，推动汽车从交通工具向全方位智能出行伙伴进化。

2）生活实例。李师傅的网约车每天自动记录接单热点区域，系统据此优化次日派单策略。

（3）车内语音及影像记录　车内语音及影像记录是通过麦克风和摄像头采集的车舱内对话、行为等视听信息。

1）技术应用。以"你好，小艺"为交互入口的语音控制系统，支持用户通过自然语言指令直接调节空调温度、开闭车窗，在解放双手的同时提升驾驶专注度；儿童遗留监测技术借助车内毫米波雷达与摄像头的融合感知，可精准识别后排活体目标，在车辆熄火后触发声光警告并同步推送提醒至车主手机，为儿童安全增添科技防护盾；事故过程记录系统在传统行车记录仪基础上增加车内视频监控，实时捕捉驾驶人操作状态与乘员动态，为事故责任认定、安全气囊触发分析提供多维度数据支撑。这些技术从交互效率、被动安全到事故追溯，构建起全场景智能防护体系，推动汽车内部空间向具备主动关怀能力的"移动安全座舱"进化。

想一想

如果用户在购车合同中被迫勾选"同意车内数据上传分析"条款,这种"捆绑授权"是否合法?消费者该如何维权?

2)生活实例。王女士的车载系统在检测到后排乘员安全带未系时,自动播放提示语音并记录操作日志。

(4)驾驶行为数据 驾驶行为数据是反映驾驶人操作习惯的车辆动态参数,如加速踏板深度、制动力度等。

1)技术应用。比亚迪开发的智能驾驶评分系统,依托传感器数据量化加速、制动、变道等驾驶行为,为用户提供多维度驾驶习惯评估模型,助力系统性提升安全驾驶意识;预判性维护提醒技术可实时监测制动片磨损、轮胎压力等关键部件数据,通过机器学习算法预判部件衰减周期,在潜在故障发生前72h主动推送分级维护建议,将传统被动维修体系升级为预防性养护模式;节能驾驶指导功能通过分析加速踏板深度、车速控制等操作习惯,结合实时路况与动力系统效率模型,实时生成包含换档时机、动能回收强度的个性化能耗优化方案,帮助用户构建科学化经济驾驶模式。这些技术从驾驶行为优化、车辆健康管理到能耗效率提升形成闭环体系,推动汽车从机械载体向具备"全周期驾驶教练+智能健康管家"功能的数字化终端进化。

2)生活实例。新手驾驶人小陈的车辆每月生成"驾驶报告",提示其紧急制动次数比平均水平高出43%。

(5)四类核心数据的"敏感等级" 敏感等级的评价依据主要基于数据内容的私密性、泄露后果的严重性、风险影响范围、数据不可变更性以及现实应用中的潜在威胁等核心因素。具体分析见表5-2-1。

表5-2-1 四类核心数据的敏感等级

数据类型	敏感等级	具体内容	敏感风险	生活案例
位置轨迹	★★★★☆	GPS坐标、常去地点、停留时长	泄露家庭住址、活动规律	某车主因常去医院被推送保健品广告
车内影像及语音	★★★☆☆	驾驶画面、乘员对话、语音指令记录	暴露家庭隐私、车内活动细节	黑客破解摄像头直播车内亲子对话
驾驶习惯	★★☆☆☆	紧急制动频率、车速偏好、车道变换习惯	评估驾驶风险、精准推送商业服务	保险公司根据紧急制动车次数调整车险价格
生物特征	★★★★★	指纹、虹膜、脑电波、心率数据	身份伪造、账户盗用	暗网售卖某车型车主指纹数据

（二）隐私风险：数据泄露的"蝴蝶效应"

同学们可能遇到过这样的情况：手机里的购物软件仿佛会"读心术"，刚聊过想买球鞋，转眼就收到了球鞋的推荐广告。其实，我们每天驾驶的自动驾驶汽车，正在变成比手机更"懂"你的存在——它不仅记得你常去的奶茶店，听得见你和朋友的聊天，甚至能通过转向盘感知你的驾驶习惯。这辆"会说话的日记本"在带来便利的同时，也可能在不经意间泄露你的秘密。这些数据如果落入错误的人手中，可能会变成骚扰电话、精准诈骗甚至人身威胁的"线索库"。

1. 车内设备的数据采集隐患

自动驾驶汽车的各类设备在提供便利的同时，也可能成为隐私采集的渠道。具体有以下几方面：

1）视觉信息采集车内摄像头不仅用于儿童遗留监测、疲劳驾驶提醒等功能，还可能捕捉乘员的面部特征、肢体动作等细节，座椅传感器会记录体重、坐姿等身体数据，形成个人生物特征信息库。

2）听觉信息采集语音交互系统（如"你好，宝马"）处于唤醒词待命状态时，可能误收录车内对话内容，包括家庭住址、行程安排、个人隐私等敏感信息，并通过网络传输至云端服务器。

3）行踪轨迹记录导航系统会存储日常行驶路线、常访地点（住宅、公司、商场、充电站等），结合时间戳形成完整的出行轨迹，一旦泄露可能暴露用户的生活规律和活动范围。

2. 数据传输与存储的安全风险

联网功能使数据在传输和存储过程中面临泄露威胁。本地存储泄露风险行车记录仪存储卡、车载事件数据记录器等设备若未加密，车辆维修、被盗或报废时，存储的事故视频（含车内画面）、驾驶习惯数据（紧急制动频率、车速变化等）可能被非法读取。

网络传输安全漏洞车辆与云端服务器、充电桩、停车场等交互时，若网络加密不足或认证机制失效，充电记录、停车地点、车联网账号等数据可能被黑客截获，形成"数据中间人攻击"风险。

3. 数据共享与商业化的潜在问题

用户数据在未经明确授权时可能被跨界利用。驾驶行为数据商业化急加速、紧急制动、车道偏移等驾驶习惯数据，可能被车企共享给保险机构用于定制化保费，或提供给广告商进行精准营销，

课堂活动

绘制"我的数据画像"

整理出"智能汽车数据收集清单"，请同学们对照清单填写自己或家人车辆的数据采集情况。

位置轨迹：是否开通车载导航？APP是否同步历史路线？

车内影像：车内是否有摄像头？用于哪些功能（安防及疲劳监测）？

生物特征：是否使用指纹解锁、人脸识别启动？

其他数据：是否收到过基于驾驶习惯的保险推荐？

趣味阅读

《汽车数据安全管理若干规定》中明确要求：收集敏感数据（如生物特征、位置轨迹）需单独获得用户书面同意，且默认状态下不得收集。

> **想一想**
>
> 人脸识别靠什么区分真人还是照片？

形成隐性的"数据歧视"（如驾驶评分低可能导致保费上涨）。生物特征数据滥用指纹解锁、人脸识别等生物数据若未进行去标识化处理，可能被第三方机构用于非驾驶场景的身份验证（如金融支付、门禁系统），存在"数字身份盗用"风险。

（三）典型风险场景

1.生物特征伪造

（1）典型案例分析　黑客利用3D打印面具破解某品牌汽车人脸识别系统。

某品牌汽车为提升用户体验和安全性，引入了人脸识别系统用于车辆解锁和启动。用户只需在车前进行人脸识别，验证通过后即可进入车辆并启动。然而，黑客通过获取目标用户的面部照片，利用3D建模技术和3D打印设备，制作出高精度的3D打印面具。在实际操作中，黑客佩戴该面具站在车辆前，汽车的人脸识别系统未能有效识别出面具与真实人脸的差异，黑客成功破解了系统，实现了对车辆的非法访问。

（2）主要危害　黑客通过伪造生物特征进入车辆并启动，直接导致车辆被非法盗窃，给车主带来重大的财产损失。

车辆的人脸识别系统通常与用户的个性化设置相关联，如座椅位置、空调温度、娱乐系统偏好等。一旦系统被破解，黑客可能会篡改这些个性化设置，干扰用户的正常使用，甚至可能留下一些安全隐患。

2.轨迹规律分析

（1）典型案例分析　某共享汽车用户常去地点被恶意推断，住所遭入室盗窃。

某共享汽车用户经常使用该平台的车辆出行，其行驶轨迹数据包括出发地、目的地、行驶路线等被平台记录和存储。不法分子通过非法手段获取了该平台的用户数据，对该用户的行驶轨迹进行分析，发现用户经常前往某一特定地点，经过进一步观察和确认，推断出该地点为用户的住所。随后，不法分子根据推断结果实施了入室盗窃，给用户带来了财产损失和人身安全威胁。

（2）主要危害　恶意分子通过分析用户的轨迹规律，掌握用户的住所、工作地点等信息，可能会对用户及其家人的人身安全造成威胁，如实施跟踪、骚扰、绑架等犯罪行为。

用户的出行轨迹反映了其生活习惯、社交圈子等隐私信息，一旦被泄露和恶意分析，用户的生活将失去隐私，可能会受到各种干扰和影响。

3. 语音数据泄露

（1）典型案例分析　车载语音助手存储的"回家"指令未加密，导致家庭住址外泄。

某品牌汽车的车载语音助手具备语音指令存储功能，用户可以通过语音设置"回家""去公司"等常用指令，方便快捷地控制车辆导航到相应地点。然而，该车载语音助手在存储用户的"回家"指令时，未对其中包含的家庭住址信息进行加密处理。不法分子通过攻击车载系统或获取相关数据接口，获取了这些未加密的语音指令，从而得知了用户的家庭住址，导致用户的家庭住址外泄。随后，用户可能会收到针对其家庭住址的骚扰电话和邮件，甚至面临财产损失的风险。

（2）主要危害　家庭住址等敏感信息泄露后，不法分子可能会针对用户的家庭进行盗窃、诈骗等犯罪活动，给用户带来财产损失。

用户可能会收到大量与家庭住址相关的骚扰电话和邮件，严重干扰用户的正常生活。

4. 驾驶评分滥用

（1）典型案例分析　保险公司购买紧急制动数据，对特定用户提升保费300%。

某保险公司为了更精准地评估用户的驾驶风险，从相关数据收集平台购买了用户的紧急制动数据。通过分析这些数据，保险公司认为某些用户的紧急制动次数较多，驾驶行为存在较高风险，于是对这些用户的车险保费进行了大幅提升，提升幅度达到300%。这种行为导致这些用户面临更大的经济负担，同时也限制了他们的驾驶自由，因为他们可能会因为保费过高而不得不减少驾驶次数或更换保险公司。

（2）主要危害　驾驶评分被滥用导致保费不合理提升，直接增加了用户的经济支出，给用户带来经济损失。

用户可能会因为担心驾驶评分对保费的影响而过度谨慎驾驶，或者不得不选择其他交通方式，限制了他们的驾驶自由和出行便利性。

> **议一议**
>
> 服务顾问接到客户抱怨："我用共享汽车去了几次医院，最近总收到附近药店的推销电话，感觉隐私被泄露了。"如果你是这位员工，你会从"轨迹数据安全"的角度，和同学讨论哪些问题？

> **想一想**
>
> 车载语音助手记录了用户说的"回家"指令，直接显示家庭住址很危险。作为未来的汽车维修人员，你会建议车主怎么设置语音指令来保护隐私？

> **议一议**
>
> 小明发现新买的汽车默认勾选了"允许采集车内摄像头影像并共享给第三方"的隐私协议。作为汽车专业学生，你会建议小明如何操作来保护数据安全？为什么？
>
> ....
>
> ....
>
> ....

（四）数据安全意识：筑牢数字时代的"安全防火墙"

1. 合理管理数据权限

在车机系统中关闭非必要的数据采集功能（如临时禁用车内摄像头上传、限制语音助手录音时长），定期检查隐私设置，确保仅授权必要的设备访问个人信息（如导航仅获取当前位置，而非历史行程）。

2. 审慎对待隐私协议

阅读用户协议时重点关注"数据收集范围""共享对象""使用目的"等条款，警惕默认勾选的"全权限授权"，主动选择最小必要的数据开放范围（如拒绝采集家庭住址等核心隐私）。

3. 强化生物数据保护

生物识别功能（指纹、人脸）需设置独立的加密密钥，避免与其他系统共用身份认证信息。发现异常数据访问时，用户应及时通过车企客服重置生物特征数据（类似更换物理钥匙）。

二、安全防护：给自动驾驶装上"数字铠甲"

自动驾驶的安全防护体系需从技术手段与防御措施双管齐下，既要抵御黑客攻击，也要确保数据在传输与存储中的绝对安全。

1. 技术手段：从"数据加密"到"动态认证"

传统加密技术在量子计算面前不堪一击，但量子密钥分发（Quantum Key Distribution，QKD）带来了革命性突破。它利用量子态的不可复制性，在发送端和接收端建立唯一的加密密钥，任何第三方试图窃取数据都会改变量子态，触发警报。例如，我国"京沪干线"量子通信网络已应用于自动驾驶货车车队领域，确保跨省物流数据零泄露。

2. 生物识别：从"单一验证"到"动态防御"

早期的指纹识别存在"静态模板"漏洞（指纹膜可破解），而脑波+心率双重认证实现了"活体动态验证"，启动车辆时，系统不仅扫描指纹，还同步监测心率波动和脑电信号。实验显示，这种技术将身份盗用风险降低至0.0001%，因为伪造"实时生理信号"几乎不可能。

3. 匿名化处理：给数据"戴上面具"

当车内摄像头拍摄到乘员时，人工智能会自动模糊人脸、车

> **趣味阅读**
>
> 量子计算是一种利用量子力学原理来处理信息的新型计算方式，与传统计算机（基于经典物理学）有本质区别。它的核心在于利用量子比特（qubit）的独特性质，如叠加态和纠缠，从而在某些复杂问题上实现远超经典计算机的计算效率。

牌等关键信息，仅保留用于安全分析的必要特征（如驾驶姿势）。某品牌的行车记录仪视频上传至云端时，系统会自动生成"匿名ID"替代真实车牌，既满足事故追溯需求，又保护车主身份。

三、防御措施：构建"主动防御体系"

1.量子盾牌：抵御"量子计算攻击"

随着量子计算机的发展，传统加密算法面临破解风险，而量子通信技术构建的"量子盾牌"能有效应对。它通过量子态的纠缠特性，实现"一次一密"的绝对安全通信，即使黑客截获数据，也会因量子态坍缩导致信息失真。2025年，某国产品牌电动汽车率先搭载量子通信模块，成为全球首款"抗量子攻击"的智能汽车。

2.防火墙升级：实时拦截"网络病毒"

车载系统的防火墙不再是被动防御，而是具备"人工智能威胁识别"能力。当黑客试图通过OBD接口植入恶意代码时，防火墙会实时分析代码行为：正常的诊断指令应读取发动机数据，而异常指令若试图修改制动系统参数，会被立即阻断。

3.区块链溯源：让数据泄露"无处遁形"

每一条数据从采集到存储的全过程，都会被记录在区块链上，形成不可篡改的"数据日志"。一旦发生泄露，通过区块链的链式结构，可以精确追踪到"哪台设备在何时访问了哪些数据"。2024年，某车企数据泄露事件中，正是通过区块链溯源，在3h内锁定了内部员工的违规操作，为追责提供了确凿证据。

> **TIPS 技术小实验**
>
> **用图片处理软件模拟"匿名化处理"**
>
> 学生操作：在计算机上用马赛克工具模糊人像面部，对比处理前后的图片，理解"数据可用但不可识"的隐私保护原则。

四、法律法规：给数据收集"划定边界"

1.我国政策：从"默认收集"到"用户授权"

2021年实施的《汽车数据安全管理若干规定》明确以下三大原则：

1）最小必要原则：收集数据必须与功能直接相关（如导航仅需要实时位置，不需要常去地点）。

2）用户授权原则：收集敏感数据（如生物特征）需单独弹窗提示，用户可选择"仅本次授权"或"永久拒绝"。

3）跨境传输限制：境内收集的个人信息应存储在境内，如出境需通过安全评估。

说一说

模拟"车主-车企"数据授权对话

学生两人一组,一人扮演车主,一人扮演车企客服,重现以下场景:

车主:"为什么我的车在收集我的心率数据?我没同意过!"

客服:"根据《汽车数据安全管理若干规定》,收集生物特征需单独授权,现在为您关闭该功能。"

车主:_____
_____。

请同学们继续补充对话内容。

查一查

"我的数据画像"隐私自查

自查个人智能设备(手机、智能手表)与家庭车辆的数据权限(如导航APP是否同步历史轨迹、车载系统是否默认开启摄像头),绘制"个人数据流动图"。

思考:标注哪些数据属于"过度收集",并尝试关闭非必要权限(如关闭车载系统麦克风全天候收音功能)。

2.国际标准:欧盟的"严格范式"

欧盟颁布的《通用数据保护条例》对汽车数据提出以下要求:

1)数据可携带权:用户有权要求车企将其数据转移至其他平台(如换车时导出驾驶习惯数据)。

2)被遗忘权:用户可申请删除所有数据,车企需在30日内完成清除。

3)责任倒置原则:一旦发生数据泄露,车企需证明自己"无过错",否则面临年营业额4%的罚款。

五、未来挑战:当技术突破"现有防线"

(一)技术威胁:更隐蔽的"数据攻击"

1.量子计算:传统加密的"天敌"

想象一下,你用普通密码锁保护自己的日记本,但来了一个"超级破解大师"(量子计算机),能在几小时内解开所有复杂的密码(传统加密技术)。现在90%的智能汽车还在用"普通密码锁"(传统加密技术),一旦这个"超级破解大师"真的出现,存在云端的驾驶习惯、指纹虹膜等数据就会全部曝光,就像日记本被人随意翻看。

专家提醒:2030年前,要给汽车换上"量子级安全锁"(量子加密技术),不然可能会迎来一场数据安全的"大洪水"。

2.深度伪造:AI"易容术"的危险

现在的人工智能就像一个厉害的"模仿大师",具备以下几项"本领":

1)虹膜伪造,模仿长相:用一张高清照片,就能生成动态的虹膜视频(眼睛特征),骗过汽车的摄像头。

2)语音克隆,模仿声音:只要录制车主20s说话,就能合成与车主一模一样的声音,指挥车载系统"打开车门"。

3)步态模拟,模仿走路:分析车主下车时的步态,就能伪造其行走姿势,直接解锁车辆。

2024年某实验室演示,用深度伪造技术制作的"虚拟车主",成功通过三项生物识别验证,敲响了"生物特征滥用"的警钟。

（二）伦理争议：技术进步的"价值拷问"

1. 数据所有权："我的数据由谁说了算"

车主购买汽车后，车辆收集的数据归谁所有？车企认为，数据是车辆运行的"副产品"，且存储和分析需要企业投入，因此数据所有权归企业；车主则主张，数据包含个人隐私，所有权应归用户，企业仅有权"有限使用"。

典型案例：某车主起诉车企未经允许上传驾驶数据，法院判决车主拥有数据所有权，车企可在用户授权范围内使用数据，且需向车主提供数据查询、删除接口。

2. 预判式监控：当人工智能成为"行为预言家"

某车企开发的"风险预判系统"，通过分析紧急制动频率、夜间出行时段等数据，识别"危险驾驶倾向"，并自动向交警部门预警。但该系统曾误判一位医生频繁夜间出行是"可疑行为"，导致其车辆被临时扣押。这种"预判式监控"引发争议。

支持者的观点是，提前干预危险行为可降低事故率；反对者的观点是，人工智能无权对人类行为"定罪"，可能导致"数字歧视"。

议一议

伦理辩论：人工智能是否应该拥有"行为预判权"？

请从法律、道德、技术误差等角度展开辩论。

延伸补给包

蔚来汽车——从危机应对到技术破局的进阶之路

事件背景与核心事实

蔚来汽车在2025年推出的抗量子攻击模块，是智能汽车数据安全防护领域的一项重大技术突破，为应对量子计算带来的潜在威胁提供了前瞻性解决方案。该模块主要基于后量子密码（Post-Quantum Cryptography，PQC）技术构建，这是一种能够抵御量子计算机现有攻击的新一代密码算法体系。

随着量子计算技术的快速发展，传统的公钥密码体系面临严峻挑战。量子计算机因其超强的算力，能够在短时间内破解传统加密算法，使得智能汽车存储和传输的大量敏感数据，如用户的生物特征数据（指纹、人脸、声纹等）、行车轨迹与地理位置数据、车内语音和影像记录以及驾驶行为数据等，处于极高的泄漏风险中。而蔚来的抗量子攻击模块正是在这样的背景下应运而生。

从技术实现层面来看，蔚来的抗量子攻击模块可能采用了多种先进的技术手段。一方面，它可能融合了基于格、基于编码、基于多变量、基于哈希以及基于同源等多种PQC技术路线中的一种或几种，以实现对数据的高强度加密。例如，基于格的密码体制具有安全性高、计算效率相对较好等优势，能够在量子计算环境下为数据提供可靠的加密保护。另一方面，该模块可能还结合了传统加密算法与PQC

算法，形成混合加密机制。这种混合加密方式在有效抵御量子计算机攻击的同时，还能规避现有PQC算法因发展时间较短，在算法设计和安全性评估方面可能存在的潜在风险。

在实际运行过程中，当车辆传感器采集到各类数据后，抗量子攻击模块会首先对这些数据进行分类处理，针对不同敏感度的数据采用不同强度的加密策略。对于核心敏感数据，如用户的生物特征数据，模块会运用PQC算法进行加密，确保数据在存储和传输过程中的安全性。在数据传输环节，无论是车辆与云端服务器之间的数据交互，还是车辆与周边智能交通设施（如充电桩、停车场等）之间的通信，抗量子攻击模块都会利用其加密机制，为数据传输构建一个安全的通道，防止黑客通过网络截获和篡改数据。

学习评估站

一、基础测试题

（一）选择题

1. 下列哪项属于智能汽车收集的"生物特征数据"？（　　）
   A. 行车路线与停留点信息
   B. 加速踏板深度、制动力度等驾驶操作数据
   C. 人脸、声纹、指纹等人体生理特征
   D. 车内对话录音与乘员行为影像

2. 智能汽车数据在传输过程中面临的主要安全风险是（　　）。
   A. 车载摄像头未加密导致车内影像泄露
   B. 黑客通过网络漏洞截获未加密的行驶数据
   C. 行车记录仪存储卡被盗导致事故视频泄露
   D. 座椅传感器记录的体重数据被非法读取

3. 根据我国《汽车数据安全管理若干规定》，以下哪项不属于核心原则？（　　）
   A. 最小必要原则（仅收集与功能直接相关的数据）
   B. 用户授权原则（收集敏感数据需单独弹窗提示）
   C. 数据可携带权（用户有权转移数据至其他平台）
   D. 跨境传输限制（境内数据应存储在境内）

4. 下列哪项技术能实现"数据可用但不可识"的匿名化处理？（　　）
   A. 量子密钥分发（Quantum Key Distribution，QKD）
   B. 区块链溯源
   C. 人工智能自动模糊人脸、车牌等关键信息
   D. 脑波+心率双重认证

5. "黑客利用3D打印面具破解汽车人脸识别系统"属于哪种风险场景？（　　）
   A. 轨迹规律分析　　B. 生物特征伪造　　C. 语音数据泄露　　D. 驾驶习惯数据

（二）判断题

1. 生物特征数据（如指纹、人脸）的敏感等级在四类核心数据中最高。（   ）
2. 根据我国法规，车企默认有权收集用户常去地点等历史轨迹数据。（   ）
3. 量子计算机的发展对传统加密技术构成威胁，但量子通信技术可完全防御此类攻击。（   ）
4. 深度伪造技术仅能伪造人脸，无法模仿声音或步态解锁车辆。（   ）

（三）填空题

1. 车载语音助手存储的"回家"指令若未加密，可能导致_____外泄。
2. 保险公司购买用户的_____数据后，可能将特定用户保费提升300%。
3. 区块链技术通过记录数据从_____的全过程，形成不可篡改的"数据日志"，实现泄露路径溯源。
4. 动态生物认证需同时验证_____和_____，以降低盗用风险至0.0001%。
5. 根据我国法规，收集生物特征数据需通过_____获取用户授权。

（四）简答题

如何平衡智能汽车数据收集的便利性与用户隐私保护？请结合技术手段、用户措施及法律法规，谈谈你的理解。

二、创新拓展题

情景案例：便利背后的"数据追踪"

【案例背景】

2025年，初二学生小明的爸爸购买了一辆搭载L3级自动驾驶系统的智能汽车。这辆车配备了12个摄像头、5个毫米波雷达、生物识别启动系统，以及"AI驾驶助手"小安。原本以为这是"未来出行"的开端，却不想一场关于隐私与安全的"数据冒险"正悄然展开……

场景1：精准推送的"读心术"

每天早上7:30，小明爸爸准时开车送小明上学。两周后，车载屏幕开始推送"学校周边补习班"广告，甚至精准到"初二数学强化班"。妈妈偶然发现，手机APP的"家庭共享"页面里，清晰记录着近30天的行驶路线："家→市实验中学→爸爸公司→周末常去的露营基地"，连每次在加油站的停留时间都精确到分钟。

1. 请分析：该场景中数据收集的类型有哪些？
2. 请思考：这些数据是如何被收集的？车企为什么需要知道"周末常去的露营基地"？

场景2：车内的"隐形摄像头"

一个雨天的傍晚，小明在后排偷吃零食时，突然听到小安的语音提醒："检测到后排有食物残渣，建议停车后清理。"小明惊讶地发现，车顶的全景摄像头正在缓慢转动，镜头对准后排。更让家长不安的是，手机APP的"车内监控"功能默认开启，即使车辆熄火，也能实时查看车内画面——摄像头曾拍到保姆接孩子放学的场景，而这一权限系统从未主动申请过。

1. 请分析：该场景中数据收集的类型有哪些？
2. 请思考：该场景中涉及哪些隐私风险？

第三节 绿色革命：从能源捕获到生态共生

智驱引擎舱： 汽车"能量武林大会"

新能源汽车领域的"充电技术"大比拼，不是看谁的电池容量大，而是看谁能更聪明地"找电"、更高效地"存电"。制动能量回收系统是"节能高手"，它可以在车辆制动时，将动能转化为电能，为电池充电，提高能源利用率。车顶的太阳能电池板是"日光能手"，它能在车辆晒太阳时，将太阳能转化为电能，为车辆增加一些续驶里程。还有V2G技术，它是"电网调解员"，实现了电动汽车与电网之间的双向互动，让车辆可以在电网负荷低时充电，在电网负荷高时向电网放电，帮助调节电网负荷。这场比拼，真是精彩纷呈，让我们一起深入了解这些技术吧！

一、星际燃料特攻队：能源采集黑科技

（一）制动能量回收——"太空制动"动能转化器

想象一下，当你骑自行车制动时，如果车轮摩擦产生的热量能变成电能储存起来，下次加速时再用，是不是很酷？这就是新能源汽车的制动能量回收技术。传统燃油汽车制动时，动能变成热量跑掉了，而新能源汽车却能把它抓住变成电能。

制动能量回收可是新能源汽车的核心技术之一。简单来说，就是车辆在减速或者制动的时候，通过电机的回收，把动能转化成电能，然后存到电池里。传统燃油汽车在制动时，动能多浪费在制动片和制动盘的摩擦上，以热能形式散失掉，而制动能量回收技术就把这些原本要浪费掉的能量重新利用起来，提升了车辆的能源效率。

从原理上来讲，制动能量回收系统主要靠电机的可逆性工作。当车辆减速时，驱动电机就转换成发电模式，车轮带着电机转起来，这时电机就像一台发电机，把机械能转换成电能。制动能量回收过程示意图如图5-3-1所示。在这个过程中，涉及超复杂的电力电子转换技术，要精准地控制电机的转矩和电流，才能让能量转换得更高效。

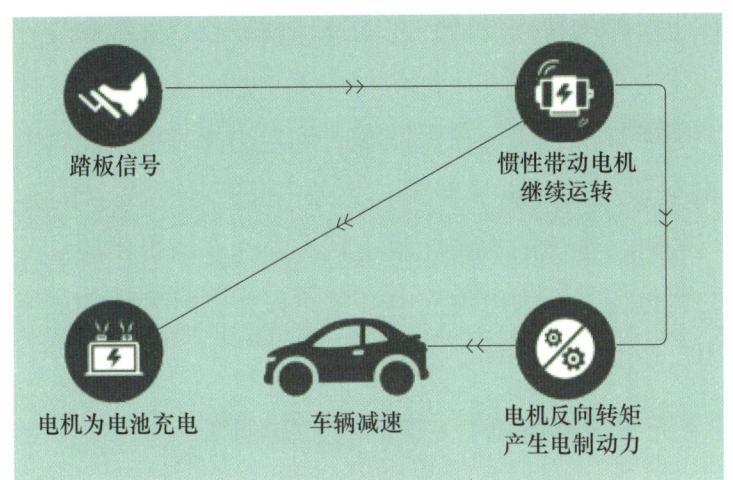

图 5-3-1 制动能量回收过程示意图

想一想

你认为人工智能算法在制动能量回收系统中发挥了哪些重要作用?

现在先进的人工智能算法,能根据行车特点、电池情况、驾驶行为等来灵活调整能量回收的强度。例如,博世研发的智能制动能量回收系统可以通过各种传感器,实时监测车辆速度、加速度和制动踏板行程等数据,再结合路况预测算法,让乘员乘坐舒服的同时,把能量回收做到最大化。而且其最新一代的制动能量回收系统还采用了深度学习算法,就像一位"读心术大师",通过分析驾驶人以前的开车数据,能提前预判驾驶人的制动意图,然后提前调整能量回收策略,从而提升制动能量回收的效率。

(二)车顶太阳能膜——"光能战甲"穿戴计划

在新能源汽车领域,车顶太阳能膜技术正逐渐崭露头角,仿佛给汽车戴上了一顶能发电的"遮阳帽",使车身曲面变身成为微型发电站。当阳光照射在这层柔性薄膜上,光子便开始活跃起来,把太阳能转化为电能,为汽车提供额外的能量。

图 5-3-2 柔性铜铟镓硒(CIGS)组件

这种"发电毯"由高科技材料制成,与传统的晶硅太阳能板相比,具有独特的优势。例如,铜铟镓硒(CIGS)薄膜质量小、柔韧性好,能够更好地适应车身曲面,就像一位漂浮轻盈的舞者,如图 5-3-2 所示。砷化镓(GaAs)薄膜光电转换效率极高,堪称该领域的佼佼者,而有机光伏材料(Organic Photovoltaics,OPV)则以成本优势受到关注。这些材料在效率、成本和耐用性上各有所长,工程师们需要根据车型的具体需求和市场定位,精心挑选最合适的材料。

查一查

可发电的柔性薄膜除了用在汽车上,还有哪些应用?

将这种"发电皮肤"与车身设计完美融合是一大挑战。设计师需要精细调控薄膜的颜色和透光性。例如,使用半透明薄膜可以实现类似天窗的效果,允许部分可见光进入车内以提升驾乘体验。

其关键在于材料的特殊设计，它能选择性吸收紫外线和红外线（将其高效转化为电能），同时允许大部分可见光透过。这就像在车顶集成了一层能量采集层，在保证车内采光的同时持续发电。

发电车顶可能会更加普及。想象一下，当你的新能源汽车在阳光下行驶时，车顶的太阳能膜正默默地为车辆提供能量，支持车内设备的运行，甚至为电池充电。这不仅是技术发展的成果，也是人类利用自然能源的一种创新方式。

（三）无线充电路面——隐形能量补给网

无线充电路面技术如同为马路注入"魔法"，通过在地下埋设充电线圈，利用电磁感应或磁共振原理，实现车辆行驶或停车时的"隔空充电"，如图 5-3-3 所示。这项技术若普及，将彻底颠覆电动汽车"找桩充电"的传统模式，让"里程焦虑"成为历史。其核心技术分为两大流派：一是电磁感应式充电，通过在路面铺设初级线圈，当车辆底部的次级线圈靠近时，两者通过磁场"握手"，将电能从地下传输到车内，类似磁铁的"隔空吸力"；二是磁共振式充电，通过让线圈在特定频率下产生共振，即使间隔一定距离也能高效传能，如同用无线对讲机实现远距离通话。

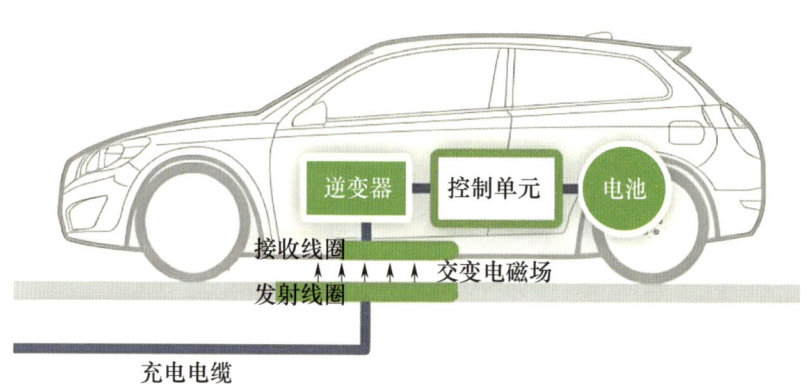

图 5-3-3　电磁感应式充电

然而，这项"黑科技"的落地仍需跨过三道坎。首先是效率瓶颈，当前技术如同"漏气的气球"，能量在传输过程中会有损耗，尤其是电磁感应式对距离极敏感，超出 20cm 便效率骤降。科学家正尝试用"高温超导材料"和"磁耦合网络"为气球打补丁，减少能量逃逸。其次是辐射安全，公众担忧马路会变成"电磁辐射发射器"。但技术严格遵循安全标准，辐射量远低于手机，相当于给马路戴了"防辐射面具"。最后是养护成本，地下线圈若出故障，维修需"开膛破肚"。未来将通过人工智能监测系统实现"健康预警"，降低维护难度。

尽管挑战犹存，但无线充电路面的未来图景已清晰可见：城市公交可化身"永动机"，在终点站与起点站间边跑边充电；物流车辆能在仓库与港口间"无限续航"，24小时连轴转；高速公路或将成为"隐形充电桩"，让长途自驾告别排队充电的烦恼。当技术成熟时，汽车或许真能像科幻片中那样——边行驶边"啃电"，彻底告别"电量焦虑"。

二、银河能源调度局：V2G与换电特工行动

（一）V2G算法——电能"星际贸易"

电动汽车入网（Vehicle-to-Grid，V2G）技术可被视作电动汽车与电网之间的"双向互动桥梁"。它不仅允许电动汽车从电网获取电力，还能够在必要时向电网回馈电能，使其成为一座移动的"电力存储库"。该技术的核心在于V2G算法，人工智能通过实时电价信号、电网负载数据、用户出行习惯预测（如工作日充电规律），制定最优充放电策略。其功能类似于一位精细管理的专家，能够实时监测电网负荷、电价动态以及车辆电池状况，并据此精准调控汽车的充放电过程。

电网的负荷呈现出明显的"潮汐现象"，即在高峰时段面临巨大压力，而在低谷时段则存在大量剩余容量。V2G算法具备响应电网负荷变化的能力。当电网处于用电高峰时，该算法会识别出电量充足的车辆，并通过双向充电设施向电网释放电能，以此减轻电网的供电负担；在用电低谷时段，算法则促使车辆利用低价电能进行充电，避免发电设施的闲置浪费。这种"削峰填谷"的策略，不仅有助于提升电网的运行效率，还能使车主通过电价差获利，实现了电网与车主的互利共赢。V2G技术如图5-3-4所示。

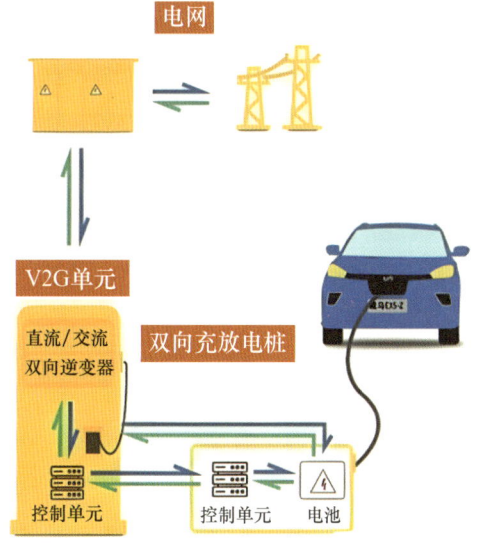

图5-3-4　V2G技术

目前，一些电力公司已经开始试点V2G项目，通过与电动汽车车主签订协议，在高峰时段调用车辆的电能，为车主提供一定的经济补偿。

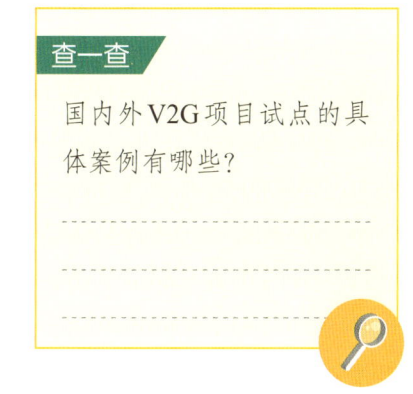

查一查

国内外V2G项目试点的具体案例有哪些？

（二）智能换电站——极速"能量胶囊"

智能换电站为电动汽车提供了一种快速便捷的补能方式。车主不必长时间等待充电，只需将车辆驶入换电站，利用全自动机械臂和高精度定位系统，迅速完成旧电池的拆卸和新电池的安装，整

个过程高效迅速。

智能换电站的高效运行依赖于三大标准化技术：①电池包采用统一规格，类似于乐高积木，便于不同品牌和型号的车辆共享使用，提高了电池的兼容性；②自动化流水线作业，高精度定位系统锁定车辆底盘，机械臂以毫米级精度进行电池拆装，确保换电过程的高效与安全；③智能管理系统24小时监测电池健康状况，自动为每块电池进行检测，确保车主更换到的是安全可靠的满电电池。

在此基础上，智能换电站能够实现不同品牌、不同型号电动汽车的电池互换。以蔚来汽车为例，车主通过手机APP预约换电，车辆自动泊入指定位置，机械臂迅速完成电池更换，整个过程约3min即可完成。换电站储备有大量备用电池，通过高效循环补给系统，确保电池的及时供应。同时，换电站还具备智能调度功能，能够根据车辆需求优先分配电池，提升整体运营效率。蔚来汽车换电站如图5-3-5所示。

图5-3-5　蔚来汽车换电站

未来这些"能量驿站"会变得更聪明：通过人工智能预测车流高峰，自动调配电池库存；利用低谷电价时段集中充电，帮助车主省电费；甚至能识别不同车型自动调整换电程序。随着全国换电站普及，电动汽车续航焦虑将成为历史名词，绿色出行真正变得和加油一样方便。

三、低碳出行：汽车与碳排放的绿色交响曲

在当今环保意识日益增强的时代，你可曾畅想过，日常驾车时每一次平稳流畅的加速，精心规划出的每一段节能路线，都能摇身一变，成为实实在在、可以兑换的"环保资产"？随着全球对碳减排目标的不懈追求，碳积分体系应运而生，它正悄然推动汽车行

业发生深刻变革，汽车不再仅仅是单纯的出行工具和碳排放源，而是逐步进化为能够记录和储存环保价值的"移动碳银行"。

（一）"碳"积分趣事：个人账户的绿色密码

在环保的大潮中，碳积分个人账户横空出世，宛如一把开启绿色生活大门的神奇钥匙。它详细记录着大家日常绿色出行的点滴，把节能减排的成果量化成实实在在的数字积分，让每一次低碳之旅都变得具体可见，如图5-3-6所示。

图5-3-6　个人碳积分账户

碳积分的获取方式五花八门，驾驶纯电动汽车出行，系统依据行驶里程、能耗表现自动计算并赋予积分；拼车出行，通过手机应用打卡，就能收获相应的碳积分奖励；选择公共交通，刷公交卡、地铁卡，借助智能交通系统的统计功能，也能累积积分。这些积分不仅能兑换实用的环保商品，还能在特定商家享受折扣优惠，让环保行为获得丰厚回馈。

（二）"行"动起来：绿色驾驶指南

绿色驾驶是每个人为地球环保贡献力量的日常实践，每一次低碳出行都是在为构建绿色家园添砖加瓦。而如今，人工智能技术的融入让绿色驾驶更加智能、高效。

良好的驾驶习惯同样关键。人工智能导航系统可实时分析路况，精准规划最优路线，有效避开拥堵，减少不必要的绕行和怠速等待。同时，自动驾驶辅助系统能实时监测车速，通过智能提示帮助驾驶人保持平稳车速，避免紧急制动和急加速，从而降低燃油消耗或电能损耗。智能车辆诊断系统能够实时监测车辆状况，提前预警潜在问题，让保养维护更加及时、精准，确保发动机性能良好、轮胎气压充足，让车辆始终保持最佳运行状态，实现节能减排与车辆寿命延长的双赢局面。

（三）"链"接低碳：碳积分的交易与价值

碳积分交易市场宛如一座绿色金融的宝藏，为碳减排注入强大动力。企业是这个市场的核心玩家，政府设定碳排放配额上限，企业依据自身排放情况获得相应配额。减排技术领先、排放量低于配额的企业，可将剩余碳积分上市交易，获取经济收益；而排放量超限的企业，则需购买碳积分以平衡账目，否则将面临重罚。

个人也能在碳积分交易中分得一杯羹，大家通过绿色出行积累的碳积分，可汇聚到社区或城市的碳积分平台，形成一定规模后

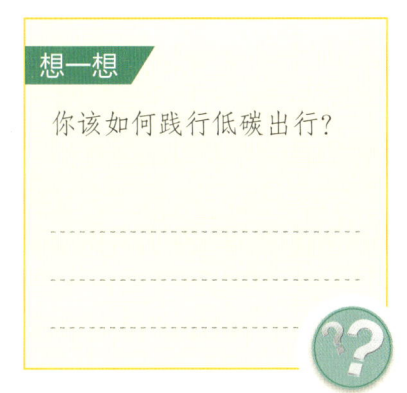

想一想

你该如何践行低碳出行？

议一议
你最想用碳积分兑换什么呢？

出售给有需求的企业。这不仅为个人带来额外收入，更激励全民积极投身低碳行动，形成全社会共同应对气候变化的磅礴力量。

展望未来，随着科技的持续进步，当碳积分与区块链技术深度融合，每一笔减排记录都将被永久、不可篡改地记录在区块链账本之上，极大地增强了碳积分体系的可信度和安全性。与此同时，当跨行业碳交易市场逐渐走向成熟，车主所积累的碳积分将拥有更为广泛的应用场景，甚至有可能用于抵扣房贷利率，或者在个人所得税缴纳时获得相应优惠。

延伸补给包

车企双积分政策解读

双积分政策，全称为《乘用车企业平均燃料消耗量与新能源汽车积分并行管理办法》，是我国2017年推出的一项重要的汽车产业调控政策，旨在推动汽车企业制造更省油的车辆并增加新能源汽车的生产，以节约能源、减少排放，促进汽车行业向绿色发展。该政策借鉴了美国和欧洲的环保经验，结合我国国情，形成了一套独特的管理办法，适用于传统燃油汽车和新能源汽车。

该政策由油耗积分（CAFC积分）和新能源积分（NEV积分）两部分构成。油耗积分根据汽车企业生产的车辆平均油耗与国家设定的目标值对比来计算。若企业实际平均油耗低于目标值，将获得正积分，可储存或出售；反之则为负积分，需通过新能源积分或购买积分来抵偿，否则将面临罚款。新能源积分则依据企业生产的新能源汽车数量、性能及其在总销量中的占比来确定。若企业生产的新能源汽车达标且超过目标值，将获得正积分，可在市场上交易获利；未达标则产生负积分，可用下一年度的正积分抵偿。若长期无法抵偿负积分，企业可能面临罚款，甚至被禁止申报生产新的高油耗车型。这一政策有效激励了汽车企业提高燃油效率，加大对新能源汽车的研发和生产投入，从而推动了我国新能源汽车产业的快速发展。

近年来为应对市场变化和"双碳"目标，双积分政策进行了多次修订，修订内容主要有：①新能源积分计算趋严，纯电车型积分公式调整为0.0034×续驶里程+0.2，标准车型积分值平均下调约40%；②新增低温续航衰减率考核，低于35%的车型可获得1.2倍积分，引导耐低温技术研发；③引入积分池制度，当正积分供需比超过200%时，企业可自愿存储积分（有效期5年），平衡市场供需，稳定积分价格；④2026—2027年目标升级，新能源积分比例要求分别提高至48%和58%，倒逼车企加速电动化转型。

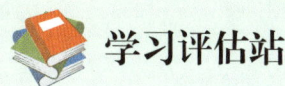
学习评估站

一、基础测试题

（一）选择题

1. 以下哪种技术能让车辆在减速或制动时将动能转化为电能？（　　）
    A. 传统燃油汽车的制动系统　　　　B. 制动能量回收技术
    C. 太阳能发电技术　　　　　　　　D. 无线充电技术
2. 以下哪一项不是柔性薄膜太阳能材料的优点？（　　）
    A. 光电转换效率高　　　　　　　　B. 成本低廉
    C. 耐用性强　　　　　　　　　　　D. 质量大

（二）判断题

1. V2G 技术只能让电动汽车从电网充电。　　　　　　　　　　　　　　（　　）
2. 高德地图"绿色导航"功能可通过人工智能算法实时分析路况，优先推荐少拥堵、少爬坡的优化路线。　　　　　　　　　　　　　　　　　　　　　　　　（　　）

（三）填空题

1. 制动能量回收系统主要靠_____的可逆性工作，在车辆减速时，电机变成_____模式。
2. V2G 算法通过实时分析_____、_____和_____，精准操控汽车的充放电。

（四）简答题

1. 制动能量回收技术有哪些优势？请简要说明。

2. 智能换电站有哪些技术特点？请列举两点。

二、创新拓展题

结合碳积分体系，设想一个推广绿色出行的社区活动方案。具体说明活动如何吸引居民参与、如何与碳积分挂钩，以及预期的环保和经济效益。

第四节 智慧出行：反重力交通指挥部

智驱引擎舱：二维交通变三维

周一早晨，小明望着车窗外熙熙攘攘的车流，陷入了困境。他因为路面交通堵塞，错过了重要的商务会议。小明不禁想："要是早高峰时，我的汽车突然展开螺旋桨，'嗖'的一声垂直升空，从堵车长龙头顶掠过，像武侠小说里的'梯云纵'一样潇洒……"。

这不是幻想，不是电影特效，而是未来城市的日常。飞行汽车、折叠魔方车、量子导航……这些黑科技如何让交通从"二维平面"跃升到"三维立体"？让我们一探究竟！

一、空域争夺战：设计你的飞行汽车航线图

当你每天因城市道路堵车而迟到时，你是否曾幻想过汽车也能像鸟儿一样在空中穿梭，避开地面上的拥堵，快速到达目的地呢？如今，幻想正逐步走向现实，飞行汽车正成为未来智慧出行的新宠。

（一）飞行汽车的起源与发展

1.梦想的启航

1917年，被誉为"飞行汽车之父"的格·寇蒂斯第一次向人们展示了飞行汽车这种新型交通工具——Autoplane，如图5-4-1所示。这款车的造型像一架装了轮子的飞机，依靠车尾的四叶螺旋推进器来驱动，但遗憾的是，它并未真正飞上天空，只实现了短距离的飞行式跳跃。

图5-4-1 新型交通工具Autoplane

1935年，福特汽车公司创办人亨利·福特大胆发出"飞机和汽车结合的产物很快就会到来"的科学预言。

2. 探索与突破

1946年，工业设计师亨利·德雷夫斯设计了一款可拆卸式飞行汽车，如图5-4-2所示。下方的乘坐部分是一台完整汽车，飞行时与机翼合体，但因试飞时坠毁，项目被迫停止。

图5-4-2 亨利·德雷夫斯设计的飞行汽车

1964年，莫尔·泰勒设计制造了名为Aerocar的飞行汽车，如图5-4-3所示。其机翼采用可折叠设计，汽车状态时最高车速约100km/h，起飞后速度可达180km/h，不过该车型仅生产了四辆。

图5-4-3 Aerocar飞行汽车

3. 从概念走向现实

2011年，美国Terrafugia公司制造出了第一代飞行汽车"Transition"，2012年，该公司又制造出第二代"Transition"，并在同年成功完成首次飞行测试。

2016年，美国Uber公司发布了《快速飞入城市空中交通白皮书》，电动垂直起降飞行器（eVTOL）正式成为"空中出租车"的主要形式。

2023年，亿航216取得全球首张适航证；小鹏汇天发布"陆地航母"分体式飞行汽车和陆空一体式飞行汽车；美国Alef

Aeronautics研发的飞行汽车Model A获得美国联邦航空管理局（FAA）颁发的特殊适航认证；10月，我国民航局颁发首张飞行汽车型号合格证。

亿航智能在广州市开展的飞行汽车试点项目引起了广泛关注，如图5-4-4所示。这标志着飞行汽车正逐渐从概念走向现实，它让人们切实看到了飞行汽车在解决城市交通拥堵、拓展出行空间方面的巨大潜力，为人们的出行提供了一种全新的选择。

图5-4-4　亿航飞行汽车

（二）飞行汽车的技术原理

1.动力系统

飞行汽车的动力系统是其能够飞行的关键。目前，常见的动力系统主要有电动垂直起降飞行器（electric Vertical Take-Off and Landing，eVTOL）系统和混合动力系统。

配备eVTOL系统的飞行汽车如图5-4-5所示，它采用电机驱动旋翼或螺旋桨产生升力和推力，具有噪声低、零排放等优点，符合未来绿色出行的理念。它不需要传统的跑道，能够在有限的空间内垂直起降，适合城市环境中的短途出行。

图5-4-5　配备eVTOL系统的飞行汽车

混合动力系统结合了燃油发动机和电机的优势，燃油发动机在飞行过程中为机载电池充电，延长了飞行汽车的续航里程，解决了纯电飞行汽车续航能力有限的问题。这种混合动力系统在一定程度上平衡了动力性能、续航里程和环保要求。

2.飞行控制系统

飞行控制系统由飞控计算机、传感器和执行机构等组成。

飞控计算机实时接收各种传感器（如陀螺仪、加速度计、高度计等）数据，精确计算飞行汽车的姿态、速度、位置等参数，然后根据飞行任务和控制算法，向执行机构发送指令，实现对飞行汽车的精准操控，包括起飞、平飞、下降、着陆等各个飞行阶段。

> **试一试**
>
> 飞行汽车的飞控系统相当于人类的_____。

3.机身结构

飞行汽车的机身结构设计既要满足飞行气动性能要求，又要兼顾地面行驶的稳定性，通常采用轻质高强度材料制造，如碳纤维复合材料、铝合金等。常见的机身结构形式有固定翼、旋翼、倾转旋翼以及涵道风扇等多种类型，不同的结构适用于不同的飞行模式和应用场景，见表5-4-1。其外形设计多采用流线型，以减少空气阻力，使飞行汽车在空中能够更加顺畅地飞行。

表5-4-1 不同机身结构形式适用场景

机身结构	飞行模式	应用场景
固定翼	高速巡航飞行	长距离运输、商业航空等
旋翼	垂直起降、低速飞行	救援、城市短途运输等
倾转旋翼	垂直起降、巡航飞行转换	起降场地要求高且需一定航程和速度的任务场景
涵道风扇	低空飞行、室内飞行	对安全性要求较高的低空飞行器或室内飞行器等

（三）低空空域认知

1.什么是低空空域

简单来说，低空空域就是从地面往上大约1000m以内的空间。这个空间就像城市的空中走廊，是未来飞行汽车遨游的平台。

2.空域分层的概念

空域分层管理是将城市空域按照一定的高度范围划分为多个层次，不同层次的空域用于不同的飞行任务和飞行器类型。空域分层见表5-4-2，这种分层管理方式有助于避免飞行汽车之间以及与传统航空器之间的相互干扰，从而提高空域的利用效率。

> **想一想**
>
> 城市中心和郊区的空域容量有什么区别？对飞行汽车的飞行会产生哪些影响？

表5-4-2 空域分层

空域层	用途	高度及限速
低空层	急救车辆、无人机配送	0~100m，限速80km/h
中空层	民用飞行汽车巡航	100~500m，限速200km/h
高空层	货运飞艇、洲际高速通道	>500m，限速500km/h

3.空域划分依据

（1）空域容量　就像道路能承载的车流量，空域容量大的区域，能容纳更多的飞行汽车同时飞行；空域容量小的区域，飞行汽车数量就要受到严格控制。例如，在城市中心由于建筑密集、人口众多，飞行汽车的起降和飞行活动频繁，此处空域容量相对较小，需要限制同时飞行的数量。

（2）连通性　连通性是指飞行汽车能够从一个起降点顺利飞往另一个起降点，中途不会出现空中"断头路"，能在不同空域间顺畅地飞行，如同地面道路网络中车辆通过匝道能切换高速公路一样。

（3）干扰因素　在空中，通信信号干扰、电磁干扰等可能会导致飞行汽车的导航系统和控制系统出现故障，影响飞行安全。因此在划分空域时，需要尽量避开这些干扰因素。

（4）用户分布　需要充分考虑居民的出行需求，合理规划起降点和航线布局。在人口密集的城区，飞行汽车的需求量大；而在人口稀少的地区，航线设计则更注重与周边交通枢纽的连接，方便乘客转乘其他交通工具。

（四）飞行汽车航线设计要素

1.飞行高度

飞行汽车的飞行高度不能随意选择，太低可能会碰到高楼、广告牌这类障碍物，太高又会受到复杂气流袭击。一般在城市上空，300~500m比较合适，气流平稳，也不会和飞机航线相互干扰。

2.飞行路径

以亿航在广州的试点为例，使用地理信息系统，把广州的高楼、河流、机场等障碍物都标注出来，然后根据起点和终点，依靠算法算出最优路径。其中不仅要避开禁飞区、机场航线这些危险区域，还得考虑风向、气流等天气因素。

3. 安全距离

就像开车要保持车距一样，飞行汽车也得留出应急反应的空间，留出足够的安全距离。这个距离要考虑到飞行汽车的速度、机动性，一般和建筑物至少保持50m距离，和其他飞行器至少保持100m距离。

（五）飞行汽车的应用与前景

1. 城市通勤

未来的城市交通中，人们每天早上乘坐飞行汽车从家垂直起飞，在城市上空轻松躲避地面的拥堵路段，快速到达工作地点。这不仅大幅缩短了通勤时间，还能减少因堵车带来的焦虑和疲惫，提高人们的生活质量。

2. 旅游观光

飞行汽车将为旅游业带来全新体验。游客可以乘坐飞行汽车在城市上空俯瞰城市美景，以独特的视角欣赏城市的风貌和地标建筑。同时，飞行汽车也能够为偏远地区的旅游开发提供便利，方便游客前往一些交通不便但风景优美的景点，促进旅游业的发展。

3. 紧急救援

飞行汽车在紧急救援领域具有巨大的应用潜力。当自然灾害发生时，如地震、洪水等，地面交通往往受到严重破坏，而飞行汽车能够迅速到达灾区，执行人员疏散、物资运输等救援任务，为救援工作争取宝贵的时间。

在高楼火灾方面，飞行消防车可在第一时间飞抵辖区内任意点位进行灭火任务。

4. 现实发展情况

亿航广州试点项目已经实现了飞行汽车的空域分层管理，实现了飞行汽车在城市空域中的有序飞行，为未来大规模应用飞行车奠定了基础。我国飞行汽车发展现状见表5-4-3。

表5-4-3 我国飞行汽车发展现状

品牌厂家	产品	应用程度
小鹏汇天	分体式飞行汽车"陆地航母"	预计2026年量产
亿航智能	EH216-S	2023年获标准适航证
广汽	GOVE	2023年首飞成功
红旗	红旗天辇一号	2025年4月首发亮相

> **议一议**
> 设计飞行汽车的航线时应该注意什么？

> **想一想**
> 除了上述应用，飞行汽车的应用场景还有哪些？

> **想一想**
>
> 改善城市交通除了折叠汽车外还有哪些途径？

二、变形汽车挑战：把汽车叠成魔方塞进书包

最初，变形汽车只存在于电影炫酷的特效镜头里。但随着科技的飞速发展，工程师们开始大胆尝试，把各种前沿技术融合在一起，让变形汽车从虚幻的梦境逐渐走向真实世界的街头。它如同一位空间利用魔术师，能在有限的空间内巧妙地变换形态，为城市出行带来全新的解决方案。

（一）变形汽车的诞生背景与意义

随着城市化进程的不断加快，城市人口日益密集，道路拥堵、车位紧张等问题愈发突出，如图5-4-6所示。尤其是在一些大城市，每天花费在通勤路上的时间成本极高。在这样的背景下，折叠式变形汽车（以下简称折叠汽车）应运而生。

图5-4-6 拥堵的城市交通

折叠汽车突破了便携性和空间占用方面的限制，在不需要使用时轻松折叠，将体积大幅缩小，方便携带和存放，为城市出行提供了更多的可能性。

（二）变形汽车的家族聚会

变形汽车的变形方式多种多样，见表5-4-4。折叠式变形汽车通过可折叠的车身部件减小体积；模块化变形汽车的部件可拆卸和重组，适应不同出行需求；仿生式变形汽车模仿生物形态，如翅膀伸缩的飞行汽车，兼具地面行驶与空中飞行功能。

表5-4-4 变形汽车的变形方式

变形方式	特点	优势	应用场景
折叠式	折叠车身部件减小体积	节省空间	城市通勤、家庭存放
模块化	可拆卸和重组部件	适应不同出行需求	长途旅行、户外探险

(续)

变形方式	特点	优势	应用场景
仿生式	模仿生物形态	兼具多种功能	飞行汽车

（三）折叠汽车登场

折叠汽车是变形汽车中的重要一类，它以独特的折叠设计，为城市出行带来巨大便利。其折叠机关是关键，运用铰链、滑轨等机械部件，使车身部件按预设轨迹运动。例如，车门沿滑轨向内折叠，车轮被收纳至车身下方，车顶多层折叠收缩，让汽车体积大幅缩小。

丰田i-Road折叠汽车如图5-4-7所示。在展开状态下，它是小巧的城市通勤车；当它折叠后，占地面积可缩小至$1.5m^2$，这使城市家庭能更灵活地利用有限空间。

图5-4-7　丰田i-Road折叠汽车

（四）折叠汽车的魔法材料

石墨烯是一种由碳原子构成的二维晶体材料，具有许多神奇的特性，这些特性为折叠汽车设计提供了广阔空间。

石墨烯具备超高的强度，即使在折叠状态下也能承受较大的载荷，确保车辆的稳定性和安全性。同时，石墨烯材料又极其轻盈，大大减轻了折叠汽车的整体重量，方便搬运和操作。此外，石墨烯还具有出色的柔韧性，能够在反复折叠和展开的过程中保持良好的性能，不易出现损坏或变形，大大延长了折叠汽车的使用寿命。

> **说一说**
>
> 折叠汽车使用的材料与传统汽车有哪些异同？

三、虫洞通勤局：量子导航绕开早高峰

量子力学是研究微观粒子世界行为规律的物理学分支，它揭

示了许多与我们日常生活经验截然不同的奇妙现象。量子纠缠现象是指两个或多个粒子之间产生的一种特殊关联，无论它们相距多远，对其中一个粒子的测量会瞬间影响到另一个粒子的状态。而量子叠加原理则表明一个量子系统可以同时处于多种状态的叠加态，直到被测量时才会塌缩到某一确定状态。这些奇特的量子特性为量子导航提供了独特的技术基础。

（一）什么是量子导航

还记得科幻电影里那些酷炫的"时空罗盘"吗？它们能瞬间定位、精准导航，如今，量子导航正把这种科幻场景拽进现实。

量子导航定位系统（Quantum Positioning System，QPS）不再像传统导航那样，靠接收卫星信号来确定位置，而是通过量子传感器感知周围环境的微小变化，再结合强大的量子计算能力，来实现超精准的定位和超智能的路径规划。

（二）量子导航的技术优势

传统导航就像一个拿着地图慢慢找路的"路痴"，而量子导航则像是一个对城市每个角落都了如指掌的"本地通"，帮你绕开拥堵，直达目的地。量子导航的优势在于其拥有精准定位能力、强大抗干扰能力、高效路径规划能力以及实时路况预判能力。量子导航与传统导航的对比见表5-4-5。

说一说

随着量子导航的出现，我们的日常出行方式将会产生哪些变化？

议一议

量子导航的高精度定位能力可以在哪些生活场景中发挥大作用？

表5-4-5 量子导航与传统导航的对比

对比项目	传统导航	量子导航
定位精准度	依赖卫星信号，定位精度通常在几米到几十米范围内，易受环境影响，在高楼林立的城市峡谷或复杂立交桥上容易出现定位漂移或丢失	借助量子传感器，能感知微小环境变化，实现厘米级甚至更高精度定位，避免定位漂移或丢失，车辆可精准掌握自身位置
抗干扰能力	信号易受电磁干扰、建筑物遮挡等影响，导致信号弱或失真	利用量子态特性加密传输信号，具备极高抗干扰能力，即使在复杂电磁环境中，也能确保信号稳定可靠
路径规划能力	基于固定交通模型和有限实时数据，规划不够精准灵活	实时获取和处理海量交通数据，通过量子计算平台高速处理，瞬间分析复杂交通状况，提前预判拥堵并规划最优路径

（续）

对比项目	传统导航	量子导航
实时路况预判能力	难以及时准确地根据天气变化、交通事故等动态因素预判路况演变	借助量子传感器超灵敏感知和量子计算平台强大数据分析能力，能提前预测路况演变，提供前瞻性导航建议

> **想一想**
>
> 量子导航与传统导航技术在智能交通系统和车联网中的应用，谁能更有效地减少交通拥堵并降低事故发生率？

（三）量子导航与其他技术的融合发展

量子导航与智能交通系统的协同合作将为未来交通带来巨大的变革。智能交通系统通过在道路上设置各种传感器、摄像头和通信设备，实时收集交通信息并进行处理和分析。量子导航可以将这些交通信息与车辆的导航数据相结合，实现更加精准的交通预测和优化控制。

脑机接口（Brain-Computer Interface，BCI）技术是一种在人脑与外部设备之间建立直接通信通路的技术。该技术为驾驶人提供了一种全新的交互方式，使驾驶人能够通过大脑的意念直接控制导航系统，实现更加自然、便捷的导航操作。增强现实（Augmented Reality，AR）技术则是将虚拟信息与现实世界场景实时融合的一种技术。AR通过在车辆风窗玻璃或其他显示设备上投射导航信息，为驾驶人提供更加直观、生动的导航体验。

当脑机接口、AR与量子导航深度融合，便开启了"心有所想，车之所向"的全新出行体验，如图5-4-8所示。驾驶人只需通过大脑的意念发出指令，量子导航系统便能根据驾驶人的意图实时调整导航信息，并通过AR技术将其直观地呈现在驾驶人眼前。

图5-4-8　脑机接口、AR与量子导航深度融合示意图

氢能源飞行汽车的技术突破

一、氢能源在飞行汽车中的创新应用

氢能源作为一种清洁、高效的能源,为解决传统动力系统的续航和环保问题提供了新方向,正逐渐应用于飞行汽车领域。氢燃料电池飞行汽车通过电化学反应将氢气和氧气转化为电能,驱动电机运转产生动力。其核心优势在于:

1)零排放:唯一产物为水,无污染,契合绿色交通理念。

2)能量密度高:氢气的能量密度是锂电池的3倍以上,可显著提升飞行汽车的续航能力。

3)补能快:加氢时间仅需几分钟,远低于电动汽车的充电时长。

案例:2025年1月9日,我国研发的全球首架吨级风冷液氢动力混合动力倾转翼eVTOL成功试飞。这款eVTOL起飞总重约680kg,载重能力120~160kg,搭载液氢燃料储存系统和高效风冷燃料电池系统,在轻量化和高能效设计上均已达到国际领先水平。与2024年美国Joby公司试飞的2.5t水冷液氢eVTOL相比,我国的风冷系统设计更加紧凑轻便,避免了水冷系统复杂的结构和重量等劣势,大幅提升了航程和经济性。这款飞行器的成功试飞,为解决低空经济续航难题提供了突破性方案。

二、氢能源飞行汽车的关键技术挑战

1.氢燃料储存与安全

氢气易燃易爆,需采用高压储氢罐(70MPa以上)或液态储氢(-253℃低温),这对车身结构的安全性和轻量化提出了极高的要求。例如,储氢罐需通过撞击、火烧等极端测试,同时需优化布局以降低重心,从而确保飞行稳定性。

2.燃料电池效率提升

目前氢燃料电池的能量转换效率约为60%,但在高空低氧环境中效率可能下降。需研发自适应空气供应系统,实时监测氧气浓度,动态调节进气量,维持燃料电池高效运转。

学习评估站

一、基础测试题

（一）选择题

1. 低空空域的定义是距离地面多少米以下的空间？（   ）
   A. 800m　　　　　　B. 1000m　　　　　　C. 1200m　　　　　　D. 1500m

2. 量子导航的定位精度可达到（   ）。
   A. 米级　　　　　　B. 厘米级　　　　　　C. 分米级　　　　　　D. 毫米级

3. 以下哪种飞行汽车技术原理的主要优势是噪声低、零排放且适合城市短途出行？（   ）
   A. 混合动力系统　　　　　　　　　　B. 涡轮动力系统
   C. 电动垂直起降系统　　　　　　　　D. 内燃机动力系统

4. 以下哪种飞行汽车的机体结构类型适合垂直起降，并能在高要求起降场地且需要一定航程和速度的任务场景中应用？（   ）
   A. 固定翼　　　　　　B. 旋翼　　　　　　C. 倾转旋翼　　　　　　D. 涵道风扇

5. 下列哪种导航技术能实现高精度定位并具有抗干扰性强的特点？（   ）
   A. 传统导航　　　　　B. 卫星导航　　　　　C. GPS导航　　　　　D. 量子导航

（二）判断题

1. 飞行汽车的颜色不是飞行汽车空域分层管理的依据。（   ）
2. 量子导航系统比传统导航具有更高的抗干扰性。（   ）

（三）填空题

1. 折叠汽车的折叠机构主要运用＿＿＿＿＿＿机械部件。
2. 我国拿到首张标准适航证书的飞行汽车厂家是＿＿＿＿＿＿。

（四）简答题

石墨烯折叠材料的神奇特性有哪些？

二、创新拓展题

模拟折叠汽车设计大赛

工具选择：使用纸张、卡板等材料制作简易模型。

设计要求：最大限度缩小汽车体积，同时保证基本功能。

成果展现：折叠汽车模型，并展示折叠过程和功能特点。

附录　术语列表

序号	缩写词	中文名称	英文名称
1	ADAS	智能驾驶辅助系统	Advanced Driving Assistance System
2	ADS	自动驾驶系统	Autonomous Driving System
3	AEB	自动紧急制动	Autonomous Emergency Braking
4	AES	自动紧急避让	Automatic Emergency Steering
5	AI	人工智能	Artificial Intelligence
6	AR	增强现实	Augmented Reality
7	AR-HUD	增强现实抬头显示	Augmented Reality Head-Up Display
8	ASR	语音识别	Automatic Speech Recognition
9	AV-STEP	自动驾驶车辆安全、透明度与评估计划	Automated Vehicles Safety, Transparency, and Evaluation Program
10	BCI	脑机接口	Brain-Computer Interface
11	BMS	电池管理系统	Battery Management System
12	BPU	大脑处理单元	Brain Processing Unit
13	CAE	计算机辅助工程	Computer-Aided Engineering
14	CAFC	企业平均燃油消耗量	Corporate Average Fuel Consumption
15	CAN	控制器局域网	Controller Area Network
16	CNN	卷积神经网络	Convolutional Neural Network
17	DM	对话管理	Dialog Management
18	DMS	驾驶人监控系统	Driver Monitoring System
19	DNN	深度神经网络	Deep Neural Networks
20	ECU	电子控制单元	Electronic Control Unit
21	EDR	事件数据记录系统	Event Data Recorder
22	EPS	电动助力转向系统	Electric Power Steering
23	eVTOL	电动垂直起降飞行器	electric Vertical Take-off and Landing
24	FSD	完全自动驾驶	Full Self-Driving
25	GAN	生成对抗网络	Generative Adversarial Networks
26	GPS	全球定位系统	Global Positioning System
27	GPU	图形处理器	Graphics Processing Unit
28	GUI	图形用户界面	Graphical User Interface
29	HD Map	高精度地图	High-Definition Map
30	HMI	人机交互界面	Human Machine Interface

(续)

序号	缩写词	中文名称	英文名称
31	HMM	隐马尔可夫模型	Hidden Markov Model
32	HPS	液压助力转向系统	Hydraulic Power Steering
33	HUD	抬头显示器	Head Up Display
34	IoT	物联网	Internet of Things
35	IVI	信息娱乐系统	In-Vehicle Infotainment
36	LSTM	长短期记忆网络	Long Short-Term Memory
37	Mask R-CNN	一种结合目标检测与实例分割的深度学习模型	Mask Region-based Convolutional Neural Network
38	MDO	多学科优化	Multidisciplinary Design Optimization
39	NHTSA	美国国家公路交通安全管理局	National Highway Traffic Safety Administration
40	NLP	语义理解	Natural Language Processing
41	NOP	领航辅助功能	Navigate on Pilot
42	OBD	车载诊断系统	On-Board Diagnostics
43	ODD	设计运行域	Operational Design Domain
44	OPV	有机光伏材料	Organic Photovoltaics
45	OTA	空中下载技术	Over-The-Air Technology
46	PID	比例-积分-微分	Proportion-Integration-Differentiation
47	PQC	后量子密码	Post-Quantum Cryptography
48	QKD	量子密钥分发	Quantum Key Distribution
49	QPS	量子导航定位系统	Quantum Positioning System
50	RNN	循环神经网络	Recurrent Nearal Networks
51	RPi	树莓派	Raspberry Pi
52	RSU	路侧单元	Road Side Unit
53	SAE	国际汽车工程师学会	Society of Automotive Engineers
54	SBW	线控转向系统	Steering-By-Wire
55	SVM	支持向量机	Support Vector Machine
56	T-Box	远程信息处理器	Telematics-Box
57	TOPS	每秒万亿次操作	Tera Operations Per Second
58	TTS	语音合成	Text To Speech
59	V2G	电动汽车入网	Vehicle-to-Grid
60	V2X	车联网通信	Vehicle to Everything
61	VAE	变分自动编码器	Variational Autoencoders
62	VR	虚拟现实	Virtual Reality
63	VUI	语音交互	Voice User Interface

参考文献

［1］陶建华. 中国人工智能学会系列研究报告：大模型技术（2023版）［M］. 北京：中国科学技术出版社，2023.

［2］中国电信天翼智库大模型研究团队. 一本书读懂大模型：技术创新、商业应用与产业变革［M］. 北京：机械工业出版社，2024：67.

［3］申富饶. 简明神经网络［M］. 北京：机械工业出版社，2024：279.

［4］郑玉双. 自动驾驶的算法正义与法律责任体系［J］. 法制与社会发展，2022，28（4）：145-161.

［5］李东兵，杨连福. 智能网联汽车底盘线控系统装调与检修［M］. 北京：机械工业出版社，2023.

［6］王冕. 面向自动驾驶的高精度地图及其应用方法［J］. 地理信息世界，2020，27（4）：109-114.

［7］ROCCAS S, SAGIV L, SCHWARTZ S H, et al. The big five personality factors and personal values［J］. Personality and Social Psychology Bulletin, 2002, 28 (6) : 789-801.

［8］徐艳民，李克宁，郑道友. 车联网技术与应用［M］. 北京：机械工业出版社，2023.